ちくま学芸文庫

社会学の考え方

〔第2版〕

ジグムント・バウマン
ティム・メイ
奥井智之 訳

筑摩書房

目次

社会学の考え方〔第2版〕

凡例

1　本書は、*Zygmunt Bauman and Tim May, Thinking Sociologically*, 2nd ed., Blackwell, 2001. の邦訳である。

2　原著は、三部十章の構成で、各章ごとに、いくつかの節が設けられている。訳書では、部立てを取り払い、章と節はそのままとした。ただし、章題と節題は、大幅に改めている。また、読者の便宜のために、別途小見出しを設けた。

3　原著巻頭の謝辞は、訳書では省略した。

4　原著巻末には、復習問題と推薦図書が合わせて掲載されているが、訳書では推薦図書だけを掲載した。

5　本文中の（　）は、原則として原著による。ただし、訳者が付け加えたものもある。原語を掲載する場合は、（　）を用いず、訳語の直後に挿入した。

6　本文中の〔　〕は、訳者の挿入である。また、各章末に、訳注をおいた。

7　原著では、文意の強調とキーワードの表示の両方の用途で、イタリック体が使われている。訳書では、文意の強調については、傍点を用い、キーワードについては、太字を用いた。その両方について、大幅な加除を行っている。

8　原著では、社会学者（周辺領域の学者を含む）の名を出す場合に、（1）「アメリカの社会学者」などの簡単な紹介を行っている場合と、（2）名だけが出てくる場合が混在している。本書では、著名な社会学者も含めて、初出時に、〔　〕で簡単な紹介を行うことで統一した。

9　明らかな誤記を正すほかに、あえて原文を忠実に訳さず、原文の内容を変更したり、原文にない表現を追加したりした部分がある。

ティム・メイによる第2版序文

ジグムント・バウマン著『社会学の考え方』の第2版を書くことは、わたしにとって、多少の不安なしには取りかかれない仕事であった。原著は、何と言っても、独特のスタイルで書かれている。それは、数カ国語にも訳されて、きわめて多数の読者を引きつけてきた[1]。ジグムントは、わたしの参加が、第2版にとってプラスになると考えた。わたしの役割は本書に新しい材料を付け加えることであったが、その一方で、わたしは、どうすれば原著のユニークさを保ちうるかに十分配慮する必要があった。

結果として生まれた第2版は、原著を全面的に改訂し、拡張したものになった。わたしたちは、当初の章を変更した上で、新たな章を追加した。同時に、テキスト全体を通じて、新たな題材を付け加えた。健康、フィットネス、親密性、時間、空間、無秩序、リスク、グローバル化、組織、ニュー・テクノロジーなどがそれである。わたしたち二人は、まったく新しい書物を生み出したと考えている。それは、第1版の最良の部分を維持しつつ、その全体的な魅力をもっと高めるように、新たな内容を付け加えた作品である。

わたしたちは、本書が、幅広い読者にとって魅力的な書物であることを願っている。現在、社会学を学んでいる人々については、カリキュラムのなかで講じられる種々の論題（トピック）を、先取りするよう努めた。同時に、わたしたちは、本書が、現役の社会科学者全般にとって啓発的な書物であることを願っている。また、本書が、幅広い読者の興味を引くことを切望している。社会学は、目下、社会や社会関係について、それが提供する種々の洞察のゆえに、ますます注目を集めている学問であるが、それについて、もっと深く知りたいと願う読者を、本書は想定している。本書が、幅広い読者を想定する理由は、明確である。社会学は、二十一世紀を生きるわたしたち皆が直面する問題について、有益でありながら、無視されがちな視点（パースペクティヴ）を提供してくれるからである。

わたしたち二人は、二世代も歳が離れている。しかし、わたしたちは、ともに社会学者として、わたしたちが居住する社会環境のなかで、自分たちの経験を理解するのに社会学は何を提供できるかに関心をおいて、研究に専念してきた。社会学的な思考は、わたしたちが相互に理解し合ったり、自分自身を理解したりするのに役立つだけでなく、社会や社会関係一般がどう動くのかについての重要な説明を提供してくれる。それゆえに、わたしたちは、読者の皆さんが、本書を読み終えたのち、こう思って下さることを願っている。社会学は、啓発的で、刺激的で、実践的で、挑戦的な学問である。

第2版序文訳注

（1）日本語版は、奥井智之訳『社会学の考え方』（HBJ出版局、一九九三年）として刊行された。

序章　社会学とは何か(1)

本章では、社会学的思考の何であるか、自分自身を、互いを、自分たちが生活する社会環境を理解するのに、それが、どれほど重要であるのかについて検討したいと思う。そのために、ここでは、「社会や社会関係の研究に取り組むための固有の問題群をともなう一個の訓練された活動」として、社会学という学問を考えていく。

差異を求めて

書物の集合

社会学は、一連の訓練された活動を指すとともに、社会学の歴史を通じて蓄積されてきた大きな知識の体系を表している。社会学は、歴史に根差す伝統的な拘束力をもつが、図書館の「社会学」のコーナーに行けば、社会学を代表する書物の集合を見ることができる。それらの書物は、新規参入者に大量の情報を提供してくれる。かれらが、職業的な社会学者になることを欲しているか、それとも、自分が生活する世界についての理解を広げることを願っているだけであるかは問わない。いずれにしても、かれらは、社会学に親しむことで、この知識の体系を利用したり、整理したり、拡充したりすることができる。社会学は、絶え間なく変化している。新規参入者は、この「書架」に、社会生活に関する新たな発想や研究の成果を付け加えることができる。社会学は、継続的な知的活動の場である。その場に身をおく人々は、新たな経験に照らして、一般に認められている知見を検証し、新たな知識を付け加えたり、この学問の形式や内容に変更を加えたりする。

上記の説明は、筋が通っている。「社会学とは何か」と自問するとき、わたしたちは、この学問の産出物（アウトプット）を表すものとして、図書館の書物の集合を引き合いに出す。そのように社会学について考えることは、分かりやすい。「ライオンとは何か」と問われたときに、動物に関する書物を取り出し、特定の写真を指し示す。そうすることで、わたしたちは、ある言葉と事物との結びつきを示す。言葉は、そこで、事物を指示する。事物は、言葉の指示物（レファレント）であり、わたしたちは、特定の条件下で、ある言葉とある事物を結びつける。日常のコミュニケーションは普通に成立すると思われているが、実際には、この共通の理解なしには成立しえない。ただし、これは、言葉と事物の結びつきを十分に理解したものとは言えない。

すなわち、さきの理解では、事物そのものについての知識は、何一つ提供されない。わたしたちは、そこで、追加の質問を発しなければならない。すなわち、この事物は、どのような特徴があるのか。別の名称で指し示すことが正しいとすれば、それは「他の事物とどう異なるのか」が問われなければならない。もし、この動物をライオンと呼ぶことが正しく、トラと呼ぶことが正しくなければ、ライオンにはあってトラにはない何かがあってしかるべきである。両者の間には、何か際立った差異があってしかるべきである。この差異を発見することによってのみ、(「ライオン」という言葉が表す事物の何であるかを知ることとは別に)ライオンを特徴づけるものを知ることができる。それは、まさに、社会学的と呼ばれる思考の様式を特徴づけようとすることと符合する。

社会学の隣人

「社会学」という言葉が、ある知識の体系や、この蓄積された知識を使って行われる活動を指すことは、納得がいく。しかし、その知識や活動を紛れもなく「社会学的」なものにしているのは、何か。社会学の知識や活動と、固有の活動をともなう他の知識の体系や学問とは、どう異なるのか。この問いに答えるのに、例のライオンの事例に戻って、社会学と他の学問の区分を試みよう。たいていの図書館では、社会学の書架の近辺に、「歴史学」「人類学」「政治学」「法律学」「社会政策学」「会計学」「心理学」「経営学」「経済学」「犯罪学」「哲学」「言語学」「文学」「人文地理学」などの書架が立ち並んでいる。社会学のコーナーを見て回った利用者は、時として、それらの主題に関する書物に手を伸ばすのではないかと想定して、図書館員は、書架の配置を行ったのであろう。言い換えれば、社会学の題材は、これらの知識の体系に近いことが想定されている。あるいは、社会学の書物と社会学の近辺におかれた書物の違いは、社会学と有機化学の違いほどには、大きなものではないことが想定されている。

このような図書の分類は、理に適っている。社会学に隣接する知識の体系には、共通項が多い。それらは、いずれも、人為的な世界、つまりは人間の行為なしには存在しない世界に関わっている。それらの主題は、さまざまなかたちで人間の行為や行為の結果に関心をおいている。しかし、同じ領域を探究しているならば、何によってそれらは区分されるのか。別個の名称で呼ばれるくらい、それらを異なったものにしているのは、いったい何か。

学問体系の区分

その問いに対しては、単純にこう答えたくなる。知識の体系間の区分は、それらが研究する世界の区分を反映しているに違いない。この解答によれば、人間の行為（あるいは行為の諸側面）が相互に異なっているのであって、知識の体系間の区分は、この事実を考慮に入れているにすぎない。かくして、歴史学が、過去に生じた行為に関する学問であるのに対して、社会学は、現在の行為に関心を集中する。同様に、人類学は、わたしたち自身の社会（どう規定されるかはともかく）とは異なる発展段階にあると仮定される社会について、わたしたちに語りかける。他のいくつかの隣接科学の場合、政治学は、権力や政府に関わる行為を論ずる傾向がある。経済学は——特定の意味合いで「合理的」と評価される人間[2]にとって、どう効用を最大化するかという視点から——財の生産や分配だけでなく、資源の使用に関わる行為を扱う傾向がある。法律学や犯罪学は、人間の行動を制御する法律や規範の解釈や適用に関心があるだけでなく、どのように規範が明文化され、拘束力をもち、執行されるか、そして、どのような結果が生じるかに関心をおいている。しかし、このようなかたちで学問の境界線を正当化し始めると、たちまち問題は解決困難なものになる。わたしたちは、人間の世界がそのような整然とした区分を反映しており、それぞれが専門的な研究の部門となると仮定するが、ここで一つの重要な論点に行き着く。自明と思われる大半の信念がそうであるように、学問の境界線も、その基礎となる仮定を検討することを、ただ自制しているがゆえに自明であるにすぎないのではないか、という論点がそれである。

　そもそも、人間の行為が一定の範疇（カテゴリー）に区分できるという発想は、どこから来ているのか。人間の行為が、そのようなかたちで分類されてきたという事実や、分類された各ファイルに、別個の名称が割り当てられてきたという事実から来るのか。それとも、信用できる専門家の集団——知性があって信頼できると見なされ、社会の諸相を研究した上で、学識に基づく意見を供給することについて排他的な権利を主張する人々——がいるという事実から来るのか。さらにまた、社会が、経済・政治・社会政策などに分割できるというのは、わたしたちの経験に照らして理に適っているのか。わたしたちは、目下、政治学的に識別される領域で生活しているのではないし、経済学の領域で生活しているのでもない。イングランドから南米のどこかに旅するとき、社会学から人類学に移るということはないし、一つ歳を重ねたとき、歴史学から社会学に移るということもない。

わたしたちが、経験上、これらの活動の領域を分離し、あるときには経済的観点から、またあるときには政治的観点から、わたしたちの行為を類別できるとすれば、そもそも、そのような区分をすることを教えられてきたからではないのか。わたしたちは、世界そのものを知ることはできない。わたしたちが知りうるのは、自分の活動がいかなる世界像に基づくものであるかという観点から、自分が世界のなかでしていることだけである。それは、言葉と経験の関係からパーツを引き出し、一つのモデルに組み立てたものである。人間の世界が本来分割されていて、それを、さまざまな学問分野が反映しているわけではない。反対に、人間の行為を探究する学者間に分業があるのであって、その分業は、専門家相互の分離に加えて、各々の専門家集団が、「何が自分たちの専門領域に属するか属さないか」を決定することについてもつ排他的権利によって強化されている。

学問の規則

わたしたちは「差異を生み出す差異」(3)を見つけ出そうとしているが、その探求において、これらの学問分野の活動は、互いにどう異なっているのであろうか。研究対象としてそれらの学問分野が何を選択しようとも、その対象を研究する態度には類似性がある。どの学問分野も対象を取り扱うときに、同一の行為の規則に忠実であることを要求する。また、関連のある事実を収集し、その妥当性を確保し、それを何度も検証して、その事実に関わる情報の信頼性を高めようとする。さらにまた、明確に、はっきりと理解でき、証拠に照らして検証できるかたちで、事実に関する命題を作成し提示しようとする。その際、二つの異なる命題が同時に真であることがないように、命題間の矛盾を回避あるいは排除しようとする。要するに、規律正しい学問の理念に従い、責任ある態度で、その成果を提示しようとする。

こう言ってもよい。専門家の任務やかれらのトレードマーク——学者の責務——が、どう理解されるか、どう遵守(じゅんしゅ)されるかについて、学問間に違いはない。学術的な専門家を自任する人々は、事実の収集や整理に際して、同様の戦略を用いる。すなわち、人間の行為の諸相を観察するか歴史的な事実に依拠するかはともかく、人間の行為を分析モデルのなかで解釈し、その意味を理解しようとするのは同じである。したがって、学問分野の違いを見いだそうとすれば、どのような問いが各々の学問分野の興味をかきたてるかに最後の望みを託するほかはない。それぞれ異なる学問分野に属する学者たちが、人間の行為を観察し、探究し、描写し、説明する観点（認知的視点）を決定するものこそが、その問いである。

経済学と政治学

経済学者の興味をかきたてる問いのタイプを考えてみよう。そこでは、関心は、人間の行為の費用と便益の関係に向けられる。経済学者は、人間の行為を、稀少な資源の運用――どうすればそれらの資源を最も有利な条件で使用できるか――という観点から考察する。さらに、行為者間の関係は、財とサーヴィスの生産と交換の諸相として探究され、その総体が、（1）市場的な需給関係と、（2）合理的な行為モデルに従って選好を追求する行為者の欲望によって規定されるものと想定されている。さらにまた、その知見は、資源が、製造され、獲得され、さまざまな需要の間で分配される過程にモデル化される。これに対して、政治学は、権力や影響力の観点から――他の行為者の実際の、あるいは予期される行為によって変化する、ないしは変化をこうむる――人間の行為に関心をもつ。この場合、行為は、権力や影響力の非対称性[4]の観点から考察され、相互行為の結果として、相互行為の相手よりも大きな行動の変更を求められる行為者が出現することになる。政治学はまた、権力・支配・国家・権威などの概念を中心に、その成果を体系化する。

社会学的な関心

経済学や政治学の関心は、けっして社会学的関心とかけ離れたものではない。そのことは、歴史学者、政治学者、人類学者、あるいは地理学者を自任する学者が、社会学的な業績をあげていることからも明らかである。しかし、社会学は、他の社会科学の分野のように、いかなる個性的な問いを発して人間の行為を問い質すのかについて、固有の解釈の原理だけでなく、固有の認知的視点を有している。この点から言うと、社会学は、人間の行為を、広範な**形成作用** figuration[5] の要素として考察することに特徴がある。すなわち、社会学は、ともに**相互依存**（依存状態とは、特定の行為がなされる蓋然性(がいぜんせい)や、その行為がうまくいく可能性が、他の行為者が何者か、何をするか、あるいは何をなしうるかによって変化する状態にあることをいう）の網(ウェブ)の目に組み込まれた行為者たちの選択的な non-random 集合の要素として、人間の行為を考察する。社会学者は、このこと（人間の行為が相互依存関係にあること）が、人間の行為に、わたしたちが取り結ぶ関係に、わたしたちが構成要素である社会に、いかなる影響を及ぼすかを問う。同様に、それは、社会学的な研究対象をかたちづくる。こうして、形成作用、相互依存の網の目、行為の相互的な条件づけ、行為者の自由の拡大あるいは制限などが、社会学の最も重要な関心事となる。

個々の行為者は、相互行為のネットワークの一員あるいは仲間として、社会学的な研究のなかに登場する。何をするかに関わりなく、わたしたちが、他者に依存しているのであれば、社会学の中心的な問いを、こう言い表すことができる。（1）どのような社会関係や社会に帰属するかということと、（2）わたしたちが、互いを、自分や自分の知識を、行為や行為の結果をどのように認識するかということが、どのように関わるかを問うのが社会学である。社会学的な議論の特有の領域を構成し、社会学を相対的に自律した人文ならびに社会科学の分野として規定するのは、これらの問い――日常生活という実践（プラクティカル）的な現実をめぐる重要な問い――である。それゆえに、わたしたちは、こう結論づけることができる。社会学的思考は、人間の世界を理解する一つの方法であり、同時に、それは、同じ世界をさまざまな方法で考察する可能性に道を開くものである。

社会学と常識

科学的知見

社会学的思考は、「常識」と関係が深いことに特徴がある。社会学は、他の学問分野よりも、常識と関係が深いが、その関係には、社会学の立場や活動にとって重要な論点が含まれている。物理学や生物学が、常識との関係を詳しく説明することに、固有の関心をもつとは思えない。たいていの学問は、自らの定義づけに際して、他の学問と自らを区別する境界線を引くことで手を打つ。それらの学問は、わたしたちが**常識**と呼ぶ——豊かではあるが、まとまりのない、非体系的な、往々にして不明瞭で、言葉に表せない——知識との間に必ずしも共通の基盤はなく、それゆえに、常識との間に境界線を引いたり、その間の橋を跳ね上げたりする必要はない。

このような無関心には、それ相応の根拠がある。常識は、物理学者や化学者や天文学者の頭から離れない事柄について、何も語ることはない。それらの科学者が取り扱う主題は、普通の人々の日々の経験や風景には含まれていない。専門家でもない人々は、科学者の助力なしに、それらの事柄について意見をもちうるとは想像だにしないであろう。物理学の探究する事象は、きわめて特殊な状況下においてのみ出現する。たとえば、それは、巨大望遠鏡のレンズを通して出現する。そのような条件下で、科学者だけが事象を観察したり、それを材料に実験したりするので、かれらは、所定の学問分野の独占的な所有権を主張しうる。研究材料を提供する経験を独り占めにしているので、材料の加工・分析・解釈は、かれらの統制下におかれている。さらにまた、このような過程の成果は、他の科学者の批判的な吟味に耐えうるものでなければならない。科学者は、常識と張り合う必要はさらさらない。その理由は簡明であって、かれらが判断を下す事柄については、いかなる常識的な視点もないからである。

科学と社会

わたしたちは、ここで、社会学的な問いを発しなければならない。科学的知識は、上述のごとく、単純に描写できるのかという問いがそれである。科学的知識の生産は、社会的要因を含んでおり、そのような要因なしに、知識の生産はなしえない。科学的発見は、社会的・政治的・経済的な意味合いをもつが、いかなる民主主義社会にあっても、科学者が、その意味合いを最終的に決定できるわけではない。言い換えれば、わたしたちは、科学研究の手段を、その研究に設けられる目的から簡単に分離できないし、科学そのものを〔研究の〕実用的な動機から分離することも容易ではない。場合によっては、研究資金がどのように、また、どこから提供されるのかが、研究の結果に影響を及ぼすかもしれない。近年、自分たちが口にする食料、自分たちの生活環境、遺伝子工学の役割、さまざまな個体群に関する遺伝情報を大企業が特許化することについて人々の関心が高まっているが、それらは、科学の正当化のみならず、その応用や、わたしたちの生活への影響に関わるがゆえに、科学だけでは決定しえない事柄に属する。すなわち、それらの事柄は、わたしたちの経験、その経験とわたしたちの日々の活動との関係、わたしたちの生活の管理、わたしたちの社会が展開していく方向などに関わっている。

常識との密接な関係

これらの論点は、社会学的な研究に、材料を提供している。わたしたちは皆、他の人々とともに生活し、相互に作用し合っている。その過程で、わたしたちは、非常に多くの暗黙知を周囲の人々に提示し、そうすることで、日々の生活の課題を何とかこなすことができる。わたしたちは、各自が熟練した俳優なのである。わたしたちが何を手に入れるか、わたしたちが何であるかは、他の人々が何をするかに依存する。わたしたちの大半は、友人や知らない人とのコミュニケーションの断絶という苦(にが)い体験を経ている。この点からすれば、社会学の主題は、すでに、わたしたちの日常生活に埋め込まれている。この事実なしに、わたしたちは他者と共同生活を営むことはできない。

日々の仕事のなかに埋没しているし、相互に作用し合う社会的環境に適った実用的知識に通じてもいるが、わたしたちは、自分が経験してきたことの意味についてそれほど頻繁に考えるわけではない。ましてや、自分の私的な経験を他者の運命と比較することは少ない。テレビのトークショーで、皆が飛びつくように、これ見よがしに提示される社会問題について、個人的に反応することはあっても、自他の経験をじっくりと比較する機会は存外少ない。そこでは、社会問題の**私化** privatization の傾向が強まっており、それによって、わたしたちは、個々の反応と見られるもののなかに、社会関係の力学を見いだすという重荷を逃れる。

この重荷を進んで担うことこそが、社会学的思考のなしうることである。一つの思考様式として、それは、こう問おうとする。「わたしたちの個々の伝記 biography は、わたしたちが他者と共有する歴史とどうからみ合うのか」。同時に、社会学者は、この経験の一部である以上、どれだけ研究対象から距離を取ろうとしても――「向こう側」の事物として生活経験を扱おうとしても――自らが把握しようとする知識から完全に離れることはできない。このことは、社会学者が把握しようとする経験の内部と外部の情報を両方所有しているという点で、強みでもある。

さらに、社会学と常識の間には、特別な関係がある。天文学の対象は、命名され、秩序立った全体のなかに配置され、同様の他の現象と比較されるべく待機している。このような新しい、手垢の付いていない事象と等価のもの、つまりは、社会学者が質問紙をもって現れたりノートを埋めたり関連書類を調べたりする前には何ら意味をもたなかったようなものは、社会学の世界にはない。社会学者が探究する人間の行為や相互作用は、行為者自身が命名したり考察したりするものであって、常識的な知識の対象である。家族、組織、親族関係のネットワーク、近隣、都市と村落、国家、教会その他の定期的な人々の相互作用によって結合している集団には、行為者によって、すでに意味や意義が付与されている。各々の社会学用語は、すでに常識によって付与された意味を負っている。

常識との相違

このような理由で、社会学は、常識と密接な関係にある。社会学的思考と常識の間の境界線は流動的であって、いつ何時侵犯されるとも限らない。遺伝学者の研究成果がどう利用されるか、その研究成果が社会生活にいかなる意味をもつかは、目下、激しい論議の対象となっているが、それと同じく、社会学が、社会的知識〔常識〕から独立しているかどうかについても、さまざまな論議がある。それゆえに、固有の意味での社会学的知識と常識の間に境界線を引くことは、一つのまとまった知識の体系としての社会学のアイデンティティを明らかにする上で重要な問題になる。この問題に、社会学者が大いに関心をもつことは当然であるが、従来、社会学と常識は、四つの点で異質なものと見なされてきた。

第一に、社会学は、常識とは異なり、「責任のある発言」という厳格な規則に従おうとする。これは、科学の特質であって、他の、世評では規則に縛られもせず、怠りなく自らを律することもない知識の形態とは区別される。その活動において、社会学者は、はっきりと目に見えるかたちで、(1)利用できる証拠によって確証された陳述と、(2)暫定的で未検証の着想の地位を主張するだけの命題を区別するのに、十分な配慮を払うことを期待されている。責任のある発言の規則は、「仕事の場」――最終的な結論につながり、その結論の信憑性を保証することが求められる手続き全般――がガラス張りであることを求める。責任のある発言は、その主題をめぐる他の陳述にも関与せざるをえず、その主張にとっていかに不都合なものであっても、表明された他の見解をさっさと退けたり、黙ってやり過ごしたりすることはできない。このようにして、そこで得られる命題の信用性、信頼性、ついには実用性までもが大いに高まる。わたしたちが「科学は信用できる」と認めるのは、「科学者は責任のある発言という規則に従っている」と思うからである。科学者自身も、自分たちが生産する知識の有効性や信頼性の論拠として、責任のある発言という美徳をあげる。

第二に、社会学的思考の材料が引き出される領域の規模がある。わたしたちの大半にとって、日常の仕事において、思考の範囲は、自分自身の**生活世界**に限られている。すなわち、わたしたちが日常的に相互作用し合う時間と場所に加えて、わたしたちがすること、出会う人々、日々の仕事のために自分で設ける目的ならびに他者が自分の仕事のために設けると推定される目的などに限られている。わたしたちが、自分の活動の範囲を広げるために、日々の仕事の段階を引き上げようと思うことは、まれである。それには入手が難しい時間と資源が必要であり、多くの人々はそうしようとは思わない。わたしたちの生の条件や経験は驚くほど多様性に富んでおり、個別の経験は部分的にして一面的なものでしかない。そのような生の経験を探究するには、多数の生活世界から経験を抽出し、集約し、比較することが必要である。そのときはじめて、個々の経験がからみ合って生み出す相互依存や相互連関の複雑なネットワーク――単一の伝記という視点から到達しうる範囲をはるかに越えて広がるネットワーク——が明るみになると同時に、個々の経験が限られた現実にすぎないことが明るみになる。このように探究の範囲を拡大していくことで最終的に判明することは、各人の経歴と広範な社会的過程の間には密接な関係があるということである。それゆえに、この広い視野を社会学者が得ようとすることは、量的のみならず、質的に、そして知識の利用において、大いに意味がある。わたしたちにとって社会学的知識には重要な役割がある。すなわち、常識がその豊かさにもかかわらずそれ自身では供給しえないものを社会学的知識は提供してくれる。

第三に、社会学と常識は、どのように出来事や環境を解釈したり説明したりするかについて、人間の現実を理解する方法がそれぞれ異なっている。わたしたちは、経験上、自分自身が行為の「作者」であることを知っている。たとえ結果が自分の意図した通りにならないとしても、自分のすることに自分の意図が影響を及ぼしていることを知っている。わたしたちは、あるものを所有するためか、賞賛を受けるためか、不都合な何かを防ぐためか、それとも友を助けるためかはともかく、通常、ある状態を手に入れるために行動する。当然のことながら、自分の行動をどう考えるかということが、他者の行動を理解するためのモデルとなる。その限りでは、周囲の人間の世界を理解する唯一の方法は、もっぱら、それぞれの生活世界のなかから説明のツールを引き出すことである。わたしたちは、この世界で起こるあらゆることを、漫然と、だれかの意図的な行為の結果と理解しがちである。

わたしたちは、起こったことに責任のある人物を探し出し、その人物を見つけたことで自分の「調査」は実を結んだと思う。好都合と受けとめられる出来事の背後には善意があり、不都合と感じる出来事の背後には悪意があると想定する。人々は、ある状況が、特定できる人物の意図的な行為の結果であると考えがちである。

公的な領域のなかの現実の名において発言する人々――政治家、ジャーナリスト、市場調査員、広告主――は、上記の傾向に同調して、「国家の必要」や「経済の需要」について発言する。その場合、あたかも国家や経済が個人のサイズで作られているかのようである。すなわち、国家や経済がわたしたち一人一人と同じく特定の欲求や欲望をもっているかのようである。同様に、わたしたちは、名づけ、図に示し、インタヴューすることができる、選り抜きの人々の集団の思想や行為の結果として、民族、国家、経済システムの複雑な問題について読んだり聞いたりする。その一方で、政府は、しばしば、制御できない事物に言及したり、フォーカスグループ[6]や世論調査を用いて「人々が要求すること」を口にしたりすることで、自分の責任を軽くする。

そこでは、あたかも一般的な状態の名において簡単に物事が語られるが、そのような世界観の特性に、社会学は反対する。出来事を、歴史的な変化や、その出来事が生じた社会的な場からあっさりと分離し、ありのままに〔目下の個別的文脈において〕説明すれば、それを「理解した」ことになると社会学は考えない。社会学が、その研究を、個々の行為者や個別の行為ではなく、形成作用（依存関係のネットワーク）から始めるとき、暗黙裏に表明していることがある。それは、人間の世界――わたしたち自身の完全に個人的かつ私的な思想や行為を含む――を理解するための鍵（キー）としての「動機づけられた個人」というありふれた喩え（メタファー）は、わたしたち自身や他者を理解するのに適切な方法ではないということである。社会学的に考えることは、多方面にわたる人間の相互依存の網の目――それは、わたしたちが行為の動機や動機を発動させた結果を説明するために言及する、現実の最も強靭な部分である――の分析を通して、人間の条件を理解することである。

　最後に、常識の力は、その自明性にある。すなわち、常識は、その規則を問うこともなく、活動に際して自己の正しさを確証するわけでもない。一方で、常識は、日常生活の機械的・習慣的な性格に基礎をおく。その性格が、常識をかたちづくると同時に、その性格そのものが常識によってかたちづくられている。わたしたちが生活を続けていくのに、常識はなくてはならない。十分なくらい頻繁に繰り返されると、物事はありふれたものになり、ありふれたものは自明なものと見なされる。そこには何ら問題はなく、好奇心をかきたてるものもない。人々が「あるがままの現実」に満足しているかどうかは問われない。「あるがままの現実」が厳しい吟味にさらされることはないからである。宿命論はまた、わたしたちの行為の条件を変更することについて、ほとんどなしうることはないという信念を介して、その役割を果たす。

社会学の潜在力

この観点から、わたしたちはこう言うことができる。慣れ親しんでいることと知的好奇心に富むことは緊張関係にあり、〔前者が現状維持的であるのに対して〕後者はイノヴェーションや変革の起動力をかたちづくる。信念を強化する力をもつ日課（ルーティン）によって支配された、前者の慣れ親しんだ世界と遭遇するとき、社会学は、お節介で、人をいらいらさせるよそ者として立ち現れる。当然とされているものを検討することで――だれも問うた記憶のない、そして利害関係にある人々は問われること自体に憤慨する、数々の質問を発することで――社会学は、生活上疑いも紛れもない事実をかき乱す潜在力をもっている。それらの質問は、明らかなものを謎めいたものにし、見慣れたものをそうでないものに異化する。日々の生活様式やそれが営まれる社会的条件は厳しい吟味にさらされ、わたしたちが生活を営んだり他者との関係を組織したりするための、けっして唯一ではない、一つの可能的な様式として立ち現れる。

もちろん、これは、だれもが気に入ることではなく、とりわけ、ある状態から大きな利益を得ている人々にとっては、そうではない。同時に、日課にも、それなりの意味がある。わたしたちは、ここで、キップリングのムカデを思い起こしてもよい。そのムカデは、百本足で難なく歩いていたが、おべっか使いの廷臣が、かの女の記憶力の素晴らしさを賞賛した。三十七番目よりも先に八十五番目の、十九番目よりも先に五十二番目の足を着くことがないのは、その記憶力の賜物である、と。哀れにも、自分を無理に意識させられて、そのムカデは、それ以上歩けなくなった。なかには、自分が一度習熟し、誇りに思ってきたものが、質問にさらされたあげく、無価値なものになることを屈辱と感じ、さらには、それに憤りを感じる人々もいるかもしれない。しかし、そこに生まれる憤りがどれほど理解できるものであっても、**異化** defamiliarization には明確な利点がある。最も重要なことは、新しい、以前は思いも寄らなかった、他者との生活の可能性が開けるということである。その可能性は、いっそうの自覚、自己認識と社会認識という意味での自分の環境についての理解、さらには、いっそうの自由と制御をともなうものである。

意識した生活を送ることは努力の甲斐のあることだと思う者にとって、社会学は歓迎される案内人（ガイド）となる。絶えず常識と親密に対話しながらも、社会学は、常識がいとも簡単に閉ざしてしまう可能性を開くことで、常識の限界を乗り越えることを目指している。共有された知識に呼びかけたり異議を申し立てたりしながら、社会学は、自分の経験を再評価し、新しい可能性を発見し、ついには、よりオープンな存在──「自分を知り他者を知ることには限界がある」とする発想にけっして満足しない存在──であるように、わたしたちをうながし、励ます。社会学において、自分を知り他者を知ることは、一つの刺激的で躍動的な過程であり、いっそう理解を深めることに、その目標はある。

社会学的思考は、わたしたちを多様性（ダイバーシティ）について敏感で寛容にしてくれる。それは、これまで相対的に目に見えなかった人間の条件をわたしたちが探究できるように、わたしたちの感覚を磨き、目下の経験を超えて新たな地平へと目を開いてくれる。わたしたちの生活の諸相は、一見、自然、必然、不変、永遠と映る。しかし、それが、人間の権力や資源の使用を通じて生み出されて来る過程を、もっとよく理解すればどうであろう。わたしたちの生活の諸相が、わたしたち自身の行為を含めて次々と起こる行為を寄せつけず、受け入れないという主張を認めることは、ずっと難しくなるであろう。それゆえに、社会学的思考は、反固定的な力として、それ自体が一つの力である。それは、抑圧的な固定性をもつと見られてきた社会関係を柔軟性に富むものにし、可能性の世界を開く。社会学的思考は、視野を広げ、自由の実際的な有効性の範囲を広げる。それを修得したとすれば、個人は、操作に簡単に屈することはなく、抑圧や統制をも柔軟に跳ね返すであろう。そのような人々はまた、社会的な行為者としても、有能な存在であろう。かれらは、自分の行為と社会的な条件の間の結びつきに、つねに――たとえ、その結びつきが、十分に安定していて変化の必要はないと映る場合でも――変革の余地があることを理解しうるからである。

関係的思考

社会学的思考の下で人々は個人の集合以上のものとしてとらえられる。社会学は、関係的に relationally 思考することで、人々を社会関係のネットワークのなかにおくとここでは説いてきた。社会学は、個人を賞賛するとは言っても、個人主義には立たない。社会学的思考は、自分の周囲の人々を、かれらの希望や願望、心配や懸念などの観点から十分に理解することを意味する。そうすることで、わたしたちは、かれらを人間個人としてよりよく評価することができ、ことによると、あらゆる文明社会が、自らを維持するために、人々に賦与しなければならないものを尊重しうるようになるかもしれない。それは、「自分のすることは他者もしてよい」という権利をさす。その権利の下では、他者も自分の選好に基づいて自由に生活様式を選択したり遵守したりすることができる。このことは、わたしたちがさまざまな度合いの障害に遭遇するごとに自分を守るのと同様に、かれらもまた自由に人生設計を選んだり、自分のカラーを打ち出したり、自分の尊厳を守ることを意味している。かくして、社会学的思考は、わたしたちの間の連帯を促進する潜在力をもっている。それは、相互の理解や尊重に――苦難に共同で対処したり苦難の原因となる冷酷な行為を共同で非難したりすることに――基づく連帯である。最終的に、この連帯が実現すれば、自由の大義は、共通の大義の地位に押し上げられて、ずっと強められるであろう。

　ここでは、一見、柔軟性を欠くと思われるものが流動的であることを述べてきたが、それに立ち返って言えば、自分自身のものでない他の生活形態の内的な論理や意味を社会学的に洞察することで、わたしたちは、自分自身と他者の間に引かれている境界線について再考を求められる。これによって新しい理解が生み出されるが、それは、わたしたちと「他者」とのコミュニケーションを、より円滑で相互の合意につながりやすいものにする。恐怖と敵意は寛容に置き換えられる。わたしたち全員の自由以上に個人の自由を保証するものはない。

個人的な自由と集団的な自由の間の結びつきを指摘することは、必然的に、現行の権力関係あるいはしばしば「社会的秩序」と称されるものを不安定化する効果をもつ。それゆえに「政治的忠誠の欠如」という非難が、政府や「社会的秩序」を統制下におく他の権力者から、社会学に対して繰り返しなされる。この傾向は――現在の状態を、あたかも自然であるかのように、簡単に表現することを要求することで――自らの名において現実を作り出そうとする政府の態度に、はっきりと表れている。あるいはまた、それは、だれもが身の程をわきまえていた、神話的な古き良き時代へのノスタルジックな呼びかけを通して、現状を批判する人々においても、明瞭である。さらに、社会学の「破壊的な影響」に対するもう一つの反対運動（キャンペーン）を目の当たりにするとき、わたしたちはこう仮定してもよいであろう。社会学の潜在力は、人々の生活に対する強権的な規制に抵抗することにあるが、この潜在力に対するもう一つの攻撃は、命令による支配を目論む人々によって用意される、と。このような反対運動は、たいてい、集団的な権利の自己管理や自己防衛――いまもって現存する方式――に狙いを定めた強硬策と軌を一にしている。言い換えれば、それは、個人の自由の集団的な基盤に狙いを定めた強硬策である。

社会学は、時として、力のない者の力になると言われる。必ずしも、それは、真実ではない。とりわけ、政府の期待通りに行動する圧力にさらされている場所で社会学の訓練が行われる場合がそうである。社会学的知見を獲得しても、生活の「過酷な現実」を解消したり打破したりできる保証はどこにもない。まさしく、知性の力は、今日の政治的・経済的情勢のなかで、従順かつ素直な常識と結びついた強制力にはとうてい敵わない。しかしもし社会学的知識がなければ、自分の生活をうまく管理したり、共同の生活条件を集団的に管理したりする機会は、ずっと乏しいものになるであろう。社会学を大切に育むのは、「自分に力がないこと」を当然と思わない人々だけである。「自分に力がないこと」を当然と思う人々の手に社会学が渡っても、過小評価されるのが落ちである。

本書の内容

本書は、人々が、自分の経験を他者を通して、他者とともに理解するのを手助けすることを目標としている。その際、社会学は一見慣れ親しんだ生活の諸相が、新たな、これまでとは異なるかたちで解釈できることを示す。各章では、わたしたちの日常的な理解の最前線にあるとは言わないまでも、日常生活の重要な一端をなす論題を取り扱っている。それらの論題は、わたしたちが日常的に遭遇するものの、熟考する時間も機会もほとんどない、ものの見方やディレンマや選択に関わるものである。本書の目標は、このような視点から思考をうながすことであって、知識を「修正する」ことではない。わたしたちは、知識の範囲を拡張することを願ってはいるが、何らかの誤った観念を、疑いのない真理という観念によって置き換えることは願っていない。その過程で、わたしたちは、問いかける姿勢を奨励したいと思っている。そのような姿勢で他者を理解しようとするとき、他者とともに自分自身もよく理解できるようになる。

類書と異なる本書の特徴は、日常生活を特徴づける問題に従って構成されていることである。職業的な社会学者が研究に従事する論題のなかで、本書ではちょっと言及されるだけか、あるいは完全に省略されるものがある。たとえば、社会生活の研究のための社会調査法がそれにあたる。本書は、わたしたちの日常の経験を直接的に特徴づける事柄に関する社会学の入門書であり、そのことを念頭において各章が立てられている。この案内書での、わたしたちの社会学的な語りは、直線的には展開しないであろう。本書を通じて、たびたび立ち戻る論題がいくつかあるからである。たとえば、社会的なアイデンティティ(7)という問題は、以下の各章でさまざまな装いで姿を現すであろう。そのようなかたちで、理解の努力が実際に機能するわけである。新たな論題を探究するとき、新たな問題が明らかになり、これまで考慮したこともなかった論点に光があたる。さきに述べたように、これがよい知識を獲得する過程——終わりのない仕事——の核心をなす。

序章訳注

(1) 原題は、'Discipline of Sociology'で、disciplineに「規律」と「学問分野」という二重の意味があることに基づく表現。

(2) いわゆるホモ・エコノミクス、すなわち合理的・利己的な経済人を指す。

(3) 文化人類学者G・ベイトソンの表現。ベイトソンは「情報」をそう定義した。

(4) AとBが保持する権力や影響力に差があり不均等であること。本書第4章参照。

(5) 形成作用(figuration)は、ユダヤ系ドイツ人の社会学者N・エリアスが、『文明化の過程』第2版(一九六九年)の序論で、T・パーソンズの社会システム概念との対抗関係において、自身の社会学の鍵概念として提示した用語でもある。

(6) マーケティング・リサーチで少人数の顧客を集めて情報を収集すること。

(7) 社会心理学用語。特定の集団のメンバーであるという自覚(自己規定)に基づく自己アイデンティティ。本書第2章参照。

第1章　自由と依存

日々の生活のなかで、自分では制御(コントロール)できない状況におかれて不快に思うことは、珍しくない経験である。他者の期待に沿うことを拒むことによって、他者の制御からの自由を主張したり、自分の自由を不当に侵害すると思うものに抵抗したり——歴史を通じて、そして現代においても、顕著であるが——抑圧に反対して蜂起したりすることも、よくあることである。自由の感覚と不自由の感覚を同時にもつことは、わたしたちの共通の経験に属する。それは、創造性やイノヴェーションの感覚だけでなく、アンビヴァレンス(1)や欲求不満の感覚をもたらす経験であり、わたしたちを最も当惑させる問題の一つでもある。

わたしたちが他者との関係において生きているということは、さきに書いた。このことが、社会的自由の概念とどう関わるかということは、社会学の中心的な主題の一つであり続けてきた。あるレベルでは、わたしたちは何を選ぼうと、自分の選択肢をどう思い描こうと意のままである。いま立ち上がって、コーヒーを淹(い)れてから本書を読み続けてもよい。社会学の研究を捨てて別の学問に移ることもできるし、研究そのものをやめてしまってもよい。あなたにとって本書を読み続けることは、現在、あなたの手元にある行為の選択肢のうちの一つにすぎない。このように意識的な決断を下しうることが自由の行使である。

他者との共存

自由と依存

もちろん、わたしたちの選択が、意識的な決断の産物であるとは限らない。すでに述べたように、わたしたちの行為の多くは**習慣的**なものであって、慎重かつ自由な選択の対象ではない。にもかかわらず、わたしたちは、他者から頻繁にこう念を押される。「自分で決断したことは、いかなる結果になっても、自分自身に責任がある」。その言わんとすることは、こうであろう。「だれかがあなたにそうするように強いたわけではないのだから、責められるべきはあなた一人である」。同様に、規則を破れば、罰せられる。規則は、人々の行為を導くために定められているのであり、処罰は、自分の行為の責任が自分自身にあることを確認させるためのものである。その意味で、規則は、自己の行為だけでなく、自己の行為と他者の行為の関係を調整する。規則によって、他者は、わたしたちがどう行動するかを予期しうる。そのような規則が準備されていない状況で、日々のコミュニケーションや相互理解が成り立つとは考えにくい。

わたしたちは、自分自身が、自分の運命の創造者であり、自分の行為を決定したり生活を制御したりする権限をもつとしばしば思う。自分自身が、自分の行為を管理する能力とともに、その行為の結果を決定する権限をもつと思う。しかし、実際には、生活はそんなふうにうまくは運ばない。たとえば、失業はしばしば当人の責任であると言われる。十分に努力すれば、口を糊(のり)するくらいはできるし、再訓練を受けて職を探すことだってできると思う。しかし、実際には、居住地域の失業率は高く、別の地域に移住する余裕もない。ずっと職を求めているのに勤め口がない。このように、わたしたちの行為の自由が、自分では制御できない環境によって制約されるような状況はいくらもある。それゆえに、自分の技能(スキル)を変更したり部分的に修正したりすることと、自分が追求する目標に到達する能力を備えていることは、まったく別のことである。いったい、この違いはどう顕在化するのであろうか。

まず、利用できる資源が稀少な状況では、他者にどう評価されるかによって、目標に到達する能力が制限される。人々は、同一の目的を追求するかもしれないが、入手可能な目的物の量に制約があるため、必ずしも全員が目的に到達できるわけではない。この場合、わたしたちは相互に競い合うが、結果は、わたしたちの努力に全面的に左右されるわけではない。ある大学を目指すとして、志願者数は募集定員の二十倍で、しかも志願者の大半が必要な資質を備えている。それに加えて大学は、特定の環境に育った志願者を選り好みする傾向がある。(2) したがって、わたしたちの行為は、他者の評価に依存することになるが、わたしたちはかれらを限定的に制御できるだけである。かれらはゲームの規則を決め、同時にレフェリーも務めることができる。かれらは試験関係の職務を与えられ、裁量権を行使し、わたしたちの自由を制限する。このような要因は、わたしたちがほとんど（あるいはまったく）制御できないものであるが、それは、わたしたちの努力の結果に大きな影響を及ぼす。結局のところ、わたしたちは他者に依存することになる。かれらが、わたしたちの努力が十分なものであるかどうかについて判定を下し、わたしたちが「入学者」にふさわしい特性を示しているかどうかを検討する。

第二に、物質的な要因が、わたしたちの目標に到達するための能力をかたちづくる。決心は非常に重要ではあるが、もし決心に従って行動するための手段を欠いていたとしたらどうであろう。わたしたちは、職を求めて勤め口の多い地域に移り住むことはできるが、住宅の価格や家賃が、自分の資力をはるかに超えているのを目の当たりにする。同様に、過密化し、悪化した環境を脱して、もっと健康的な地域に移り住みたいと願っても、それを実現しているのは、もっと資金のある人々であって、その願いが、簡単に手の届かないものであることを思い知らされる。いつの間にか、富裕層によって住宅の価格が不当に釣り上げられ、その地域で育った人々は、住宅を購入する資力がない状態に追いやられる。教育や健康についても同じことが言える。ある地域には、よい学校や病院が整備されているが、ここから遠すぎるし、民間の教育や医療を選ぶことは自分の収入を超えている。ここでは、選択の自由は、その選択を実際に行う自由を保証するものではないし、意図された結果を得る自由を保証するものでもないことが明示されている。さらに、自分の自由の行使は、他人の自由の制限につながりうる。自由に行動するには、自由意思以上のものが必要である。

象徴的な資源

最も一般的には、自由に使える資金の量による制限が考えられるが、象徴的な資源についても同じことが言われている。この場合、わたしたちの自由は、わたしたちがすることではなく、わたしたちが他者の目にどう映るかという意味で、わたしたちが何であるかに依存する。さきに大学の例をあげたが、わたしたちの資質がどのように評価されるかによって、クラブ(3)への入会や会社への就職を拒まれることもある。たとえば人種、性別、年齢、民族、障がいなどに基づく評価がそれである。あるいはまた、クラブに入会できるかどうかは、過去の業績——習得した技能、資格、勤務年数、どういう話し方を身に付けているか——に依存する。それらは、過去の選択の継続的な帰結であり、過去の選択は、蓄積されて、未来の行為に影響を及ぼす。それゆえに、現在における行為の自由は、過去の環境や蓄積された経験によってかたちづくられる。

わたしたちが「現在の自分」をどう思うかということは、わたしたちの蓄積された経験によってかたちづくられる。大学の例に戻れば、大学が期待する話し方に、自分が不慣れであったりする。労働者階級の家庭の出身である場合、中産階級の隣人たちの間では落ち着かない。あるいは、正統的な信仰を守るカトリック教徒であるならば、離婚や中絶を日常の現実として受け入れることはできない。ことによると、わたしたちが最もくつろげる集団こそが、わたしたちの意見の幅を制限することによって、自由を制限するというのが真実かもしれない。集団は、フォーマルな集団とインフォーマルな集団を問わず、（本章においてのちに論じるように）集団が、そのメンバーにかける期待によって構成されることが通例であり、その際、集団は、期待に沿った行動をとりそうもない人々をあらかじめ排除する。このような見解の相違が集団間で生じるとき、その溝は、たいていステレオタイプな仮定で埋められる。わたしたちが自分の集団における行為の条件に適応できるという事実は、その集団の外部にある未知の、想像もつかない経験を探究させないようにして、わたしたちの自由を制限することである。自分の集団の方式や手段に習熟することで、わたしたちは、自分の自由を行使できるようになるが、その代価も支払わなければならない。特定の思想や領域の範囲内にとどまることがそれである。

わたしたちは、日々自由を行使するなかで、行為を許可されると同時に制限されている。あるレベルで、わたしたちは、その集団内で、いかなる願望が容認され、実現しうるかを教えられる。適切な行動・会話・服装は、自分が属する集団のなかで何とか生きていくのに必要な方向づけ(オリエンテーション)を提供する。わたしたちは、その期待に従って自分自身を評価し、それに応じて自尊心が生まれる。にもかかわらず、その期待の外に出て、別の願望が奨励される環境に身をおくとき、それまで利点であったものが、一転、障害となる。そこでは、これまでとは別の行動の仕方が適切と見なされるので、他の人々の行為と意図の間の結びつきは見慣れたものではなくなり、異質なものと映る。かつては行動を許可してくれたこの同じ理解が、いまや理解の範囲を制限するものとして立ち現れる。ピエール・ブルデュー〔フランスの社会学者〕は、社会生活に関する浩瀚(こうかん)な研究のなかで、わたしたちの自己感覚と自分が身をおく活動の舞台の間に生じる乖離のことを、「ドン・キホーテ」効果と呼んだ。(4)

集団の期待

自分の期待と実際の経験の間に乖離が生じるとき、わたしたちは、自分が所属する集団は自由に選択したものではないと思う。きわめて単純に、わたしたちは、そこに生まれたがゆえに、ある集団のメンバーとなる。その集団は、わたしたちの立場を明らかにし、わたしたちの行為の方向づけに手を貸し、わたしたちに自由を提供してくれる。しかし、それは、わたしたちが意識的に選択した集団ではなく、やがて招かれざる客ともなる。そもそもそこに参加したこと自体が、自由な行為ではなく、依存状態を明示している。わたしたちは、意図してフランス人やスペイン人やアフリカ系カリブ人や白人や中流階級になるわけではない。わたしたちは、この運命を、冷静に、あるいは諦めをもって受け止めることもできれば、集団アイデンティティを熱狂的に受け入れて――現在の自分と結果として自分にかけられた期待に誇りをもちつつ――それを自覚的な運命に変えることもできる。しかし、もしわたしたちが自分自身を変えたいと願うのであれば、自分の周囲の人々の当然の期待に背くという大変な試練が待っている。自己犠牲・決意・忍耐が、集団の価値や規範への服従に取って代わる。その違いは、潮流に反して泳ぐか、それに乗って泳ぐかである。このように、わたしたちはつねに意識していなくても、他者に依存している。よしんば、かりに潮流に反して泳ぐにしても、わたしたちは、自分の見慣れた集団の外部にいる人々の経験や行為によって定められ、教えられた方向に泳いでいるのである。

どう行動するか、自分自身をどう見るかは、自分が属する集団の期待に基礎をおいている。それは、いくつかのかたちで明示される。まず、目標がある。わたしたちは、それをとくに重要なものとして設定し、追求する価値があると考える。目標は、階級・民族・ジェンダー〔社会的性別〕といった要因によって変化する。たとえば、他者をケアする仕事の大半は女性によって担われており、女性が、他者をケアする職業――看護・教育・福祉などの仕事――に引き寄せられる傾向が、はっきり出ている。これは、男女の分業をめぐる大半が未検証の仮説――分業を通じて男女は各々個性的な特徴を発揮しているとする――に基づくものである。

第二に、わたしたちが、それらの目標を達成することをどのように期待されるかは、別の**集団期待** group expectation の提示によって影響を受ける。すなわち、容認された手段を使用して、目標を追求することがそれである。わたしたちは、ここで日々の生活のなかで「適切」と理解される行動形態に関心をもっている。わたしたちは、目標の追求に際して特定の行動様式をとるが、それは、さまざまな集団によってかたちづくられる。装い方、ボディ・ランゲージの使い方、話し方、熱意の示し方、食事中のナイフやフォークの使い方は、そのような行動様式のほんの一部である。

第三に注目されるのは、集団は、種々の行為を通じて、アイデンティティを確認しようとすることである。その行為は、フォーマル、インフォーマルな関係のネットワークの外側にある集団と自らを識別する。そこで明示されるものを、わたしたちは、**妥当性の基準**と呼ぶ。わたしたちは、そこで自分が生活計画に乗り出すにあたって妥当な事物や人物と、そうでない事物や人物を識別することを教えられる。友、敵、ライヴァル、話に耳を傾けるべき人物、無視すべき人物などを識別することは、その根幹をなす。自らが追求する目的を設定したり、その目的の追求のための手段を選択したり、その過程において助力を期待できる人物とそうでない人物を識別したりできるのは、自分が属する集団のおかげである。それによって、膨大な実用的知識が得られるが、それなしには日々の仕事を営むことも特定の生活計画に取り組むこともできない。

暗黙知

たいていの場合、それは、**暗黙知** tacit knowledge である。暗黙知は、わたしたちの行動を教え導くが、それが作動する方式や理由を描き出すことはできない。たとえば、他者とのコミュニケーションにおいて、どのようなコードを用いているか、どのように行為の意味を解読しているかと問われても、質問の意味を理解することすらできない。そのようなコード——たとえばコミュニケーションを規定する文法の規則——は、ある言語を流暢かつ自由に使っているときには当然のものにすぎず、改めて説明することは難しい。しかし、このような知識は、日々の仕事をかたちづくるのになくてはならない。たとえ、どのような規則のおかげで適正に行動できるかを説明できずとも、わたしたちは、そのような暗黙知のあるおかげで、日常的に実践的な技能を発揮することができる。実際に、ハロルド・ガーフィンケル〔アメリカの社会学者〕は、**エスノメソドロジー**と呼ばれる社会学の部門を創設した。エスノメソドロジーは、日常の相互作用の細部を探究し、わたしたちが当然と思っている物事について、魅力的な洞察を提示する。たとえば、発話交替(5)、文章の始め方と結び方、さらには服装、日常の立ち居振る舞い、物腰によって人々の属性を判断することなどが、その主題となる。

わたしたちが自分の行動に自信がもてるのは、エスノメソドロジストの研究対象でもある、この予備知識のおかげである。そのような知識は、わたしたちを強力に支配しているが、その出所が忘れ去られていること自体が、力の源泉である。それは、「自然な態度」のかたちで現れるので、ミクロ社会学者(6)が調査対象に向けるような質問は、停止に追い込まれる。社会的知識や日常生活に関する社会学的文献を繙(ひもと)けば、一つの魅力的な関心の領域が開かれ、他者との相互行為について、より深く理解できるようになるかもしれない。その際、自明と映っていたものは、集団特性、時間、場所、空間、権力に応じて変わる信念の集合であることが明らかになる。次の節では、自分がいかにして他者と、と、も、に自分自身になるのかという観点から、この洞察のいくつかを探究してみよう。

自己と他者

Iとme

わたしたちが集団理解を内面化することについて重要な洞察を提供した人物の一人に、ジョージ・ハーバート・ミード〔アメリカの社会心理学者・哲学者〕がいる。ミードにとって、わたしたちの「自己」――自分の現在の姿――は、わたしたちが生まれながらにもっているものではなく、他者との相互作用を通じて徐々に獲得されるものである。この過程を理解するために、ミードは、自己意識を、二つの要素に区分する。Iとmeがそれである。ミードは、わたしたちの精神が自分自身が身をおく世界との関係の調整を図ると考えた。それは、たんに集団の期待を反映することを意味しない。わたしたちもまた、世界に影響を及ぼしうるからである。この過程を理解するために、ミードは、「わたしたちは、他者との象徴的なコミュニケーションを媒介として、自分自身の何であるかを知る」と主張した。

言葉を媒介としない限り、わたしたちは、自分が話すこともできないばかりか、他者から自分のことを聞くことも、他者の反応に従って自分の行為や発言を評価することもできない。Iは、自分自身の心のなかで行われる「会話」と考えられるが、言葉が媒介的に機能しているがゆえに、「会話」は成り立ち、自分自身を一つの「全体」と見なすことが可能になる。他方、meは、自分の行為のなかで、集団の期待をどう組織するかを表している。わたしたちは、自分自身をどう理解するかという観点から、他者に反応するが、その理解は、わたしたちが日常的に身をおくさまざまな社会的状況に応じて絶えず変化する。

上記の過程は、三つの発育段階を経て、順次進行する。まず、準備段階がある。ここでは、自己意識は、他者が提示する態度から構成されているという点において、受動的である。その後、自己意識が急速に形成され、わたしたちは、集団のシンボルを使って他者に反応するが、わたしたちが状況にふさわしいと認められるかたちで行為の範囲を定めることができるのは、このシンボルのおかげである。言い換えれば、自己意識の成長は、他者の反応を媒介として図られる。この段階において、わたしたちは、自分自身を直接的に経験することはなく、他者の反応を通して経験するだけであるが、他者との相互作用のなかで自分の行為を判断するという過程が、ここから始まる。

第二に、プレイの段階がある。そこでは、ごっこ遊びをする子どものように、さまざまな「他者」の役割を演ずることになる。ただし、それらの役割は、相互の結びつきや全体的な組織性を欠いている。言葉の習得や特定の役割を意識するといったことが、この段階の中核をなす。他者の反応は、何が適切な行動なのかを理解するのに、ここでもまた重要である。第三に、ゲームの段階がある。この段階では、さらに集団的態度の組織化が進められる。すなわち、役割が役割相互の関係とともに習得される。ゲームのなかでは、プレーヤーによって種々の「役割（パーツ）」が演じられるが、ゲームを支配する規則がより明確になる。そこでは――自分の行為に対する他者の反応を通じて、自分自身を理解することから――自分自身が、自分の行為の対象となるが、それによって、わたしたちの反省的な性格がかたちづくられる。

ミードの自己概念は、受動的なものではない。活動性（アクティヴィティ）や主導性（イニシアティヴ）が、そこでの相互作用を終始特徴づけている。結局のところ、子どもが最初に習得する技能の一つは、識別し、選択することである。反抗したり抵抗したりする能力、言い換えれば、外的な力と対峙したり敵対したりする能力の手助けがなければ、そのような技能は獲得しえない。さまざまな**重要な他者** significant others が発信するシグナルが相互に矛盾するために、Iは、meに内面化された外的な圧力を目にしつつ、距離をおいて傍観しなければならない。Iが強ければ強いほど、子どもの性格は自律的になる。Iの強さは、meに内面化された社会的圧力を吟味する能力が備わっていることや、そうする用意(レディネス)があることに表現されるが、その吟味とは、Iが社会的圧力の本当の力や限界を調べた上で、それに挑み、その結果を引き受ける過程を指す。

本能的なものと社会的なもの

この自律性の獲得の過程で、わたしたちは、自分自身についても問いを発するが、自我に関する最初の反省的な問いは、ポール・リクール〔フランスの哲学者〕が述べたように、「自分とは何者か」である。ここにおいて、わたしたちは、(1)わたしたちが願うことと、(2)重要な他者の存在やかれらの期待のゆえに、わたしたちがしなければならないと思うことの間の内的な葛藤として、自由と依存の間の矛盾を経験する。その結果、わたしたちの先天的傾向に、社会的に容認される行為のイメージが後天的に植え付けられる。

わたしたちは、ここで生物的なものと社会的なものの相互作用に遭遇する。目下、人間の行動の諸相がいかなる遺伝的基礎をもつかを究明しようと、多額の資金が費やされている。行為や行為の評価が文化によって区々であることをわたしたちは知っているが、ダーウィンの進化論の影響を受けた学者たちの間でも、人間は、生来、競争的か協力的かについて解釈が割れている。遺伝学者スティーヴ・ジョーンズはこう説く。遺伝学において一番悩ましいのは、ある遺伝子を見つけることが、同時に、特定の行動形態を支持する意味合いをもってしまうことである。

このような議論、さらには製薬会社が潜在的な利益の追求に余念がないことに付随して巨額の資金が遺伝子研究に注ぎ込まれている現状にもかかわらず、大半の学者は、一定の社会が容認される行動基準を設定し、強制する権利をもつことを支持するであろう。社会や集団は、人々を制御する方法を徐々に編み出す。ジグムント・フロイト〔精神分析学の創設者〕は、自己発達の全過程や人間集団の社会的組織化は、性的ならびに攻撃的な**本能**を制御する必要や、そのために求められる実際的な努力の観点から解釈できると主張した。それらの本能は、けっして制御されることはなく、「抑圧」されて、潜在意識に追いやられるだけである。かくして、本能は、集団の要求や圧力に関する内面化された知識としての**超自我**によって、忘却の淵に留め置かれている。フロイトは、超自我を、社会という戦勝軍が「占領下の都市においた守備隊」と表現する。自我そのものは、恒常的に二つの力の間で揺れ動いている。二つの力とは、(1)潜在意識に追いやられながらも依然として強力で反抗的な本能と、(2)自我に圧力をかけて衝動を潜在意識に押しとどめ、そこから抜け出さないようにする超自我を指す。

ナンシー・チョドロウ〔アメリカのフェミニズム社会学者・精神分析学者〕は、情緒的愛着における性的差異を探究するために、対象関係論[7]を援用しつつ、フロイトの洞察を修正した。息子は、母親に対して「一次的な愛 primary love」を示すが、やがて、この欲望は抑圧される。結果として、息子は、この母子癒着的な関係を脱し、新たな境地――母親とのつながりが断たれ、母親への愛が抑圧される境地――へ入っていく。そのとき、息子は、母親との関係において「他者」となり、欲望の抑圧を介して息子の自律性が獲得される。他方、娘は、母親との協力関係を経験することから、自分と母親の区別を通じて、娘の自己意識が形成されることはない。ここには、女性には共感を重視する傾向のあること、自分が根源的な一部である世界から自分自身を分離することにさほど関心をもたない傾向のあることが示されている。

他の社会学者たちも、フロイトの仮説を継続的に探究してきた。ノルベルト・エリアス〔ユダヤ系ドイツ人の社会学者〕は、包括的な歴史研究とフロイトの理論を融合させ、わたしたちの自己の経験が、わたしたち皆がさらされている二重の圧力から生じると提起した。わたしたちの自己に対する態度が両義的であることについては、さきに述べたが、それは、二つの圧力が相対立する方向に働きつつ、わたしたちをアンビヴァレントな立場に追い込んだ結果である。それゆえに、いかなる社会も、そのメンバーの元々の性質を制御し、許容しうる相互行為の幅を制限することに懸命に努めるという事実に、疑問の余地はない。しかし、わたしたちの知る限り、人間が、生来攻撃的であって、制御したり抑制したりしなければならないという決定的な証拠はどこにもない。本源的な攻撃性の噴出と解釈されがちなものは、たいてい冷淡さや憎しみのはけ口であり、それらの態度はともに遺伝的というよりも社会的な起源をもつものである。言い換えれば、集団が、そのメンバーの行動を訓練したり制御したりするのは間違いないが、必ずしもそれによってメンバーの行動が慈悲深く道徳的なものになるわけではない。そのことは、監視や矯正の結果として、メンバーの行動が、所定の社会集団のなかで容認できると見なされるパターンによりよく従うことを意味するだけである。

集団を選択する

社会化とは何か

わたしたちの自己が形成される過程、そしてまた本能が抑圧されたり、されなかったりする過程は、しばしば**社会化**と呼ばれる。わたしたちは、社会的圧力の内面化によって、社会化される——社会のなかで生存できる存在に変容する——のである。わたしたちは、容認される方法で行動する技能を身に付け、「自分の行為に責任を負うことができる」と見なされるとき、集団のなかで生活し行動するにふさわしい存在となる。しかし、わたしたちが相互に作用し合う相手にして、わたしたちを社会化する重要な人々とは、いったいだれか。すでに見てきたように、自己の発達において実際に機能する力は、重要な他者の意図や期待をめぐる子どものイメージである。なるほど、多くの期待のなかから何かを選択する子どもの自由は、完全なものではない。同じ世界にいても、ある人々が、子どもの認識のなかに、自らの意見を効果的に押し込むことができるのに、別の人々はそうではない。それでも、子どもは——よしんば、他者の要求が相反し、同時に満たすことができない難しい状況におかれたとしても——選択を回避することはできない。結局のところ、十分な注意を払われて子どもの生活に重要な意義をもつ人々と、そうではない人々が生まれる。

さまざまな期待に等しく応えることができないというのは、子どもに限った話ではない。わたしたちは、日常茶飯事として、そのことを経験する。自分が大事にし、尊敬もする友人Aの不興を覚悟で、同じように大好きな友人Bを慰めなければならないこともある。政治的意見を表明するときはいつでも、それに賛同しない人々や、そのような意見の表明に恨みをもつ人々までもが出てくることを覚悟しなければならない。ある意見を妥当とすることは、不可避的に別の意見をさほど重要でないとか妥当でないと判定することを意味する。このリスクは、それ自体、わたしたちの生活環境が不均質であればあるほど、すなわち意見や価値や利害が多様であればあるほど高まる。

準拠集団

複数から一つの生活環境を選び出すことは、**準拠集団**を選ぶことを意味する。準拠集団とは、わたしたちの行為の尺度となる集団であり、行為の基準を提供してくれる集団である。そのような行為の基準は、わたしたちが切望してやまないものであるが、生活環境によって服装・会話・感覚・行動のありようが異なるのは、すべて準拠集団の働きによる。アーヴィング・ゴッフマン〔カナダ生まれのアメリカの社会学者〕は、日常生活の卓越した観察者であって、その著作は、わたしたちの行為について魅力的な洞察を提供してくれるが、かれは「面子（メンツ） face-work」（あるいは「面目 face」）の重要性について書いた。「面子」は、人々が提示する属性という観点から、その人々の行為と結びつけられる価値である。逆に、当の人々がその属性である価値によって、自分自身のアイデンティティを確認しようとする。「プロ」としての立派な仕事によって、当人の自尊心や集団のなかでの地位が結果として高まるのは、その一例である。

このような過程は、意識的に追求されるものとは限らず、意図と行為の結果は必ずしも結びつかない。コミュニケーションについて、さきに述べたことでもあるが、わたしたちが意図することと実際に生じることは直結しているわけではなく、そこには欲求不満や誤解が生じる余地がある。また、集団は、その固有の行動様式をわたしたちが模倣しようとしていることを知るよしもない。集団のなかでも、規範準拠集団は、一つ一つの相互作用に立ち会うことなく、わたしたちの行為の規範を設定する集団をいう。そのような集団のなかでとりわけ抜きんでているのは、家族、友人、教師、職場の上司などである(8)。ただし、わたしたちの行為に反応する状況にあるからと言って、それらの人々が、ただちに準拠集団になるわけではない。わたしたちが重要性を割り当てるときにだけ、それらは準拠集団になる。上司からかけられる規範的な圧力を無視し、逆に上司が非難するような基準に従うときには、職務上の規律違反が生じうる。集団が深い関与や情熱を求めるときに、「冷静（クール）」に構えることもある。かくして集団が、準拠集団となって影響力を行使するには、ある程度の同意が必要である。

　行為の目下の文脈を超えて影響力が行使されるのが、比較準拠集団の場合である。それは、こちらにそちらの手が届かないのか、こちらの手がそちらに届かないのかは別にして、わたしたちが属していない集団である。それゆえに、わたしたちは、かれらに見られることなく、その集団を「見る」。この場合、重要性の割り当ては、一方的なものである。わたしたちとかれらの間には距離があるため、かれらは、わたしたちの行為を評価することはできず、逸脱を矯正することも、わたしたちに惜しみない賞賛を送ってくれることもない。近代を通じて、わたしたちは、他者と知り合うことで〔直接的に〕少量の知識を得る状況から、マス・メディアの描写や記述によって〔間接的に〕大量の知識を得る状況へと、段々と移行してきた。結果として、現代的な自己意識の形成について、この〔マス・メディアという〕比較準拠集団は、より顕著な役割を果たしている。マス・メディアは、最新の流行や様式について、ますます迅速に情報を伝えるとともに、その発信力は世界の隅々にまで及ぶ。その過程で、マス・メディアのおかげで目に見えるものとなった生活様式こそが権威のあるものとなるが、人々はそれを模倣するとともに、そのような生活様式をもつ集団に属することを切望するようになる。

まとめ

社会化は、一生涯を通じて、終わることのない過程である。それゆえに、社会学者は、社会化の諸段階を区分する（第一次社会化、第二次社会化、第三次社会化）。社会化の諸段階は、自由と依存の間の相互作用の形式をともなっているが、それは、刻々と変化するとともに、複雑にからみ合っている。たとえば、小さな農村の出身者が未知の都会で途方に暮れることもある。都会では、他人の無関心が無力感を呼び起こすが、交通、あくせく動く群衆、建造物の量が、それらのすべてを倍加する。さらにまた、リスクと信頼が、さまざまな度合いで混じり合い、アンソニー・ギデンズ〔イギリスの社会学者〕の言う「存在論的安心」を強めもすれば、弱めもする。一方では、都会に馴染んでいる人々もいる。都会では、匿名性によって移動が容易となり、多様性がアイデンティティの源泉ともなる。しかしまた、個人が制御しえない状況もある。社会学者がマクロ構造的状況として言及するものは、わたしたち皆にとって、劇的な結果をもたらすかもしれない。突然の経済不況、大量失業の襲来、戦争の勃発、猛烈なインフレーションによって老後の蓄えが紙くずになること、生活保護受給権の取り消しによって安心が喪われることなどは、その事例にあたる。これらの変化は、社会化のパターンの獲得を不確かなものにし、ひいては、それを妨げる可能性をもつので、わたしたちは、自分の行為や行為を方向づける規範を抜本的に再構築する必要性に迫られる。

そう目立たないかたちでは、わたしたちは、各々日常的に多くの問題に直面し、そのたびに〔行為の〕再調整や〔自分に対する他者の〕期待の問い直しを求められる。たとえば、転校や転職、大学進学、結婚、家を手に入れること、引っ越し、親になること、高齢者になることなどが、それである。それゆえに、自由と依存の間の関係は、継続的な変化と交渉の過程と考えられるべきであろう。両者の複雑な相互作用は、生とともに始まり、死とともに終わる。

自由もまた、けっして完全なものではない。現在の行為は、過去の行為によって形成され、束縛されている。わたしたちは、日常的に、いかに魅力的であっても、手に入らないものに取り巻かれている。自由を得るには、費用がかかるが、その費用は、環境とともに変わる。わたしたちは、新たな機会や事物の入手を切望し、それを探し求めるが、新たな「開運（ブレイク）」の可能性や見込みは、一定の年齢を過ぎるとますます乏しくなる。同時に、ある人々からの自由を、別の人々への依存という、より大きな代価を払って手に入れることもある。ここまで述べてきたように、物質的・象徴的な資源は、〔それを手に入れるという〕選択を、目に見える、現実的な問題にする機能をもつが、必ずしもすべての人々が、それらの資源を入手できるわけではない。万人は自由であり、自由であるほかない(9)──何をするにしても自ら責任を負わねばならない──が、ある人々は別の人々よりも自由である。ある人々の行為の範囲や選択の機会は別の人々のそれよりも広く、そのことは、別の人々の行為の範囲を制限することにかかっている。

自由と依存の割合は、個人ないしは大きな人々の範疇〔集団〕が、社会のなかで相対的にいかなる位置をしめるかの指標となる。いわゆる特権も、よく吟味すれば「自由のより高い状態」か「依存のより低い状態」であることが判明する。そのような特権的状態は、さまざまな場面で、さまざまな事情で、社会のなかで顕在化するが、各集団はその特権的状態を正当化して、自分たちの地位を合法化しようとする。にもかかわらず、他者のことがよく分からないとき、その空白はしばしば偏見によって埋められる。いったい、社会学者は、この問題をどう見るのか。それが、第2章で取り組む主題である。

第1章訳注

(1) ambivalenceは、フロイトの精神分析に由来する用語で、本書のキーワードの一つである。「両面価値性」とも訳されるが、本書では「アンビヴァレンス」と表記する。

(2) 会話や服装や趣味にも階級性があることを念頭においた記述。本章の後述参照。

(3) 趣味・スポーツ・社交などを楽しむための会員制の団体。本書で問題にされるように、会員資格の審査が厳しいクラブもある。

(4) 『実践感覚』第一部第三章参照。ただし、ブルデューは、明示的に「ドン・キホーテ効果」という用語を提示してはいない。

(5) 言語学用語。話し手と聞き手の発話機会の交替。

(6) 人々のミクロなレベルの相互作用に着目する社会学研究をミクロ社会学と呼ぶ。ゴッフマンやガーフィンケルは、典型的なミクロ社会学者である。

(7) 対象関係(こころのなかで営まれる自己と対象の関係)を中心に打ち立てられた精神分析理論。M・クラインが創始者であると言われる。

（8）厳密に言えば、友人、教師、職場の上司は、集団ではない。ここでは、そのような存在とわたしたちが形成する集団（友人集団、学級集団、職場集団など）が想定されている。

（9）「自由である」ことを強いられる今日の状況のことを言っている。

第2章　わたしたちとかれら

わたしたちは、これまで、集団所属の問題について論じてきた。わたしたちは、他者との相互作用のなかで、「自分が何者か」を理解するが、集団所属の問題がそれにどう関わるかということが、そこでの論点であった。集団は、わたしたちの行為にいかなる影響を及ぼすか。わたしたちと他者との相互作用はいかなるものか。わたしたちは、いかなる集団に所属し、結果的にいかなる集団を〔所属集団から〕除外するか。これらは、いずれも、日常生活の根幹をなす。意図的であろうとなかろうと、その結果は社会関係の形式や内容を規定し、わたしたちの社会の様相を特徴づける。本章では、これらの問題を詳しく考察する。集団所属が、わたしたちの他者理解や自己理解にいかなる影響を及ぼすかがここでの主題である。

周囲のさまざまな人々

社会的距離

わたしたちの日常生活においてなくてはならない人々のことを、一人一人思い起こそう。カフェでコーヒーを出してくれるのはだれか。電気やガスや安心して飲める水を供給してくれるのはだれか。国際金融市場においては、毎日、一・五兆ドルもの資金が循環し[1]、各国の繁栄や発展に影響を及ぼしているが、その資金をどのように、どこへ、そしていつ動かすのかについて決定を行う人々はだれか。わたしたちの周囲には、わたしたちが自由に暮らすのを助けてくれる人々もいれば、逆に——生きている従業員よりも役立つロボットを見つけることで、人々が就職する機会を奪う製造業者のごとく——それを妨げる人々もいるが、さきにあげた人々は、この未知の多数の人々の一部にすぎない。そしてまた、自分自身の目的に心を奪われて、大気汚染や工場排水を生み出す人々もいるが、かれらの行為は、長期的にわたしたちの生活の質や環境、そして野生生物に悪影響を及ぼす。

それらの「未知でありながらも、わたしたちの生活に影響を及ぼす」人々と、面識があり、名前も知っている人々を比べてみよう。いかなる生活を送るか、どういう選択ができるかに影響を及ぼす人々のなかで、実際に知っている人々——実際に生活のなかで出くわす人々、すなわち、さまざまな能力をもってわたしたちの前に現れる人々――の割合は、ごく小さい。同じ知人でも、一方には、頻繁に顔を合わせ、何が期待できるかできないかがあらかじめ分かり、互いに話しかけ、知識を共有し、共通の関心事について議論する人々がいる。もう一方には、たまたま知り合ったか一度きりしか会わない人々もいる。わたしたちが他者と対面状況で出会い、ゴッフマンの言う「相互作用秩序」(2)が生まれる場所もわたしたちの周囲に多い。わたしたちがここで関心をもつのは、それ自体、個人的な空間ではなく、わたしたちが他者と相互作用し合う公共的領域や社会的状況である。そこでの相互作用の内容は、機能的なものとなる。たとえば、銀行から資金を調達するとか、歯医者に行くとか、店で食料品を買うといったことが、それである。その場合、自分の目的が起動力となって、相手との関係が生じるのであり、人々と接触すると言っても、相手の職務遂行能力にしか興味がないのが普通である。かかる環境にあっては、馴れ馴れしい質問は場違いであり、他者との接触に際してのプライヴァシーへの不当な侵入と見なされることも多い。プライヴァシーの侵害が生じるとき、わたしたちは――そこでの関係について、明文化されてはいないものの、暗黙裏に期待されていることへの違反として――それに反発するであろう。そこでの関係は、財やサーヴィスの交換以上のものであってはならない。

近接性は、社会的な相互作用の一面を物語るものではあるが、それによって、そこでの相互作用の何であるかが明らかになるわけではない。「ネット友だち」(インターネットで親しくコミュニケーションをとる相手）は、物理的に接触する「友だち」と大差がないと主張する人々もいる。アルフレッド・シュッツ〔オーストリア出身のアメリカの社会学者〕は、こう提起した。個人から見れば、自分以外のすべての人間の位置が、ある想像上の線――**社会的距離**を尺度とする連続体――上に表示され、社会的交際が量的・質的に縮小するにつれて、その距離は拡大する。この連続体は、特定の人物に関する〔個別的な〕知識から、たんに人々をタイプ分けするだけの〔一般的な〕知識まで、幅広い知識によって構成されている。後者の場合、金持ち、フーリガン、兵士、官僚、政治家、ジャーナリストなどのタイプ分けが、そこではなされる。自分からの距離が遠ければ遠いほど、その連続体上の位置をしめる人々についての知識は類型化し、かれらに対するわたしたちの反応もまた類型化する。

過去と未来

同時代の人々と別に、認知地図mental mapのなかに、祖先や子孫として入ってくる人々がいる。わたしたちとかれらのコミュニケーションは一方的で、不完全なものである。たとえば、祖先の場合、そのメッセージは、神話のかたちで伝えられるかもしれない。それは、わたしたちが自らのアイデンティティに関する矛盾を解決しようとするのを手助けしてくれる場合もある。社会人類学者も指摘してきたように、わたしたちが特定の伝統に馴染んでいる場合、そのような伝統は、さまざまな儀礼を継承したり過去に関する特定の解釈を信奉したりするかたちで、歴史的な記憶を通じて保持されている。子孫の場合は、これとは異なる。わたしたちは、かれらに自らの存在の痕跡を残すが、向こうからの返答は期待していない。わたしたちは、想像の上で未来を思い描くが、かれらを「知る」ことはできない。しかし、SF作品や自分たちが未来に対してもつ可能性を想像しようとする今日的な活動に刺激を受けている現代の科学者たちにとって、未来は、未知の領域ではないらしい。たとえば、組織の「再設計（リエンジニアリング）」という発想は、未来の理想を今日の現実の上に投影するようなものである。その場合、決定の結果が想像の未来に含まれるために、経営者は現在の〔業績不振などの〕責任を逃れられるかもしれない。しかし、現在において、過去あるいは想像しうる未来の影響についていくら論じようと、それらが時間を超えて不変であるわけではない。人々は、時間の経過とともに居所を変え、ある範疇から別の範疇へと移り、連続体上でこちらに近づいてくることもこちらから離れていくこともあり、ついには当代の人々から祖先へと姿を変える。この過程で、わたしたちの共感能力――自分を他人の立場におく能力や意欲――もまた変化する。わたしたちの自己アイデンティティは、社会的アイデンティティと密接に結びついている。社会的アイデンティティとは、他者や日々の生存のなかで遭遇する人々との関係において、わたしたちが作り出すアイデンティティである。

対立する集団

内集団と外集団

わたしたちは、世界のなかで事物を識別したり区別したりできるが、そのなかには、「わたしたちus」と「かれらthem」の識別や区別も含まれている。「**わたしたち**」は、自分が所属し、理解していると思う集団を指す。それに対して「**かれら**」は、そもそも参入できないか所属したいと思わない集団であり、この集団の区分は、曖昧であり、不完全であり、理解力の不足に起因するものであり、ゾッとさせられるものでもある。「かれら」もまた「わたしたち」について同様の懸念や不安をもっているとうすうす感じることで、わたしたちは自分の信念に確信をもつ。

「わたしたち」と「かれら」の区分は、社会学において、**内集団**と**外集団**の区分として提示されることもある。この対立概念は、一方なしには他方もないという意味で、切っても切れない関係にある。それらは、いわば、自分の世界地図のなかで、敵対関係の両極に沈殿したものであり、それによって二つの集団は各々のメンバーにとって「現実的(リアル)」なものになり、それぞれの集団に内的な統一性や凝集力が提供される。わたしたちの自己アイデンティティは、わたしたちが所属する集団と密接に結びついているとすれば、ミシェル・

フーコー〔フランスの哲学者・歴史家〕やジャック・デリダ〔フランスの哲学者〕が主張するように、わたしたちは、否定的(ネガティヴ)なものを排除することによってのみ、自分とは何かという問いに対する「本質的な」答えを入手する。さきの場合、「かれら」の特徴と想定されるものが、その否定的なものにあたる。自己アイデンティティは、わたしたちが環境から引き出す資源によって、有効に作動するのであり、アイデンティティの不動の「核(コア)」があるわけではない。対立概念は、それ自体、わたしたちが世界地図を描くのに有用な道具となる。「支援に値する貧民」と「支援に値しない貧民」[3]、「まともな市民」と「暴徒」の区別などが、そこに含まれるが、「暴徒」は、そこで、すべての規則を侮り、すべての秩序を嫌う者として特徴づけられている。いずれの場合も、各々の特性は、いかなる感覚をそれに付与するかも含めて、相互の対立から生じている。

これらの観察から、こう結論づけることができる。外集団は内集団にとって想像上の対立物にほかならず、内集団は自己のアイデンティティのために、自らの凝集力のために、内なる連帯のために、情緒的安定のために外集団を必要としている。その結果、メンバーが集団のために進んで協力する態勢を整えるには、その支柱として、敵への協力を拒むことが必要である。あたかも安心を覚えるために荒野の恐怖が必要であるかのようである。メンバーの安心を支える理想には、連帯、相互の信頼、エミール・デュルケーム〔フランスの社会学者〕の言葉を借りれば「連帯感」や「共通の絆」が含まれる。理想的な家族のメンバーは相互に——親は子に対して——愛情や気遣いに満ちた行動パターンをとることを期待されている。

想像のコミュニティ

政治家が、演説を通じて、聴衆のなかに相互的な忠誠心を呼び起こしたいと願っているとしよう。もし、わたしたちが、かれらの修辞(レトリック)に耳を傾けるならば、自分たちは「兄弟」や「姉妹」であるとか、皆が一つの「家族」であるといった類の比喩を耳にすることになろう。国民的な連帯や大義のために自らを犠牲にする覚悟のあることを表明する際には、「母国」や「祖国」といった類の言葉がちりばめられる。このように、相互の扶助・防衛・友情が、内集団生活の想像上の規則であり、わたしたちは、その文脈で内集団内の関係を理解することを求められる。内集団内の関係は、情緒的に温かく、相互の共感、忠誠心を鼓舞しうる潜在力、集団の利益を守らんとする決意に満ち溢れていなければならない。ここには、心地のよい場所としてのコミュニティの感覚があるが、その感覚はまったく議論や反省の余地のないものである。ここでも困難な事態はあるかもしれないが、最後にはつねに打開策が見つかる。人々は無慈悲で利己的に映るかもしれないが、困ったときには、助けをあてにできる。何よりも、かれらのことを理解できるし、かれらから理解されているという確信をもちうる。

さきに述べたように〔第1章〕、ある人々と自らを同一化（アイデンティファイ）することで、コミュニティ感情をもったり、自分とかれらを結びつける活動や信念にコミットしたりするのに、何もかれらが自分の面前にいなければならないわけではない。実際には、対面集団だけでなく、大きく広範囲にわたる集団にも、わたしたちは共感をもちうる。階級・ジェンダー・国家などは、この内集団の二つ目の範疇の典型例である。わたしたちは、それらを自分が熟知している小さな親密な集団のようなものとして理解しがちであるが、あくまでもそれらは**想像のコミュニティ**である。それらの集団は、同一の言語や慣習をもっていても、メンバーの信念や行動が二つに割れていることも多い。その裂け目は、「わたしたち」のイメージによって糊塗され、一体感のアピールが行われる。実際、ナショナリストの指導者の演説では、共通の精神によってさまざまな違いを乗り越えようということが語られるが、共通の精神はたいてい集団的に保持された目標に向けられている。

階級、ジェンダー、エスニシティ〔民族性〕、国家などを独力で内集団に「する」には、なすべきことがある。それらは、日常の相互作用においては珍しくもない、集団の社会的な接着剤（セメント）を欠いている。一つの帰結は、集団内部に理想のイメージに反する兆候があれば、「偽り」や「不適切なもの」として隠蔽したり排除したりすることにつながる。この集団浄化の過程には、訓練され、機略に富んだ活動家の一団が必要であるが、かれらの活動は、利益や信念の想像上の統一性をもっともらしいものにする。そこで、大規模な内集団が形成される際には、通常、一定の団体――政党、労働組合、国民国家の政府など――の活動が先立って行われる。**ナショナリズム**の鼓吹が、統一された国民的な構成単位(ユニット)〔国家〕の出現に先行するのは、その一例である。

偏見

大規模集団について、各種の団体は団結のイメージを繰り返し語るが、その現実支配力は脆弱なままである。対面集団であれば、人々のネットワークの日常的な相互作用から、実体性 substance が生じるが、大規模集団は、実体性を欠き、外集団への敵対行為が付随しない限り、どれだけ忠誠心を呼び起こそうとしても成算はない。敵とは、気味の悪い、ゾッとする連中であり、狡猾で、腹黒い性格をもつとイメージされている。敵のイメージは偏見に満ちたものであって、おさおさ警戒を怠らないことが求められる。**偏見**――敵が美徳をもっていたとしても、それを認めることはなく、かれらの悪徳は、現実のものであろうと想像上のものであろうと、誇張する傾向――は、敵の意図が誠実なものである可能性を受け入れるのを妨げる。偏見はまた、道徳的なダブル・スタンダードのかたちで表現される。内集団のメンバーが「もらって当然」と主張するもの〔保護や支援〕も、もし外集団のメンバーに与えられるなら、寛大で慈悲深い施しとなろう。最も重要なことは、外集団のメンバーに対する非道な行為は道徳的な呵責を生じないのに、ずっと穏当な行為が敵によってなされた場合には、容赦のない非難が求められることである。その結果、偏見は、自分の大義の実現に用いられる手段を是認するようにうながすが、その手段は、もし外集団によって目標の追求に使われたならば、けっして正当化されないものである。かくして、同一の行為が異なる名称で呼ばれることになる。たとえば、ある集団にとっての「自由の闘士」は、別の集団にとっては「テロリスト」となる。

だれもが一様に偏見をもつわけではない。偏見は、人種差別的な態度、より一般的に言えば、「異質な」ものへの嫌悪としての外国人恐怖症のなかに現れる。強度の偏見をもつ人々は、厳格な行為の規則からの逸脱を許すことができず、人々を制御できる強力な権力を好む。そのような人々のもつ性向を、テオドール・アドルノ〔ドイツの社会理論家・哲学者〕は、「権威主義的パーソナリティ」と規定した。それは、習慣的な状態が劇的に変化することによって生じる不安と密接に関わっている。いつも通りの生活を送るのに有効な方法として習得してきたものが、突然、信頼できないものになる。その結果、状況が制御できないという感覚が生じ、変化が憤慨や抵抗の対象となる。

このような社会状況の変化の帰結は、新参者から「美風」を守る必要性が生じることである。新参者は「悪風」を象徴し、憤慨の対象となる。ブルデューは、社会関係の「場field」[4]において、人々が「正統」もしくは「異端」の戦略を追求するという観点から、この〔象徴闘争の〕過程がどう進展するかについて書いた。そこでの闘争には、既存の関係を維持するか転覆するかがかかっている。日々の活動は、前反省的つまりは当然のものと思われている仮定に基礎をおいているが、その仮定も、眠りから覚めることを余儀なくされる。新参者の侵入に対して、現状維持を図る闘争が始まるからである。

定住者と部外者

エリアスもまた、「定住者」と「部外者（アウトサイダー）」という観点から、この対立状況に関する理論を提示している。新参者と定住者が客観的に異なっていようといまいと、部外者の流入が定住者の生活様式に課題を突きつけるのは同じである。その場合、定住者が、自分たちと新参者ないしは部外者の間に一線を画することから、緊張関係が生じる。結果的に不安が生じ、不安は敵意となるが、定住者には、よい方法がある。偏見に基づいて行動することがそれである。定住者はまた、居住の正味の長さから得られる権利に訴える。その権利は「ここは、わたしたちの父祖の地である」といった表現に集約されるものである。

定住者と部外者の間の複雑な関係は、内集団と外集団の間の多岐にわたる闘争を説明するのに大いに役立つ。十九世紀ヨーロッパにおける近代的な反ユダヤ主義の誕生や拡大は、急激な産業化による社会の急速な変化とユダヤ人の解放が同時に起こったことの結果として理解できる。ユダヤ人たちは、ゲットーつまりは散在するユダヤ人地区や閉鎖的なコミユニティを出て、都市の異邦人〔キリスト教徒〕と交わったり、「普通の」居住地に入ったりしようとした。同様に、第二次世界大戦後のイギリスにおける産業状況の変化は、広範囲にわたる不安を生み出したが、その不安はやがてカリブ海諸国やパキスタンからの移民に向けられることになった。同じ時期に、女性は就労や有力な地位に就くための競争において男性と同等の権利を要求したが、その要求に男性が抵抗したのも同様の文脈で理解できる。フェミニストによる平等の要求は、いまも偏見を誘発するが、その偏見は「自然な」状態へのさりげない言及に偽装されている。そのなかで際立つのは、社会関係の秩序のなかで女性が身の程を知るべきであるとの主張である。そこでは、男性の特権的地位が認められている。

分裂生成

グレゴリー・ベイトソン〔アメリカの人類学者〕は、二つの集団の敵対関係に基づく行為と反応の連鎖を「**分裂生成**」と呼んだ。各々の行為がより強い反応を要求するにつれて、状況は次第に制御できなくなる。ベイトソンは二つのタイプの分裂生成を区別する。まず「対称的な分裂生成」の場合、それぞれが敵の強さの兆しに反応する。敵が権力や決意を示すときには、さらに強い権力や決心の表示が求められる。両サイドが何よりも恐れるのは、弱いとか怖じ気づいていると見られることである。「信頼できる抑止力を維持しなければならない」とか「侵略者に侵略が引き合わないことを見せつけなければならない」といった標語を思い起こそう。対称的な分裂生成は両サイドに身勝手さを生み、合理的な協定の可能性を押しつぶす。いまでは、両サイドともに、衝突が生じた元々の原因を覚えてはおらず、目下の闘争の激しさにいきりたっている。

二つ目のタイプは「相補的な分裂生成」である。これは、まったく反対の前提から出発するが、同一の結果、すなわち関係の断絶に行き着く。この行為の分裂生成的な帰結が相補的であるのは、一方が他方の弱さの兆しに接して決心を強めるのに対して、他方が相手側の力の強さをますます見せつけられて抵抗を弱める場合である。典型的には、これは支配者と服従者の間の相互作用に見られる傾向である。一方の自信や自負は、他方の臆病さや従順さの兆候によって培われる。相補的な分裂生成は、類例が多く、内容も多彩である。

極端な場合、ギャングがある地域の人々全体を無条件的な服従に陥れ、抵抗がまったくないことから自分は全能であると確信して、被害者の支払い能力を超える要求を持ち出すことも考えられる。そのとき、被害者は、自暴自棄に陥るか、反乱の狼煙（のろし）をあげるか、ギャングの縄張りから出て行くことを余儀なくされるかのいずれかであろう。古代ローマの保護者と隷属民の関係は、別の極端な場合である。（民族的・人種的・文化的・宗教的な文脈で）優位に立つ多数派が、少数派の存在を受け入れることができるのは、後者が支配的な価値を受け入れることや、支配的な規則に則った生活を望んでいることを熱心に示す限りにおいてである。少数派は、多数派を喜ばせ、かれらの機嫌を取ろうとするが、支配者集団が自信を増すにつれて、大きな譲歩が必要になるだけである。少数派は、当初のゲットーに逃避するか、対称的な分裂生成にモデル化された戦略に転換するかの選択に迫られる。その選択がどうであろうと、関係の断絶が予想される結果となる。

幸いにも、相互作用が行われる枠組みには、第三のタイプがある。このタイプ——互酬性——は、対称的な分裂生成と相補的な分裂生成を結合し、両者の自己破壊的な傾向を中和するところに特徴がある。互酬的な関係においては、その都度の相互作用は非対称的であるが、長期的には両者の行為は釣り合っている。そこでは、双方が、相手の必要とするものを提供しなければならない。たとえば、多数派の憤慨や差別の対象である少数派は、多数派にはない特別な技能を有しているかもしれない。何らかのタイプの互酬性が、大半の相互作用の枠組みを特徴づけていることは、ほぼ間違いない。しかし、次のことは銘記しておかなければならない。いかなる互酬的な枠組みも、対称的な関係や相補的な関係に陥り、その結果、分裂生成の過程を誘発する危険から完全に自由ではないということがそれである。

要約しよう。わたしたちは、「かれら」がいる限り、「わたしたち」であり、「わたしたち」と「かれら」は、相互に対立する限り、ともに意味をなす。さらに、かれらが、相伴って一つの集団を形成するのは、かれらの一人一人が、同一の特徴を有しているからにほかならない。かれらのうちの一人として「わたしたちの一人」である者はいない。「わたしたち」と「かれら」は、両者の間に引かれる境界線から、それぞれ意味を引き出す。そのような区分なしに——自分自身を「かれら」と対置することなしに——自分のアイデンティティを理解することは困難であろう。

境界線を引く

よそ者

「**よそ者** stranger」は、この内集団と外集団の区分を否定する。いや、実際には、よそ者は、その対立そのものに対立している。すなわち、よそ者は、かれらを監視し、監視活動によって社会的世界の透明性を〔汚染から〕防護する境界線という意味での、いかなる種類の区分にも対立する。よそ者の意義や意味、かれらが社会生活において果たす役割はそこにある。よそ者は、既存の範疇のどこにも簡単に当てはまらない人物が眼前にいるというだけで、既存の対立の妥当性そのものを否定する。よそ者は、対立の「自然な」性格がうわべだけのものであることを暴き、そのもろさを露わにする。その際、区分の本当の姿が明らかになる。それは、越えることも引き直すこともできる想像上の線にすぎない。よそ者は、わたしたちの視界や社会的空間に入ってくる「招かれざる客」である。好むと好まざるとにかかわらず、よそ者は、わたしたちが居住する世界のなかにしっかりと居座り、立ち去る素振りさえ見せない。かれらの存在が注目されるのは、単純に無視できないからであり、かれらを理解することは容易ではない。かれらは、いわば、近くも遠くもない存在であり、わたしたちは、かれらと自分たちの関係について何を期待しうるかが分からないのである。

境界線

このような場合、できるだけ正確で明確な、そして疑う余地のない境界線を引くことが、人為的世界の主要な特徴である。わたしたちが習得した技能や知識は——もし、はっきりした境界線がこれこれの文脈で何を期待しうるか、どう行動すべきかについて信号を送ってくれるのでなければ——疑わしく、役に立たない、有害な資源でしかなく、自滅的な結果をもたらすだけであろう。しかし、境界線の向こう側の人々は、ある点では、わたしたちとそう隔たってもいないので、わたしたちは誤った分類をしないとも限らない。それゆえに、明確な、はっきりした輪郭線のない区分を維持するには、絶えざる努力が必要である。

いまや、他者や自分を理解することは、そのような障壁が自他の間に存在するのはなぜか、その障壁はどのように維持されているのかを理解する営為となる。アンソニー・コーヘン〔イギリスの人類学者〕はこう主張する。境界線の概念は、象徴的な境界点の外部に位置する人々を理解する仕事のなかで、〔自分の領分はここまでであるという〕自己意識の限界を認識する営為の中核をなす。ある一点で異なっている人々が、別の多くの点で似通っていることがありうる。大半の特徴は、段々と、なめらかに、しばしば気づかれないほど微細に変化しながら現れる。それは、シュッツの連続線が、社会的距離の微細な変化を提示するのと同じである。相互に重なり合っているので中間的な領域が残り、こちらの集団とあちらの集団のどちらに属するのか即座に判断できない人々が出てくる。さきに述べたように、ある人々にとっては、これが脅威の源泉となる。かれらは、それを、他者のことをもっと知り、そのことを通じて、自分自身のことをもっと知る機会とは考えない。

「雑草」を抜く

人間の偏見のなかで、重要な役割を果たしているのは、人為的な秩序を「動かない」ものにする、終わりのない仕事である。メアリー・ダグラス〔イギリスの人類学者〕が『汚穢と危険』〔邦題『汚穢と禁忌』〕で記すように、境界線は、たんに否定的（ネガティヴ）なものではなく、肯定的（ポジティヴ）なものでもある。社会関係の形式は〔秩序と混乱の間に境界線を引く〕儀礼によって定められ、そのおかげで人々は社会生活を営むことができる。この目的を達成するには、境界線を不鮮明にする曖昧さを除去しなければならない。この過程について、いくつかの例を考えてみよう。わたしたちは、ある植物を「雑草」に仕立てて、除草剤をかけたり引き抜いたりするが、それは、その植物が庭と荒れ地の間の境界線を跡形もなく消すという、おぞましい性質をもつためである。「雑草」が、きれいで、香りがよく、人を楽しませることも多い。その「過失」は、招かれもしないのに、見た目の整然さが求められる場所に侵入したことである。それゆえに、〔「雑草」がないという〕望ましい結果を実現するために、多くの薬剤が使用されることになる。同じことは、室内の「汚れ」についても言える。化学薬品会社は、同一の洗剤を詰めた容器に、二つのはっきりと異なるラベルを貼ることが知られている。なぜ、そうするのか。家事にプライドをもつ人々は、浴室と台所の違いをごっちゃにして、同じ洗剤を両方で使うことなど夢想だにしないという調査結果が得られたからである。このような関心は、局所的な環境の純粋さや清潔さの確保のための強迫行動⑤として現れる。多数の製品がこれを考慮に入れて販売されているが、その結果は、わたしたちが種々の汚染に対処するために備えている免疫システムの能力低下にもつながる。両義性と無秩序の恒常的な脅威を前に、「世界を秩序立ったものにしたい」という願望は、自分自身にとって高くつくが、それは「調和を乱す」と見られる人々や事物にとっても同じである。

新参者

集団の境界線は、集団の外側と内側の両方から脅威にさらされる。集団の内部には、アンビヴァレントな態度の人々がいるが、かれらは、逃亡者、価値を貶める者、団結の敵、裏切り者などの烙印を押される。外部の人々から攻撃を受け、侵入を許すこともある。かれらは、同格の立場を要求したり、あちこち動き回って、所在が簡単に確認できなかったりする。その際、堅固と想定されていた境界線が、脆弱なものにすぎないことが露呈する。古巣を離れて、こちらへ移ってきた人々は、離れ業を演じる。「かれらには敵わない」とわたしたちに思わせることがそれで、わたしたちは、かれらの面前では、自信がもてない。「新改宗者」(わたしたちの信仰に改宗した者)、「成金」(つい昨日まで貧乏だったのに、突如として財産を築き、今日では資産家や有力者の仲間入りをした者)、「成り上がり」(低い社会的地位から急に有力な地位にのし上がった者)は、いずれも、そのような状況における非難・嫌悪・軽蔑を意味する言葉に属する。

そのような人々は、別の理由でも不安を呼び起こす。かれらは、わたしたちに答えようのない問いを発する。答えようがないのは、そのような問いを発する機会も理由もこれまでなかったからである。「なぜ、そのようにするのか」「それに何の意味があるのか」「別の方策を試みたことがあるか」。これまでの処世法、安心を与え、心地よさを感じさせてくれた暮らしが、このような質問——わたしたちは、それを、挑戦と見なす——にさらされ、自分の行為を説明したり、弁明したりすることを求められる。その結果、安心が喪われるとすれば、簡単には見過ごせない。しばしば、それは脅威と見なされるし、わたしたちはそれを見過ごそうとはしない。こうして、さきの一連の質問は、攻撃行為や破壊活動と見なされる。既存の生活様式を守るために団結が強化され、てんでんばらばらであった集団が共通の敵を前に一致結束する。かれらは、よそ者であり、信頼の危機を招いた張本人とされる。不快は、「厄介者（トラブルメーカー）」と非難される人々への怒りに変わる。

たとえ新参者が不躾（ぶしつけ）な質問をするのを控えたにしても、かれらの日々の生活術そのものが問題を引き起こす。他所（よそ）から移ってきて、ここにとどまるつもりの人々は、ここの生活様式を習得し、模倣して「わたしたちのように」なろうとする。どれだけ懸命に真似ようとも、かれらは、端（はな）から間違っていたことを思い知らされる。生活様式は、一定の前提の上に形成されるが、その前提の習得には長い時間を要する。かれらの企ては説得力がなく、その行動は無様（ぶざま）で、ぎこちなく、わたしたち自身の行動の戯画のように映るが、それによって、わたしたちは「本物」の何であるかを問うことを求められる。わたしたちは、かれらの不器用な模倣を自分のものとは認めず、かれらを嘲ったり、「戯画を戯画化する」ジョークを作ったり言ったりする。しかし、不安が陽気を装うとき、嘲笑のなかには苦味が混じっている。

集団のメンバーは、新参者の存在によって、大量の皮肉を生み出すほかに、自分自身の習慣や期待の検討を求められる。あからさまに問われるわけではないが、かれらの存在によって快適な状態がかき乱され、反感が生じる。このような状態に対して、いかなる対応が考えられるか。まずは、原状回復がある。この場合、境界線は、何の問題もなく明瞭であると見なされる状態に戻る必要がある。境界線は、原初の状態とあらかじめ想定されている状態——たとえ、そんな状態が存在しなくとも——に戻されなければならない。その結果、ユーモアを嘲りに変えるとか、集団の現在のメンバーに与えられている権利をかれらには与えないといった対応がなされ、かれらにとって、ここでの生活は快適なものではなくなる。しかし、かれらが退去したとしても、このようなもろい基盤の上に集団が作られている限り、集団は新たな標的を見つけなければならない。標的なしには、やっていけないからである。

分離

国家的なレベルでは、この過程も別の形態をとり、かれらを強制的に移住させたり、かれらの生活を惨めなものにしたりする対策が講じられる。後者は、脱出したほうがましと思わせるためである。このような移住に抵抗しようものなら、リスクは高まり、**大量虐殺**が起こりかねない。物理的な移動の試みによって実現できなかった仕事が、残酷な身体的撲滅に委ねられる。もちろん大量虐殺は、「秩序回復」の最も極端にして憎むべき方策である。しかし、現代史は、大量虐殺の危険が——非難や広範囲に広がる憤りにもかか

わらず――簡単になくなるものでないことを、実に身の毛もよだつかたちで証明した。(6)

大量虐殺は、何と言っても極端な解決策であって、それよりも穏当で無難な解決策が選ばれることもある。最も一般的な解決策が、**分離** separation である。それには、領域的な分離、精神的な分離、その両者の結合の三つのタイプがある。領域的な分離は、ゲットーや民族居留地に見られるもので、ある都市や国土の一部が、特定の人々の居住区にあてられる場合を指す。その領域で民族的に優位に立つ人々が、その〔少数派の〕人々との混住を拒むことによって、それは生じる。時には、居住区の周囲に壁が築かれるとか、法的な強制移住が推し進められることもある。移動そのものは法的に自由であって、その居住区に入らないこと（もしくはそこから出ること）が処罰の対象にならないこともある。しかし、実際には、居住者は監禁状態を逃れることができないし、逃れようとも思わない。「外部」の状況が、かれらにとって不寛容であるからであり、社会的に遺棄されていると言っても、いま以上の生活水準が入手できる見込みはないからである。

領域的な分離が不完全であるとか、必ずしも実行可能でなくなるときには、精神的な分離が重要性を増す。この場合、よそ者との付き合いは、厳に仕事上のやりとりを超えてはならず、それ以上の交際は避けなくてはならない。身体的な近接が精神的な近接に転化するのを防ぐために（あるいは抑えるために）、意識的ないしは無意識的に、ありとあらゆる努力がなされる。そのような予防的措置のなかで最も分かりやすいのは、憤りや公然たる敵意である。そこでは、偏見の壁が築かれるが、その壁はどれほど厚い石の壁よりも有効である。交際を積極的に避ける態度は、「汚染」の恐怖によって、絶えず強められている。役に立つが、自分たちとは異なる人々の色に染まることがそれである。あらゆるものが、よそ者と結びつけられ、そこに怒りの鉾先(ほこさき)が向けられる。かれらの話し方、装い方、儀礼、家庭生活の築き方、さらには好きな料理の匂いまでもがそれにあたる。これに加えて、よそ者は、社会関係の自然な秩序に参画することを拒み、「わたしたち」とは違って、自分の行為に責任をもつことがないように映る。そのような状態が、いかなる秩序の下で生み出されるかはけっして問われず、それは、よそ者がこの明白な論理に「個人的」に従うことができない結果であると解釈される。

都市で生活する

差別

ここまでの議論は、集団間の分離を想定していた。集団間の障壁に、アンビヴァレンスや曖昧さが付きまとうということは強調してきたものの、各集団にだれが帰属するかということは、ここでの議論の埒外にあった。しかし、今日の社会において、各集団が明確に分立しているといった単純な状況や、そのような状況下で生じやすい明確な課題にお目にかかることはめったにない。わたしたちの大半は、今日、都市型の社会で生活している。そこでは、人々は、高密集状態で共生し、絶え間なく移動し、日々の活動を通じて、さまざまな人々が居住するさまざまな領域に入り込む。たいていの場合、わたしたちが出会う人々が、わたしたちと同じ基準を保持している保証はない。わたしたちは、ほとんど絶えず、新たな光景や物音に出くわす。それらは、往々にして理解できないものであり——不幸なことではあるが——立ち止まって熟考し、それらの人々や場所のことを理解しようと誠実に努める時間とて、ほとんどない。わたしたちは、よそ者の間で生活しているし、かれらの間では、わたしたち自身がよそ者である。このような世界では、よそ者をどこかに閉じ込めることも、こちらに寄せ付けないこともできない。

そのような相互作用が都市のなかで行われているにしても、これまで論じてきた〔人々を分離する〕活動が、完全に放棄されるわけではない。服装による**差別** segregation は、その一例である。服装は、ある人物がどの集団のメンバーであるかを目立つかたちで、非常に分かりやすく示す標識（マーク）である。集団を特徴づける身なりが、法的に強制され、「別のだれかのふりをする」ことが処罰の対象になる場合もある。しかし、必ずしも法的な強制力に訴えずとも、そのことが実現することも多い。他の人々よりも収入が多く、それを自由に使える人々は、特別な装いをする余裕があるが、その装いが人々を分類するコードとして働く。身なりが立派か、みすぼらしいか、風変わりかといったことがそれである。しかし今日では、感嘆されたり、大いに賞賛されたりするファッションの相対的に安い模造品が大量に出回っており、このような差異はぼんやりしたものになってきている。結果的にそれらの模造品は、その所有者や着用者の領域的な出自や移動を、明るみに出すというよりも隠す。このことは、身なりによる区別がなくなることを、けっして意味するものではない。模造品も、その着用者がいかなる準拠集団を選択したかを公的に表明するものに変わりはないからである。同様に、わたしたちは別の装いをすることで、自分の出自を偽ることもできる。社会的に強いられる区分を覆したり乱したりするために、そうするのである。それゆえに、他者の身なりが情報的な価値をもつといっても、その価値は減殺される。

排除

服装による差別が、段々と不確かなものになっているにしても、空間による差別は、健在である。実際、人々が共有する都市空間は、いくつかの区域に分割され、それぞれの区域では同種の人々に出くわす可能性が高い。領域の分離は、わたしたちの行為や期待の方向づけにおいて、大いに有用であるが、その有用性は、日常的な**排除** exclusion の実行によって獲得される。すなわち、当該領域への参入者を選択したり制限したりすることがそれにあたる。民間の警備会社によって排他的な居住区域が管理されるのは、その一例にすぎない。[7] そこでは、財力をもつ人々が、収入や財産が乏しいために同様の可能性を享受できない人々を排除している。

排除の活動を象徴するのは、排他的な居住区域の入口を固める警備員だけでなく、巨大ショッピングセンターの各所に配置される警備員もまたそうである。そこでは、相対的に時計が少ないことに見事に助けられて、誇示的な消費活動に時間が空費される。チケット売り場や受付係も、排除の活動を行っている。この場合、それぞれにおいて採用される選択の基準は異なってくる。チケット売り場の場合、資力の有無が最も重要な基準となる。ただし、資力のある人々に対して、チケットの販売を拒否するということもありうる。たとえば、服装や肌の色がその拒否の要件となる。資格の審査によって、関係者以外は一人として入場を許されないという状況が作られる。このように儀礼的に身元を確認する行為によって、よそ者という灰色の雑多な範疇に属する顔のないメンバーが、参入資格のある具体的な人物に変えられる。特定の場所に一体感をもつ人々にとって、どこのだれか分からない者を面前におくことは、不確実性をともなう事態であるが、いまやその不確実性が局所的・一時的ではあっても引き下げられる。

参入を拒否するとともに、参入者の受け入れ可能な特徴に従って境界線を設定する力は、相対的な同質性を守るために配置されている。それらの活動は、人口が稠密(ちゅうみつ)で相互に匿名的な都市の生活世界のなかで、特定の空間のアンビヴァレンスを削減しようとする。この力は、私的と認定される空間の管理に気を配るときには、小規模ではあってもつねに行使される。しかし、わたしたちは、他の人々もきっとわたしたちに対して同じ仕事をするために自分の力を使うだろうと思う。いつも通りに、わたしたちは囲われた場所の間を移動するが、そのなかで、より大規模な力が行使されるだろうと思う。わたしたちは――たとえば、厳重に管理された空間の間を速やかに移動することによって――総じて中間の領域で費やす時間を最小化しようとする。その明快な一例が、自家用車という密閉された殻に閉じこもって移動することであるが、その一方で、おそらく交通渋滞の悪化に不満を言うことになる。

儀礼的無関心

よそ者は、わたしたちの自己アイデンティティを混乱に陥れる潜在力をもつが、中間領域のなかをよそ者を凝視しながら移動するとき、わたしたちのなしうることは、せいぜい目立たないようにするか、ともかくも注目を避けるくらいである。ゴッフマンは、このような**儀礼的無関心**が、よそ者の間での生活つまりは都市生活を何とか可能にする技法のなかで最も重要であることを看破した。儀礼的無関心は、苦心してわたしたちの周囲の他者がしていることを見てもいないし聞いてもいないと見せかけることや、それを見てもいないし聞いてもいないし気にもしていないとほのめかす態度をとることに特徴があるが、それはわたしたちの日常生活において習慣化している。儀礼的無関心は、アイコンタクトを避けることに、はっきり示されるが、文化的に言って、アイコンタクトは、よそ者同士が会話を始める誘因として働く。この最も日常的な身振りによって、匿名性を失いかねないことが、それを避ける理由である。しかし、アイコンタクトを完全に避けることは、どだい無理な話である。密集地域を通行するだけでも、他者との衝突を避けるために、ある程度の監視活動が必要である。それゆえに、わたしたちは、見ていない（あるいは見られていない）ふりをしながらも、油断なくしていなければならない。

都会の状況に不慣れな新参者は、この日常的慣行にしばしば強い印象を受ける。かれらにとって、そこには都会の住民の奇妙な冷淡さやよそよそしい無関心がある。人々は、物理的な意味では興味をもつくらい身近にいるのに、精神的には互いに疎遠である。人込みに紛れると、自力でやっていくしかないという〔見捨てられた〕感覚が生じ、今度はそれが孤独感につながる。**孤独**は、プライヴァシーの代価である。よそ者とともに生活することは、よそ者それ自体と同程度に両義的な価値をもつ技法である。ただし、この経験には別の側面もある。

都市の経験

他者は、とかく――狭い、個人的文脈においても――わたしたちの生活を気にし、それに干渉する資格があると思うものであるが、匿名性は、不快かつ厄介な他者の監視や干渉からの解放を意味する。**都市**は、わたしたちが公共空間にとどまるとともに、自らのプライヴァシーを無傷のまま保つ可能性を提供する。儀礼的無関心の適用によって不可視性がもたらされるが、それは、他の状況下では考えられない自由の余地を提供してくれる。これは、知性にとって肥沃な土壌であり、ゲオルク・ジンメル〔ドイツの社会学者〕が指摘したように都市生活と抽象的思考は共鳴し合い、ともに発展する。結局のところ、抽象的思考は、都会の経験のもつ圧倒的な豊かさによって高められる。都会の経験は、質的な多様性において把握しきれるものではない。一般的な概念や範疇を操作する能力こそが、都市の環境を生き抜くのになくてはならない技能である。

それゆえに都市の経験には二つの側面があり、利得には必ず損失がともなう。他者の厄介な好奇心から身を守ることで、好意的な関心や自発的な協力も失う。気分を浮き立たせる都会生活のざわめきとともに、冷ややかな人間の無関心が現れる。そのような無関心を助長するのは、財やサーヴィスの交換によって駆動される多くの相互作用であるが、その過程で失われるのは、人間関係の倫理的性格である。いまや、意味や意義を欠く広範囲にわたる人間の交際が可能になる。非常に多くの日常的な行為が、一定の道徳的基準に基づく評価や判断から解放される。

道徳性

人間関係は、わたしたちの間で「他者」の幸福や安寧への責任感が生じるときには、道徳的である。これは、処罰の不安からは生じないし、個人的利得の観点からなされる計算からも、いったんサインしたために法的に履行しなければならない契約のなかに含まれる責務からも生じない。それは、他者が何をしているか、あるいは、どのような人物かということを条件にしているわけでもない。わたしたちの責任は、完全に私心がなく無条件である限りにおいて、道徳的である。わたしたちが他の人々に責任を負うのは、かれら一人一人が人間であり、わたしたちに責任の履行を求めるからにほかならない。さらにまた、わたしたちの責任は、わたしたちがそれを「自分の責任」と思う限りにおいて、道徳的である。それは、交渉できるものではないし、別の人間に譲り渡すことができるものでもない。他の人々に対する責任が生じるのは、たんにかれらが人間であるからであり――それに付随して――かれらを助けたいという道徳的衝動が、議論や是認や立証を必要としないからである。

都市生活においては、身体的な近接から、この道徳的側面がすっかり抜け落ちる。互いに近くで生活し、互いの状況や幸福に影響を及ぼし合う人々が、道徳的な近接を経験しない。かれらは、自分の行為の道徳的な意義を気にも留めない。これに続くことは、道徳的な責任がうながす行為ならばそれを控え、道徳的な責任が妨げる行為ならばそれに携わることである。儀礼的無関心のおかげで、よそ者は敵として扱われることはなく、たいていの場合、よそ者に降りかかりがちな運命を免れることができる。かれらは、敵意や攻撃の標的ではなくなる。ただし、よそ者は、敵と五十歩百歩である。わたしたち全員が、遅かれ早かれ、よそ者になるが、よそ者は、道徳的な近接が提供する保護を奪われている。それゆえに、儀礼的な無関心から、他者の必要に対する道徳的な無関心・無慈悲・無頓着へは、ほんの一歩である。

まとめ

わたしたちは、日常生活において社会的な境界線が果たす役割について論じてきた。社会的な境界線は、物理的な性格と同時に象徴的な性格をもつが、それらは、相互に複雑に作用し合っている。わたしたちは皆、日常生活において、日課をこなし、決断を下し、その決断の結果を引き受けているが、それらが提供してくれる知識や〔行為の前提〕条件のおかげで、わたしたちは自分の行為を管理できるだけでなく、自分の意思で行為できる。(8)本章で描いたように、目的を追求するための手段にどこまでアクセスできるかは、人によって大きな違いがあるが、わたしたちは皆、さまざまなレベルでこの〔目的追求の〕過程に関わり、さまざまな結果を手にしている。この過程を通じて、わたしたちは、社会的アイデンティティだけでなく、自己アイデンティティや他者の見方を習得するが、それらは、相互に密接に関わり合っている。第3章では、コミュニティや組織といった社会集団が、わたしたちの生活においていかなる役割を果たしているかを検討することで、ここでの探究を続けたいと思う。

第2章訳注

(1) 金額については、第7章訳注(8)を参照。
(2) ゴッフマンの概念。人々が対面的な相互行為を通じて、社会的な秩序を構築すること。
(3) 「貧民」を就労能力の有無によって二つに分け、就労能力のある者(「支援に値しない貧民」)には自立・自活をうながし、就労能力のない者(「支援に値する貧民」)に相対的に手厚い保障を行おうとする着想を指す。
(4) フランス語原語は champ で、「界」とも訳される。
(5) 強迫観念による恐怖や不安を一時的に解消するために同一の行動を繰り返すこと。
(6) ナチスによるユダヤ人虐殺(Holocaust)に代表されるが、その他数々の類例がある。
(7) ゲーティド・コミュニティ(gated community)を指す。
(8) 同語反復的な議論であるが、それが、日常生活のもつ自己準拠的・自己言及的な構造を映し出しているとも言えよう。

第3章　コミュニティと組織

本章では、わたしたちが各々個別の主体として、人々の広範な形成作用[1]のなかに寄せ集められる過程について検討しよう。このことは、いかなる環境の下で起こり、いかなる結果をもたらすのか。それは、まさに本章で考察したい論点であるが、そのような論点がわたしたちの関心事になるのは、次のような言葉を日々目にしたり耳にしたりすることによる。「わたしたちは皆」とか「わたしたちは要求する」とか「わたしたちは合意に達するだろう」といった表現がそれである。そのような言葉は、新聞でも使われるし、実業家・宗教指導者・政治家なども、メディアを通じて、そう語る。この「わたしたち」は共通の理解に基づくことが想定されているが、いったい、それは何か。そしてまた、それはどのように構成されているのか。

共通の絆

コミュニティとは何か

はっきりと規定も限定もされてはいないが、他の人々が拒絶するものに同意し、自分たちの信念に一定の権限を与える人々の集合が、**コミュニティ**と呼ばれる。わたしたちは、この「一体感 togetherness」を納得がいくように説明したり解釈したりしようとするが、まずもってコミュニティを特徴づけるのは、精神的な一体性である。それを抜きにして、コミュニティは存在しえない。合意もしくは合意する用意や可能性のあることが、すべてのコミュニティのメンバーにとって、最も重要な基礎と考えられる。そこでは、（1）人々を統合する要因はそれを分離する要因よりも強力かつ重要であり、（2）メンバー間の差異は、その類似性に比して、二義的なものにすぎないと見なされる。コミュニティは、そのメンバーにとって「自然な一体性」と解される。

このような絆の力を過小評価してはならない。そのおかげで、人々は自分が「何者」であるかを相手に説明し、納得してもらう必要がなくなるし、メンバーの共通の見解が「真実」と見なされ、信じたり敬ったりする価値のあるものとなる。コミュニティへの所属は、わたしたちが次のように考えるとき、最も強く、最も安定したものになる。わたしたちは、意図してその集団を選んだわけではなく、何かをしたからそれが存在するわけでもなく、それを変えるために何かができるわけでもないと考えるときがそれである。「皆が合意する」という表現には、効率性向上のために何かを取り決めるという前提条件がおかれているが[2]、理想的なコミュニティにおいて、そのような前提条件は詳細に示されることも問われることもない。コミュニティの理想は、公式の規約(コード)のかたちで表されることはないし、その実現のための意識的な努力——境界設定や保守管理(メンテナンス)など——が行われるわけでもない。それは、自然の理法として何も語らず、何の問題にもならないときに、最も強い支配力をもつ。メンバーは共通の絆によって結ばれているが、その絆は孤立した人々の間で最も強くなる。かれらは、生まれてから死ぬまで同じ仲間とともに生活し、あえて別の場所に出かけることもないし、別の集団のメンバーが訪ねて来るわけでもない。そのような条件下では、自分の生活様式が正しいと説明したり証明したりする必要もないことから、それについて熟考したり検討したりする機会もない。

自然な一体性

しかし、そのような状況は、ほとんど存在しえない。コミュニティは、現実というよりも、一つの仮定であり、願望の表現であり、「集まって、結束を固めよ」との呼びかけである。レイモンド・ウィリアムズ〔イギリスの批評家・小説家〕は、「コミュニティについて驚くべきことは、それがずっと存在してきたことである」という印象的な言葉を残している。コミュニティは、かつて存在していたと仮定できても、もはや存在しないし、その全盛時代はとうに過ぎ去っている。しかし、この「自然な一体性」の揺るぎない力が、時として呼び起こされるのも事実である。人々が集団の一体性を作り出すとか、その理想を意識的な努力によって取り戻すといった実践的な課題に直面するときがそれであるが、そこでの理想は、実際には過去の崩れかけた殿堂にすぎない。

コミュニティの概念が内包する自然な状態に言及することは、それ自体、団結のアピールを効果的にする要因である。最も強力なのは、それらの要因が人間の解釈や制御を超えると見なされる場合であるが、「共通の血」、世襲的な性格、「土地」との永遠の結びつきといったものへの言及がそこではなされる。これらは、人々を共通の過去、共通の運命に結びつけるが、それはほとんど(もしくは、まったく)制御できないものである。客観的な「真実」の観点から共通の信仰[3]や国民の団結へのアピールがなされるが、それは事象や特性の選択や解釈に含まれる自己裁量の要素を巧妙に押し隠す。このような共通の理解に逆らう人々は、自らの本性に背く許されざる行為を犯す者たちと解される。そこから、かれらは、変節者、愚か者、自分勝手な傲慢さに陥り歴史的に不可避と定められた決定に異議を申し立てる者というレッテルを貼られる。

遺伝子工学の時代

自分たちには制御できないものに言及することで、〔それ以外の選択肢はないという意味で〕かえって自分たちの運命を制御できる可能性が高まる。一体性を生み出すために遺伝的類似性を口にしたところで、〔遺伝子操作によってヒト〕遺伝子の転写や翻訳が人為的に行われるとすればどうか。意見の相違は別にして、遺伝子と人間の行動の関係をどう理解するかということでは、遺伝子工学〔によるヒト遺伝子の操作〕が現実味を帯びている今日、遺伝的必然性を単純に想定することには無理がある。リン・シーガル〔フェミニスト心理学者・社会理論家〕が指摘するように、この遺伝子工学の時代にわたしたちは一つの選択に直面している。一方で「わたしたちの運命を決定する遺伝的遺産 genetic heritage の束縛」を探究するために、過去を振り返ることができる。他方で「新たな遺伝子神 Genetic Gods」や自由を信じることで、未来を向くこともできる。その自由は、わたしたちの天性が「無限に鍛造しうる」ものとなることで提供される。

信仰のコミュニティ

このような二つの可能性を前にして、何をせずとも集団が一つにまとまるとは、簡単に言えなくなる。それに代わって、別途、信心あるいは信仰のコミュニティを作り出すための方策が講じられる必要があるが、人々を新たな思想に転向させる〔改宗させる〕ことが、その方策にあたる。その目標は何か。聖なる開祖や鋭敏で先見の明がある政治的指導者によって大義が示されているが、その大義に傾倒する人々の間に信者のコミュニティを作り出すことがそれである。このような運動において用いられる言葉には一つの特徴がある。それは、聖なる伝統や歴史的運命に関わる言葉というよりも、「再生」とともに訪れる（とりわけ唯一の真理に従って生きることに関わる）福音の一種である。この場合、人々へのアピールは、別の選択肢との対抗関係においてなされる。すなわち、それは、迷信、幻想、イデオロギー的歪曲――信仰への疑念をもつことは何であれ、これにあたる――を拒み、本当の信仰を受け入れることが崇高な行為であるという体裁をとる。新しいコミュニティに公然と加わることは解放ならびに新たな生の始まりと理解される。それは、運命の働きではなく自由な意思に基づく行為であり、新たな自由の最初の、そして真実の顕現と理解される。しかし、このとき隠されているものがある。改宗者には、新たに受け入れた信仰に従順であるように、その大義が要求するものに自分の自由を譲り渡すように圧力がかかることである。信者に課せられる要求は、歴史的な伝統や遺伝的な素因を引き合いに出して正当化される要求の場合と同じく、法外なものになりがちである。

信仰のコミュニティが新たに信者を確保（サポート）し、統合するための手立ては、教義の説教にとどまらない。信仰は、儀礼の支えなしにはけっして安定したものにならない。儀礼とは、一連の定例行事――愛国的な祝祭、党大会、礼拝など――であり、信者たちは、それに、当事者（アクター）として参加することを求められる。「自分たちは共通の団体に属し、共通の運命を負っている」と繰り返し言明し、信仰を強化することが、その目的である。信仰のコミュニティにおいて、メンバーに課される要求の厳しさや大きさは多種多様である。左右両派の政党のなかには、急進的ないしは反動的な目的を追求し、メンバーを戦闘員として扱い、忠誠や服従を要求するものもある。しかし、それは、重要であるにしても、例外的な場合である。大半の政党は、思想の統一性を求めるにしても、定期的に行われる選挙の応援が確保できれば十分である。選挙後は、この選挙応援団の存在は（再度必要になるまで）すっかり忘れられる。言い換えれば、選挙応援以外のメンバーの生活は、かれら自身の裁量に委ねられ、家族生活や職業選択がどうあるべきかについて法的な規制が加えられることはない。

他方、宗派（セクト）は、過度の要求をしがちである。宗派は、信者が定期的な信仰の儀礼に参加するだけでは満足しない。メンバーの生活全般が、その関心領域に含まれるからである。定義上、宗派は、少数派として外界の圧力にさらされる以上、信者たちは生活様式全般を〔教義通りに〕完全に刷新しているかどうかをチェックされる。生活全体を信仰の告白や忠誠の表明とすることによって、宗派のコミュニティは、メンバーの宗派への関与（コミットメント）を懐疑や周囲の公然たる敵意から守ろうとする。極端な場合、コミュニティを「通常」の社会生活から完全に切り離す試みもなされる。その際、「普通」の社会は罪深く、誘惑に満ちているとして非難される。

「外界」に対する非難は種々ありうるが、そのなかでどれに訴えるかは、コミュニティが奨励したいと思う生活による。メンバーは、世俗的生活の忌まわしい状態を抜け出して孤独な存在になるように誘われるかもしれない。あるいは「競争社会(ラットレース)」から身を引き、相互の親密さ、誠実さ、信頼にのみ基づく関係に加わるように求められるかもしれない。さらにまたメンバーは、消費文明の魅力に背を向け、質素な生活で満足するように求められるかもしれない。このようなコミュニティは、**コミューン**とも称される。メンバーは、契約上の権利や義務なしに、そこに所属しなければならない。契約上の権利や義務は法的強制力をもち、〔外的な〕敵意や〔内的な〕合意の欠落といった危険が迫る場合の第二の防衛線ともなるが、それは用意されない。コミューンにとっては、いかなる意見の相違も脅威となる。コミューンは、メンバーの生活に幅広く関与すればするだけ、圧制的になる傾向をもつ。

コミュニティがそのメンバーに要求する画一性の程度は、さまざまである。しかし、たいていの場合、その要求は回りくどく、十分に明確でなく、事前に決定することはできない。指導者として団結を主唱する人々は、メンバーの非精神的な側面には関与しないと公言するかもしれないが、自らが主唱する信仰が優位に立つという主張そのものは一貫している。そのような主張は、これまで無関係と見られてきた〔精神面以外の〕事柄への干渉につながる場合がある。それらの事柄が、共通の信仰と相容れないように思われる場合が、それである。

組織の理想と現実

組織とは何か

コミュニティとは別に、特定の業務の遂行のためだけに人々を呼び集める集団もある。このような集団の目的は限定されているため、メンバーの時間・注意・規律に関する要求も限定されている。概して、このような集団は、方向づけが明確である。すなわち、メンバーは、集団の全般的な目的あるいは履行すべき特定の業務に基づいて、規律や関与を求められる。このような集団を、わたしたちは、目的集団ないしは**組織**と呼ぶことができる。慎重に自己を限定し、それを公言することが、組織の最も顕著にして際立った特徴である。

たいていの組織は、定款を定めて、メンバーが従わなければならない組織上の規則を詳しく述べている。このことは、初期状態において、規則の及ばないメンバーの私的領域は組織の干渉を受けないことを意味している。信念の一致よりも、自主規制の有無が、組織とコミュニティの大きな違いであるとすれば、コミュニティを自称する集団のなかにも、組織に含められるべきものがある。

役割演技の面から見ると、メンバーは人格の一部をもって組織の活動に従事するにすぎない。**役割**は、演劇に由来する言葉である。ゴッフマンは、相互行為におけるパフォーマンスに重要な意義を見いだしたが、かれの仕事が、しばしば「ドラマトゥルギー〔作劇法〕」に喩えられるのはそのためである。そもそも演劇には前もって定められた筋（プロット）があり、その筋はシナリオに書き上げられている。そしてシナリオは、キャスティングされた俳優のそれぞれに異なる台詞を割り当てる。それは、まさに組織運営のパターンを提供するが、演劇は別の点でも組織運営の原型にあたる。舞台上の俳優は、割り当てられた役柄で自らを「使い果たす」のではなく、公演の期間中だけ決められた役柄（キャラクター）に「入り」、公演終了後はその役柄を離れることができ、またそうすることを期待されるが、組織もまた同じである。

組織は、遂行する業務に従って専門化する傾向をもつが、組織のメンバーも、組織の目的の実現にどう貢献できるかという観点から専門的な技能や資質を評価され、それに従って採用される。個々のメンバーの役割は分かれているだけでなく、同じ組織の他のメンバーの役割と相互に結びついている。組織内部の調整とコミュニケーションは、何よりも重要な事項である。組織から要求される技能や資質は、別の場面で他の役割を演じる際に要求される技能や資質とは異なっている。たとえば、わたしたちは、慈善団体にも、政党支部にも、自動車道路建設反対のための住民団体にも所属できる。わたしたちは、日常生活のなかでさまざまな役割を演じているが、その集団の仲間たちは、通常、わたしたちの他の役割には関心がない。各集団のメンバーがわたしたちに期待するのは、わたしたちが各集団の固有の活動のなかでの役割になりきり、当座の業務遂行に役立つことにほかならない。

もう一度繰り返そう。コミュニティは、そのメンバーが「身も心も」属する（属さなければならない）集団と見なされるが、それに対して組織は、参画する人々を部分的に吸収するだけである。組織に参画する人々は、役割を受け入れて、組織のなかで組織のために働きながら、職務に専念することを期待される。同時に、そこでは、役割から距離をおくことも期待される。すなわち、組織のメンバーは、自分の仕事をじっくりと検討し、改善していくことを求められるが、同時に、ある特定の役割に付随する権利や義務と、別の活動や場所に付属する権利や義務を混同することは許されない。その限りでは、組織上の役割には相対的な安定性が不可欠である。そうでなければ、人々は、役割を通じて何を期待されているかを特定することができない。さらに、在職者に出入りはあっても、役割そのものは変わらない。人々は、組織に加わったり組織を離れたり、雇われたり首になったり、受け入れられたり追い出されたりするが、組織そのものは存続する。人々は、取り替え可能にして使い捨て可能な存在であるが、重要なのは、人々の全人格ではなく、かれらが職務の遂行のために有する固有の技能である。

計算可能性

わたしたちは、そこに、組織の関心の何であるかを見て取ることができる。それは、公的な目標の追求における計算可能性や予測可能性への関心にほかならない。マックス・ヴェーバー〔ドイツの社会学者。社会学史の中心人物〕は、現代社会における組織の増殖を、日常生活における継続的な合理化傾向を示すものととらえた。**合理的行為**は、伝統的行為や感情的行為——習慣・慣習・一時的感情によって引き起こされ、それぞれ、結果を十分に考慮せずになされる行為——とは異なり、明確に示される目標をもっている。行為者は、その目標にふさわしい効果的・効率的・経済的な手段の選択に思考や努力を集中するよう求められる。

官僚制の原則

ヴェーバーによれば、組織——より正確には、かれのいわゆる「官僚制」——は、合理的行為の実現のための要件と非常に適合的である。言い換えれば、官僚制的な問題解決の方式は、合理的に目標を追求するのに最も効果的な手段にあたる。実際、ヴェーバーは、次のような原則をあげ、組織が合理的な問題解決の手段たりうるには、メンバーの行為や行為相互の関係において、その原則が遵守されなければならないとする。

まず、組織のメンバーは、もっぱら「公的な資格」において行動しなければならない。その立場は、かれらが演ずる役割に付随する規則によって与えられる。逆に言えば、別の社会的アイデンティティ、たとえば家族関係、利害関係、私的な共感や反感などは、かれらが何をするか、どのようにそれをするか、他者がかれらの行為をどのように評価するかといったことに介在してはならない。このことを実現するために、真に合理的な組織は、業務を単純で要素的な活動に分割しなければならない。共通の活動に従事する参加者は、各々専門家（エキスパート）として職務を果たす。さらに各人は、全体の仕事のうちの各要素に責任をもたなければならない。その結果、いかなる仕事も放置されることはない。このことは、個々の仕事について、だれに責任があるかが明確でなければならないことを意味し、権限が重なり合うことはない。したがって、両義性は回避され、合理的な目標の追求はいささかも損なわれない。

ヴェーバーは、さらに官僚制の特徴をあげる。それによると、各々の役割を遂行する場合、職員は抽象的な規則に導かれなければならない。それは、人物の個人的特徴を考慮しないためである。職員自身の役職への任命や昇格あるいは降格も、もっぱら功績（メリット）の基準に従って行われなければならない。功績は、職員の技能や資質が、その職務に求められる技能や資質にふさわしいかどうかという観点から評価される。高貴な生まれか庶民の出か、政治的・宗教的な意見、人種、性別など、この判断から外れる〔属性的〕評価は、いかなるものであれ、この人事方針に関与できない。それゆえに、個々の職員は、明確な役割や期待に従って行為を方向づけることができ、自らの能力や技能と、地位に与えられる業務を釣り合わせることができる。他方、組織は、職員の選抜において一連の合理的な規則を遵守しなければならず、職員が職務中に作った前例――組織の名において過去になされた決定――に縛られる。たとえ、職員が組織を離れても、あるいは別の部署に移ろうとも、それは同じである。その結果、組織の歴史はファイルによって構成され、個人の記憶や個々の職員の忠誠とは無縁のものとなる。

活動の合理的な調整を確保するには、役割を階層的に編成しなければならないが、この**職階制** hierarchy は、労働の内的な分業に対応し、組織の全体的な目標の追求を志向するものである。職階の下へ行くにつれて、職務は特定され、部分的で一点に集中したものになる。他方、上へ行くにつれて、視界が開け、組織の全体的な目標が見えてくる。このような状況を実現するには、情報が職階制の下の段から上の段へと流れると同時に、命令が最上部(トップ)から最下部(ボトム)へと流れなければならない。その際、命令は、下へ流れるにつれて具体的で明確なものになる。最上部からの統制は、最下部からの規律と往復的なものでなければならない。かくして、組織全体を通じて行為に影響を及ぼす能力としての権力もまた階層的に編成されている。

集団の一体性という当初の主題に戻れば、ここでの主たる要因は、全員の決定や行動上の選択が、組織の全体的な目標に従わなければならないという公準である。組織は、分厚く、何人も入り込めない壁で囲まれているが、二つの門だけが開け放たれている。一つの門は「投入(インプット)」であって、それを通じて目標やそれにともなう業務――組織が目標の追求のために果たさなければならない仕事――が送り込まれる。もう一つの門は「産出(アウトプット)」であって、業務の成果を組織の外部に供給する機能を果たす。仕事の供給と、財やサーヴィスのかたちをとる成果の産出の間には、いかなる外的な影響も介在してはならない。すなわち、組織の規則の厳格な適用や、公表された目標を追求するのに最も効果的・効率的・経済的な手段を選択することに、外的な影響が及んではならない。

全般的な合理化

合理的組織の特徴を抽出しながら、ヴェーバーは、必ずしもすべての組織が、そのような特徴をもつわけではないと示唆する。しかし、かれは組織の理念型を構成しつつ、こう提起する。わたしたちの生の諸相は、ルーティン化を通して計算可能性や予測可能性を目指す規則や手順にますます服するようになっている。ジョージ・リッツァ〔アメリカの社会学者〕が、社会の「マクドナルド化」と呼ぶのがこの過程である。ヴェーバーは、かれの作品のなかでこう主張する。全般的な合理化のなかで、〔コミュニティ的な〕絶対的価値に基づく行為は、その可能性について十分な配慮を払われることもなく、大きな歴史の展開のなかで、わたしたちの生活のますます小さな部分しか構成しなくなっている。ヴェーバーが近代性の進展に関連して「呪術からの解放」について書いたのは、これに対応している。

モデルの限界

ヴェーバーの理念型的モデルに近い組織があるとすれば、その影響は否応なく職員や顧客に及ぶであろうが、モデルの条件は総じて満たされない。いや、いったいそれが満たされることなどあるのか。方向づけにおいて、他者の関心に影響されない――たった一つの役割や単一の業務に還元される――人間といったものは、虚構にすぎず、いかなる現実にも合わない。とはいえ、目標追求における効率性・有効性・経済性の理想化が、組織の戦略的な経営を特徴づけることに変わりはない。わたしたちは、管理業務を、一定の目標を追求するにあたって組織生活 organizational life のフォーマルな側面とインフォーマルな側面を結合させる不断の努力と見なしてよい。管理業務は、時代の風潮に従って変化するが、多数の組織コンサルタントやいわゆる「経営の師(グル)」が、問題の解決策の探求に力を貸す。この過程で、個々のメンバーの行為をどう集団の目標に向かわせるかという問題の解決策として、新たな着想(アイデア)が次々と生み出される。「総合的品質管理 Total Quality Management: TQM」「ビジネスプロセス・リエンジニアリング BPR」「人的資源管理 Human Resource Management: HRM」「目標による管理 Management by Objectives: MBO」「正しい組織風土 right culture の醸成」などが、それである。

組織のインフォーマルな側面は、フォーマルな次元を構成する規則や手順の内容とは対照的である。インフォーマルな側面では、組織のメンバーは、当然、自分自身や自分の家族の幸福に関心をもつ。かれらは、フォーマルな意思決定に含まれるリスクから負の影響を受ける。たとえば、かれらの間には、はっきりせず、議論の余地のある事柄について、意思決定するのを避ける傾向がある。「たらい回し hot potato」は、緊急の書類や決定を要する事柄をだれかのデスクに移すことによって責任を避けることの一般的な呼称である。それによって、ある人物は重荷から解放され、別の人物がそれを背負わされる。組織のメンバーはまた、上役からの命令が自分の道徳的信念とぶつかることで、組織の命令に従順であるか、自分の道徳的信条に忠実であるかの選択に迫られる場合がある。あるいはまた、何かについて上役から秘密厳守を課されることが、公共の福祉や別の大義を危うくすると受け止められる場合もある。その大義は、組織効率と等しく正当であるか、それ以上に重要なものである。このような場合、これまで「**内部告発**」という活動が目撃されてきた。それは、組織のなかの個人や集団が問題を公の場に委ねる活動であるが、そこには、人々の注意を引くことで、かれらがいかがわしいと思う組織の活動を阻止したいという期待が込められている。

なぜ、組織の命令に対する抵抗が生じるのか。それは、組織が階層構造を有し、そこに権力の不均衡が生じることによる。フーコーによれば、権力はつねに人々の自由を制限する以上、抵抗を生み出さずにはいない。それゆえに、管理者が組織の方針を実現しようと思ったとしても、実際の結果につながるかどうかは保証の限りではない。さらに、組織のメンバーは日常的に種々の偏見をもって暮らしているが、それが仕事に持ち込まれる事態も生じる。たとえば、男性は、女性の上司からの命令を受け入れにくいかもしれない。組織のなかに「ガラス天井」(5)はないと一般に認められているにもかかわらず、女性は管理職への登用についていまも男性よりも過小評価されている。この点からすれば、「能力主義」という組織の理想は、社会全体に種々の偏見が残っているせいで日常的に毀損されている。

わたしたちは、そこから、次のような理想に疑問をもつ。組織とそれを取り巻く環境の間の境界線は動かないという理想がそれである。実際には、その境界線は流動的であり、権力の座にある人々の戦略によって決まるだけでなく、別の部署——表向きはそれとは無関係であるがゆえに組織的な意思決定の権威を認めない部署——から加えられる種々の圧力や影響によっても決まる。たとえば、前もって世間一般のイメージに配慮するということもある。そのことは、行為の選択に制約を設けるものであって、専門用語だけを使って行為を計算したり、徹底的な秘密主義をとってコミュニケーションを遮断したりすることは許されない。それらは、もし行われたら世間一般の懸念や立腹を招きかねず、また、新たな技術開発〔の成果〕の競合的な学習を妨げかねない。

組織の硬直化

組織の理論的モデルが現実的な限界をもつのは、これに限らない。かりにその条件が満たされると仮定すれば、そこでは、人々が分業を通じて割り当てられた役割に還元されると同時に、組織は公式の目標と無関係な関心や影響から実効的に守られるであろう。このような状況はありそうもないが、もし実際にあったとすれば、組織活動の合理性は担保されるであろうか。理論的なモデルに合致する組織は、ヴェーバーが提示したように、合理的に機能するであろうか。残念ながら、そうはならないという有力な論拠がある。理想的な方策(レシピ)そのものが、多くの障害を生み出し、合理性の実現を阻むからである。

まず、モデルでは、職務とそれに対応する技能に同等の権限があるとされている。しかし、この二つの異なる基礎をもつ権限が一致し、共存しうるのか。実際には、二つの権限は衝突しがちであり、少なくとも対立関係にあることが普通である。たとえば専門的職業(プロフェッション)に従事する人々は、意思決定に関わる〔社会的〕費用が最も高いと見込まれる立場におかれている。医師は典型的な専門的職業であるが、もし医師が重篤な患者を前にして、高額の費用をかければ、よい治療薬が入手できるとしたらどうか。その場合、医師としての倫理的責務と予算上の問題をめぐる説明責任は明らかにぶつかる。(6)

モデルでは、仕事に応じて細かな分業が計画されるが、そこでも別の対立関係が生じる。そのモデルは、理論上、効率性を高める要因と言われているが、実際には「**専門閉塞**」を生じがちである。組織のメンバーは、狭く区切られた業務を迅速かつ効率的に履行するための専門的技能を身に付けるが、次第に、自分の仕事によって広範囲に予期しない結果が生じることが見えなくなる。かれらは、自分の活動の不都合な結果を気に留めなくなる。自分の活動が機械的な繰り返しになることで、それが自分の仕事全体、ともに働く人々、組織の目標全般にとって不都合な結果を生んでも気にならなくなる（これは、組織のメンバーが、戦略的マネージャーからいつも聞かされる批判である。もっとも、組織のメンバーも自分たちの仕事の専門性を理解していないとマネージャーを非難するが）。組織のメンバーはまた、自分の技能の狭さゆえに、日々変化し続ける環境に適応できず、十分なスピードと柔軟性をもって不慣れな状況に対応できない。言い換えれば、組織は完全な合理性の追求に取り憑かれるが、その果実を得ることはできない。組織は硬直し、柔軟性を失い、仕事の方法も変化する環境に迅速に適応することができない。遅かれ早かれ、それは、非合理的な決定の温床と化すであろう。

理想的なモデルは、「**目標の転移**」という内在的なリスクにもさらされる。すべての組織は、有効に機能するために、行為能力を再生産しなければならない。言い換えれば、何が起ころうとも、決定を下したり対応をとったりする準備がつねに整っていなければならない。このような行為能力の再生産のためには、外的な干渉を受けずに自ら存続しうる効果的なメカニズムが必要である。しかし、問題は、目標そのものが外的な干渉の一つに陥りかねないことである。理想的なモデルでは、組織のメカニズムが、その組織が当初取り組んでいた仕事が終わったのちも、存続するのを妨げるものは何もない。それどころか、自己保存の関心が、組織の活動や権限の範囲の果てしない拡張をうながす可能性をもつ（さらにはそれが望ましい）ことは各種の事例からも明らかである。実際には、そもそも組織の設立の理由と見なされる仕事が、組織の存続や拡大の追求への大いなる関心によって、二番手の地位に追いやられる。組織の存続がそれ自体一つの目標となり、その新たな目標に照らして組織の活動の合理性が評価されるようになる。

日常的な監視

もう一つ、上記のものとは別の傾向がある。わたしたちは、役割期待や役割遂行に関連して、組織がメンバーの生活に部分的にしか関与しないことについて述べてきた。ある意味では、それは社会的なアイデンティティや自己アイデンティティが、組織のメンバーであることとは区別されることを前提としていた。しかし、メンバーを全体的に包摂する傾向のなかで、組織はコミュニティに類する特徴を示すようになるが、それは、宗教的な起源をもつと本書で述べたものにほかならない〔本章〕。この場合、組織はメンバーに生活全般にわたる忠誠を要求する。組織は、ますますスピードを増す変化に臨機応変に対応するが、それにつれてメンバーが現状に満足したり変化を嫌ったりする姿勢を示すことは、競争上の優位性を欠く兆候として受け取られる。それゆえに「職員は柔軟（フレキシブル）で、ダイナミックで、革新（イノヴェイティヴ）的でなければならない」ということが、最も重要なことと見なされる。組織は、気質・属性・傾向・技能・知識・動機などをめぐる、メンバーの全人格に関心をもつようになる。これまで組織の関心をほとんど引かないと見られていた領域に関する一連の疑似科学的な研究が、いまや日常的に注目されるようになる。

より具体的に言おう。これまで、組織の理論的モデルや合理性の概念を問題にするときには、生活の情緒的な側面は慮外におかれてきた。しかし、いまや「心の知能指数 emotional intelligence: EI」[7]の謎の解明、志願者の心理テスト、オフィス・デザインの美学といったことにも、組織は目を向けるようになる。いわゆる組織の〔公的な〕区域や役割に依存しながらも、組織はかつては職員の私的な側面とされてきた領域に対して日常的に関心をもつようになる。この関心は、さらにメンバーに対する日常的な監視にまで及ぶ。

デイヴィッド・ライアン〔カナダの社会学者〕は、『監視社会』のなかで、日常的な監視についてこう書く。組織は、コンピューターのソフトウェアを使って、電子メールを監視し、社員が会社の方針に反していないか掌握しようとしている。アクティヴ・バッジ[8]は、ある人物の建物のなかでの居場所を中央コンピューターに通報するが、これは、一番近い電話やコンピューターを特定して、その人物に「便宜」を図るためである。定期的に薬物検査が行われるし、ある人物の身元を洗いざらい調べるために私立探偵が雇われるが、それはその人物が「善良」であることを保証するための調査である。この過程で、各人がアイデンティティを構築する方法も変化するが、このような時間や空間の日常的な監視には社会的な抵抗もある。それは、労働以外の活動の領域への過大な要求と見なされる。

二つのモデル

二つの人間集団のモデルは、各々の集団において自らに課せられる要求に人々が抵抗することからしても、理論的に不十分なものである。つまりはコミュニティのモデルも組織のモデルも、人間の相互作用の実態を適切に表現するものではない。二つのモデルは、人為的に区分された、行為の対極的なモデルを表現したものであり、別個の（しばしば対立する）動機や期待をともなっている。実際には、人間の行為はこのような極端な区分を嫌い、日常的に課せられる期待に心理的葛藤を示す。モデルを示し、そのモデルをメンバーに押しつけようとすることで、コミュニティや組織は、複雑に入り組んだ行為を簡素化する、内在的傾向を露わにする。〔メンバーが抵抗することに対して〕コミュニティや組織は、いっそう行為を純化するかたちで反応するが、わたしたちの相互作用は、二つの引力の間で引き裂かれている。各々が正反対の方向に相互作用を引っ張ろうとしている。

日常の相互作用は、極端なモデルとは異なり、異質な要素を含んでいる。それは、異質な要素の対立関係を内包することで、不均質な heterogeneous 性格をもつ。たとえば、家族は、人々が思うほど理想的な集団ではなく、人々が協力し合って集団を作り上げる場合に果たすべき仕事はここにもある。それゆえに家族もまた、いくつかの行為の規準を明示するが、それは、組織に付属する規準と大差がない。他方、どんな組織でも、長い間力を合わせるうちに、メンバー間に個人的なつながりが生じることは避けがたい。遅かれ早かれインフォーマルな相互作用のパターンが生じ、それはフォーマルな命令と服属の関係からなる組織図（オフィシャル・チャート）と一致する場合もあれば、そうでない場合もある。社会学者は、長くこのようなインフォーマルな関係に関心をもってきた。すなわち、それがどう発展し、組織のフォーマルな要求とどう一致するのか、それとも対立関係を生むのかに関心をおいてきた。

理想的なモデルが提示することに反して、相互作用が専門的な役割に還元されないとしても、実際に、職員が仕事に打ち込むことが組織の活動に大いに貢献することが知られている。会社は、組織の活動に社員の関心や興味を集めることによって、より深い関与を求めようとする。組織を指揮する人々は、組織のフォーマルな側面とインフォーマルな側面の融合を利用するのである。この戦略は、マネジメント理論の「文化的転換（カルチュラル・ターン）」を示すものであるが、そこでは、価値、関与、動機づけ、チームワーク、行動宣言書（ミッション・ステートメント）などが重視される。いまや組織は、レクリエーションや娯楽施設や購買部や読書会を、さらには社宅までも提供する。[9]これらの追加サーヴィスはいずれも、組織の明示的な仕事と論理的に無関係であるが、両者が合わさって「コミュニティ感情」を生み出したり、メンバーに会社への帰属意識を植え付けたりすることが期待されている。このような感情は、一見、組織の精神とかけ離れたものであるが、メンバーが組織の目的のために献身するのを後押しし、合理性の規準が提案する純粋に非人間的な環境のもたらす悪影響を減殺するものと見なされている。

コミュニティも組織も、通常、メンバーに選択の自由があるかのように振る舞う。かれらの活動が集団の期待に沿わない場合でも、そのことに変わりはない。この場合、メンバーは、集団を離脱することも集団の期待に反して行動することも自由である。しかし、ある場合には、組織は、離脱の権利をあからさまに否定し、強制的に人々をその支配下におく。ゴッフマンが「**トータル・インスティテューション**[10]」と呼ぶものがそれにあたる。トータル・インスティテューションは、強制されたコミュニティであり、メンバーの生活全体が、厳格な規則の支配下におかれている。そこでは、要求は、組織によって決められ、満たされる。さらに、行為に対するサンクション〔制裁〕が、組織の規則によって明示的に加えられる。寄宿学校、兵舎、刑務所、精神科病院は、程度は異なるが、いずれもトータル・インスティテューションに近い性質をもつ。それらの施設に収容された人々は、昼も夜も日常的な監視下におかれ、規則からの逸脱行為が発覚すれば阻止や処罰の対象になる。そこでは、メンバーの精神的な献身や物質的な利得の期待に訴えかけることで、望ましい行動を引き出し、自分から進んで共同生活や共同作業に努めさせることはない。ここから、トータル・インスティテューションのもう一つの特徴が生まれる。それは、規則を定める者と規則に縛られる者を厳格に区分することである。メンバーの自発的な関与や打算的な態度のただ一つの代用品として、強制が効果的に機能するかどうかは、両当事者が分断されているかどうかにかかっている。両者の間には埋めがたい溝があるが、トータル・インスティテューションのなかで個人的な関係が生まれ、それによって監視者と被収容者の間の裂け目が埋められることも多い。

まとめ

マニュエル・カステルは、『情報時代』全三巻の第三巻の結論において、こう書く。わたしたちは、目下、ネットワーク、市場、組織の成長を目の当たりにしているが、それらは「合理的期待」によって、ますます支配されつつある。これは、現代の西洋社会における支配的な風潮を要約したものであるが、人間の絆の研究において最も驚かされるのは、人間集団の多様性である。そこには、ありとあらゆる人間の相互作用が認められるが、集団は、メンバーの個々独立した行為の持続的なネットワークとして、人々の相互作用のうちに存在しうる。「大学がある」という表現は、多数の人々が「講義」と呼ばれる日課に参集する事実に言及したものである。「講義」は、教員と学生のコミュニケーションのための出会いの場である。その目的は、学習であり——ある人物が話すのを、他の人々は、その対面で聴き、ノートをとるというかたちで——時間的・空間的に構造化されている。集団のメンバーは、個々の環境にふさわしい「正しい行為」は何かというイメージに導かれて、他者との相互作用を行う。

このようなイメージは、けっして完全なものではなく、その力にも限界がある。つまりは、相互作用のなかで生じる状況に対して一義的な指針を提供することはできない。相互作用の理論的な枠組みは、絶えず解釈し直され、その過程で、新たな方向づけや期待を提供する。解釈は、イメージそのものにフィードバックせざるをえず、（1）実行と（2）理論的な枠組みに内在する期待は、絶えず相互を変形し合っている。

第3章訳注

(1) 序章でも主張されたように、著者たちは、社会関係を「人々の広範な形成作用」としてとらえている。
(2) コンセンサス (consensus) に代表される。
(3) 英語の religion の原義は、「結びつける」である。
(4) ヴェーバーの用語。特定の事象について本質的特徴を抽出して理論的モデルに構成したもの。
(5) 女性の社会的進出を妨げる見えない障壁。
(6) 公的保険医療において、個人の医療費を社会的にどこまで負担しなければならないかが問題にされている。
(7) 「社会生活で成功する者は高い」と言われる情動の知能指数。
(8) アクティヴ・バッジは、ネットワーク接続の赤外線センサーを用いて、建物内の人物位置をリアルタイムで検知するシステム。
(9) 欧米では、元々社宅制度がなかったことに基づく記述。
(10) 「全制的施設」とも訳される。

第4章　権力と選択

日々の生活のなかで生じる疑問は尽きることがない。定期的に生じる疑問もあれば、すぐに念頭から消え去る疑問もある。生活環境の激変によって生じ、いっそう深刻な反省につながる疑問もある。この種の疑問は、普段、わたしたちの念頭にない事柄に関わり、それは次のような問いをかたちづくる。「わたしたちは何者か」「自分の周囲の世界をどう理解すればよいか」。そこからまた「その出来事はなぜ起こったのか」という問いが生ずることもある。そう問うとき、わたしたちは一つの習慣に従っている。それは、わたしたちの共通の習慣にして科学的な活動を特徴づけるものである。そこでは、出来事は「原因の結果」として説明される。これらの問題が、日々の生活のなかの決定や行為とどう関わり、それらをどうかたちづくるのかということが本章の主題である。

行為を選択する

行為の選択

何かの出来事をある原因の結果として説明しようとするとき、わたしたちの好奇心は満たされる。その際、わたしたちは、その出来事は起こるべくして起こった、あるいは少なくとも、大いにありうると納得する。「なぜ、この先の家で爆発が起こったのか」「ガス漏れがあり、火花で引火したからである」。たしかに、ガスは引火しやすい物質である。「なぜ、泥棒が窓ガラスを割る音にだれも気づかなかったのか」「だれもが寝ていたからである」。なるほど、ぐっすり眠っているときには、物音は聞こえない。このような説明の探求は、（1）ある出来事のあとにいつも別の出来事が続く、もしくは、（2）たいてい別の出来事が続く、ということが判明した時点でぴたりと止まる。（1）の例として「法則law」があげられる。そこでは、出来事の連続についていかなる例外もない。これに対して、（2）の例として「標準 norm」があげられる。そこでは、いつもではないが、たいてい出来事が連続する。ただし、いずれの場合も、選択が介在しうる余地はない。ある出来事のあとに別の出来事が必然的に生じるからである。

この説明形式を、人間の行為に適用しようとしても問題が残る。その場合、わたしたちは、人間の行為によってもたらされる出来事を扱うが、人間は行為の選択という問題に直面する。潜在的には、別の行為が選ばれてもよかったという理由で、その出来事を「必然的」と見ることはできない。このことからすれば、ある出来事が一定の蓋然性をもって一般的な命題の集合から演繹〔論理的に推定〕できるということはなく、その意味で、それは予測不能である。わたしたちは、過去の出来事を遡及的に理解しようとすることはできる。すなわち、行為を、後知恵をもって、一定の規則や行為の傾向という観点から解釈することはできる。そもそも、人々は、規則や傾向に従ってその行為を行ったと見るのである。しかし、ここには何か欠けているものがある。わたしたちは、経験上、人々が目的をもって活動を企てることを知っている。人々は、何らかの理由で自分にとって望ましい状態を創造する（もしくは、それに反応する）ことについて、「動機」をもつ。わたしたちは、行為の方向を選択する能力をもっている。もちろん、車を運転することや赤信号で停止することは、習慣的な行為の一種である。それでも、赤信号で停止することは、ある理由に基づく選好――この場合は、事故を回避すること――の表明である。

さらに、人間の行為は、同様の条件下で共通の動機をもっていても、異なる場合がある。端的に言えば、人々は、同様の環境から別個の結論を引き出すこともあれば、動機が放棄されたり状況が無視されたりすることもある。わたしたちは、客観的には同一の状況においても、男か女かで異なる行動をとる場合のあることを知っている。もし、わたしたちが、なぜBではなくAの行為が選択されたのかを知りたいならば、行為者の意思決定過程に注意を向けるほうがよい。しかし、〔選択される〕解決策が魅力的かどうかというだけでは、話は済まない。その場合「個々の選択は明示された目的に対する意識的な選択によって下される」と想定されているが、行為のなかには、非反省的な unreflective 行為もある。そして、それには、二つの主要な類型がある。

非反省的な行為

第一に、さきに述べたように〔諸章〕、**習慣的行為**がある。わたしたちは、半ば眠ったような状態で、起床し、歯を磨き、朝の日課をこなしていく。日課に先立って意識的な決定を下した覚えはなく、その間、何か別のことを考えているかもしれない。わたしたちはまた、決まった時間に食事をするなど、さまざまな習慣を身に付けている。それらは、わたしたちの行為の一部をなし、しかも意図的に作り出されたものではない。しかし、日課が、想定外の出来事で妨害されたときには、何らかの決定を下さなければならない。習慣が、突如として、役に立たなくなるからである。習慣的行為は、過去の学習の積み重なったものである。それが定期的に繰り返されることで、わたしたちは多くの行為において考慮したり計算したり決定したりする必要がなくなる。わたしたちが遭遇する状況が、通常のパターンで現れる限りはそう言ってよい。実際、わたしたちの行為は、多分に習慣化されているので、いかにしてそれが起こるのか（行為の存在理由）を説明することは困難である。ただし、上述のように、物事がうまく行かないとき、わたしたちはそれに注意を払うようになる。行為が行われる環境がもはや規則正しくも、秩序立ったものでもないときがそれである。

非反省的な行為の第二の類型は、激しい感情から生じる行為である。この**感情的行為**は、合理的な計算を一時的に保留することに特徴がある。合理的な計算によって、行為の目的や起こりうる結果が導き出されるが、ここではそれが棚上げにされる。感情的行為は、衝動的なもので理性の声に耳を貸さない。しかし、時が経つにつれて、感情は冷め、熟慮がそれを遮る（さえぎ）るようになる。感情的行為は、時として自分が愛する人々を傷つける結果に終わるが、もしそれが事前に計画されていたとすれば、感情的行為とは言えない。その場合、それは計画的な決定の結果であるからである。こう言ってもよい。ある行為が感情的であるのは、非反省的・自発的・無計画的で、いかなる議論の検討や結果の考慮にも先立つかたちで着手される限りにおいてである。

習慣的行為や感情的行為は、しばしば「非合理的」と説明される。そのことは、これらの行為が、愚かで、無駄な、誤った、有害な行為であることを意味するものではない。それは、行為の有用性の評価を示すものではない。習慣化された日課の多くは、有効にして有用である。実際には、日課のおかげで、わたしたちは実務的な仕事をこなして日々の生活を成り立たせることができると同時に、「熟慮の上でなければ行動に移してはならない」という重荷を免れることができる。同様に、結果を十分に考慮することなく怒りを爆発させることは、ある出来事・行為・問題について自分がどう感じているのかについて、相手に理解してもらうのに役立つ。そうして見れば、非合理的な行為は合理的な行為よりも有効でありうる。

合理的な行為

合理的な行為は、ある目的の実現に向けて、いくつかの行為の選択肢のなかから意識的に選択されることに特徴がある。**目的合理的行為**(1)においては、**手段**は、所定の**目的**に応じて選択される。もう一つの合理的な行為も、目的に対する手段の選択をともなっているが、この場合、目的そのものが、何よりも重要なものと見なされている。すなわち、**価値合理的行為**は、自分にとって大切なこと、魅力的なこと、望ましいこと、いま「最も必要」と思われることを考慮することによって動機づけられる。目的合理的行為と価値合理的行為に共通するのは、所定の目的に照らして手段の優劣を測ること、目的と手段の適合(フィット)が決定の正否を判定する究極の基準であることである。さらにまた、一つの行為は、(1)行為者が——追い立てられたり、引っ張られたり、押されたり、脅されたりした結果ではなく——自由に選択した結果であり、(2)その選択は、習慣によって、あるいは一時的な感情の爆発によって生じたものでもない。その限りにおいて、選択が自発的であることも、それらに共通することである。

意識的かつ合理的な熟慮を経て行為の方向を選択する場合に、わたしたちはどのような結果が生じるかを予想している。そのためには、どのような状況が行為の舞台となっているか、どのような結果を期待しているのかについて十分な検討が必要である。その際、わたしたちは、利用できる資源と行為を導く価値について熟考するのが普通である。ブルデューは、行為において利用される資本 capital を、象徴資本・文化資本・経済資本の三つに区分した。(1) 象徴資本は、事物・属性・特徴などに意味を与える力を指し、(2) 文化資本は、わたしたちが所有し、行為に際して利用できる技能や知識のことであり、(3) 経済資本は、富や物質的な資源が入手できる機会を指す。資源は多くの用途にあてられ、その用途は魅力の程度が異なるとか、魅力をもつ理由が異なるといった事情で、互いに異なっている。象徴資本は事物や属性に意味を与え、「何に価値があるのか」という評価や「なぜ価値があるのか」という理由を作り出す。たとえば、わたしたちは自分の技能を使って、現在、最も役に立ちそうなものを追求してもよいし、自分の利用できる資源の量を増し、将来の自由の幅を広げてくれそうなものを追求してもよい。余分な現金を、新しい携帯電話の購入にあてるか、休日に遊ぶ費用にあてるか、社会学の書籍の購入にあてるかの決定を司るのは、究極的にはわたしたちの価値である。自分の資源や価値を見積もることで、自分の享受しうる自由の程度、すなわち自分ができることとできないことが明らかになる。

権力を行使する

権力とは何か

「自分にできること」とは、「自分の行為する能力」を指すが、それは、行為を管理する能力に加えて、二つの次元の社会的行為を含んでいる[2]。わたしたちは自分の行為を管理する能力をもっているが、わたしたちが享受する自由の範囲は、人によって違いがある。まさに、どの程度の自由を有するかは、人それぞれである。人によって選択の自由に差があるという事実は、社会的な不平等を意味する。より広い文脈で使われる最近の用語をもってすれば、「社会的排除」ということになる。ある人々は、幅広い選択の自由を享受するが、それは、より多くの資源を入手できることによる。わたしたちは、権力の観点から、これに言及することができる。

権力とは、自由に目標を選択し、それを追求しうることである。わたしたちは、その目標に行為を方向づけるが、目標の実現に向けて、必要な手段を自由に行使しうることを権力と理解してもよい。それゆえに、権力とは、目標を実現する能力のことである。権力をもてばもつほど、選択の幅は広がり、現実的に追求しうる結果の範囲も広がる。わたしたちは、行為の結果について種々の希望をもつが、権力の弱いこと（あるいは権力のないこと）は、その希望を自制したり縮小したりしなければならないことを意味する。かくして、権力をもつことは、自由に行動できることであり、他方、相対的に権力の弱いこと（権力のないこと）は、選択の自由を制限されることを意味する。この場合、他者がわたしたちの行為を決定する能力をもっており、他者が行う決定によって、わたしたちの選択の自由が制限される。Aが自律性を発揮することは、Bの他律性の経験に帰着する。自分の自由を増進すべく他者の自由を簒奪することには、以下の二つの方法がある。

第一の戦略は、**強制**である。強制は、行為の操作からなり、他者の資源が他の文脈においてはいかに大きくとも、当該の文脈では不適当（あるいは無効）となるようにもっていく。状況の操作によってまったく新しいゲームが作られるが、その際、有利な条件を得るのは、状況を操作する側である。たとえば、裕福な銀行家や有力な政治家が、強盗の被害者になったとしよう。それらの実力者の資源は、別の文脈では大きな自由を保証するものであるが、一度、暗い人気のない街路でナイフの切っ先や襲撃者の純然たる暴力に直面したとたん、その「実力」は失われる。同様に、自分が尊重する価値の見直しを他者から強要される場合、自分の活動は自分が権限を認めていない相手からの査定や質問に常時さらされる状態におかれる。このような状況下では、別の価値が優位をしめるようになる。強制収容所は〔収容者の自律性がまったく認められない〕極端な状況であるが、そこでは、自己保存や生存の価値が他のいかなる価値よりも優先される。

第二の戦略は、**協力**を仰ぐこと、つまりは、自分の目的の実現のために他者の欲望を利用する方法である。この方式を特徴づけるのは、権力者が都合よく——他の人々は、権力者が定めた規則に従うときだけ、自分が追求する価値が得られるように——状況を操作することである。たとえば、兵士は、戦闘で熱心かつ見事に敵を殺傷すれば、「勇敢な兵士」として表彰される。それによって、その兵士は自分の社会的地位を高めることができる。工場労働者は、熱意をもって職務に献身し、つべこべ言わずに管理規則に従うならば、生活水準の改善（賃上げ）が確保できる。その際、下位者の価値は上位者の資源となる。服従者の価値は、それ自体、目的として評価されるのではなく、権力者の目的の実現に資する手段として評価される。操作を受ける側の人々は、自由を譲渡する以外になす術がない。

価値の選択

価値は、わたしたちが追求する目的や、その目的の実現がどれほど現実的であるかについての評価をかたちづくるが、他者の行為はその価値に影響を及ぼす。わたしたちの「現実的」な目標も「夢」もともに、他者との関係や、自らの行為において使用することが期待しうる資源によって与えられる。しかし、そもそもこれらの価値はどこから来るのか。

結局のところ、なぜ、わたしたちは、ある目的をとくに評価し、別の目的は無視したり軽視したりするのか。わたしたちの行為を方向づける価値は、自由に選択できるものか。これらの問いは、わたしたちが自分自身を、他者との相互作用の文脈を、価値の選択が自分の行為に及ぼす影響を理解する上でなくてはならないものである。

わたしは、高校卒業後、ただちに大学に進学するつもりであった。しかし、友人は別の進路をとろうとしていた。各々の選択について話をするうちに、わたしは三年間の自己犠牲(3)、半飢餓状態、事後の債務を宣告されるよりも、すぐに働き始めるほうが楽しいだろうと得心した。そこで、思い直して、当座の収入を得るために職を探し、しばらくはそれから得られる利益を享受しようとした。しかし、職に就いたものの、経営者は組織を再編し、不要な人員を解雇する方針であることが明らかになった。わたしの職は保証されており、昇進の見込みもある。しかし、労働組合のメンバーとして、職場の仲間たちがストライキを決議すると、経営者は、「ストライキの暁には、大口の注文もなくなり、全員が解雇される」と宣告して、それに対抗した。当然のことながら、わたしは、失職は避けたかったが、同僚の大半はストライキに賛成し、職の安定よりも仲間との連帯を優先しているらしかった。自分の立場について熟考し、わたしは自分の利益が同僚たちと固く結びついていることを認識し、ストライキに賛成した。その結果、目下、わたしの仕事はなくなりそうで、収入によって享受できていた自由も風前の灯となっている。

いったい、ここでは何が起こっているのか。人々は行為の方向づけや根拠づけに種々の価値を採用するが、その価値はさまざまな文脈における社会的な相互作用の過程で変質する。人々は種々の影響を受けて、行為の方向を転換する。そのことは、価値の序列に変化が生じることを通じて明らかになる。人々は一定の価値に重きをおいて生きているが、その序列に変化が生じる。このことは、人々が意識的あるいは無意識的に、Bという目的よりもAという目的を選択することを意味する。いずれにしても、最終的には優先性（プライオリティ）を与えられた目的が正当化される。それは、より満足できる、品位のある、そして道徳的にも気高いものとして評価される。こうして、わたしたちは自分の生活において何が適切な行為か、不適切な行為かについて判断できるようになる。

権力の正当化

さきに述べたように、必ずしもすべての価値が意図的に選択されるわけではない。わたしたちの行為の多くは、習慣的・日常的な行為である。行為が習慣的である限りは、改めて「行為がいかなる価値の実現を目指しているか」について考えることはめったにない。習慣的な行為は、わたしたちが他者から説明を求められたり、環境の激変によって説明が必要になったりしない限りは、正当化を要しない。そのような推論的な正当化――「なぜ、そうするのか」の根拠を示す仕事――に、自ら率先して乗り出すことはない。しつこく他者から聞かれたら、こう答えるであろう。「ずっとこうしてきた」「そういうものである」。わたしたちは、そこで「それらの習慣が権威をもつのは、長く存続してきたからである」ということを言おうとしている（それで質問者が納得するとは、とうてい思えないが）。しかし、そこでの説明は、質問によって誘発されたものであって、「強いられた」ものであることを忘れてはならない。

わたしたちがここで目にするのは、行為は、正当化を求められない限り、習慣的なものであり続けるということである。正当化を求められないのは、その行為がいかなる価値や目的のためにあるのかについて言及する必要がないということである。それは、習慣だけを根拠にして、同一のパターンに従って繰り返し行われる。習慣的な行為を導く価値は、無意識のレベルで蓄積され、わたしたちは、慎重な選択を行う段になってはじめて、その影響力を知るにいたる。その価値が、挑戦や反抗や疑問の対象となることで、自らの正当化を求められるような状況がそれである。いまや、価値の権威に疑問が投げかけられるのである。

一般に、他者に命令を下す立場にある人々は、規則に縛られたかたちで自らの権限を行使する。明らかに、そこでは権限を行使される人々の行為に影響が及ぶが、上司と部下がいかなる関係にあるかは、両者の関係に関する規則によって決まる。たとえば、組織においては、組織内の階層的な分業をめぐる規則が上司の部下に対する権限を用意する。しかし、権力の行使が「正当」と受け入れられるには、上司と部下の関係が特定の規則に従うのみならず、信念によって正当化されることが必要である。それは、組織内の規則に従う人々が共有するもので、かれらが組織内の上下関係に進んで従おうとする信念を指す。もし、三つの条件——規則、正当化、同意——がすべて整えば、人々は権威や権威を根拠づける価値に服従するであろう。

伝統的な正当化

個人ないしは組織が権威をもつには、なぜBではなくAの助言に従わなければならないかについて正当化の論理ないしは論拠を提示しなければならない。わたしたちは、すでに、その一つの形態——**伝統的な正当化**——に出会っている。そこでは、「由緒ある」とか「時の試練を経てきた」といったかたちで正当化がなされる。歴史は、その継承者を縛り、いかなる人間の信念も、いったん歴史と結びついたものを切り離すことはできない。ある価値は、年季が入っているという理由で、人々から尊重される。しかし、自らが唱道する価値が、広く人々に受け入れられることを求めるならば、何としてでもその古さの——本当の、推定上の、あるいは歴史的な——証拠を探し出そうとするであろう。過去は、歴史的につねに選り抜かれたものとしてイメージされ、それに対する人々の敬意が、価値をめぐる現代の闘争のために利用される。一度、先祖がある価値を保持していたことが認められるならば、その価値は現代的な批判を物ともしなくなる。伝統的な正当化は、急激な変化の時代には格別魅力的なものになる。急激な変化が不安や心配を生み出さざるをえないとき、それは相対的に安全で、苦しみの少ない選択肢を提供してくれるように思われる。

カリスマ的な正当化

新しい価値を一種の啓示として正当化するのは、それとは別の方法である。このような論証は、**カリスマ的な正当化**と関連している。カリスマは、当初、教会が信者に及ぼす深く比類のない影響力に関する研究のなかで注目された資質である。この場合、カリスマ概念は、「教会は真理に近づく特権を与えられている」との信者の確信を指す。しかし、カリスマは、宗教的な信念や制度に限定されるべき概念ではない。一定の価値を受け入れることが、次のような信念に基づく場合、それをカリスマと呼んでも差し支えない。すなわち、価値の唱道者が特権的な力を与えられており、かれらのヴィジョンが真実であり、その選択が妥当であることが保証されるという信念がそれである。この場合、一般の人々は、そのような主張を評価する手段をもたず、指導者の認識能力を疑う権利も有していない。指導者のカリスマが強ければ強いほど、かれらの命令に異議を唱えることは難しくなり、不確実な状況にさらされるとき、かれらの指示に従うことで安心できる。

わたしたちは、日増しに不安が高まる時代に生きていると言われる。そこでは信頼とリスクの関係が絶えず変化している。ギデンズはこう主張する。これまで「伝統」と結びついていた生活の制御が、いまでは外部機関の手に渡り、人々の間で無力感が高まっている。人々は、各方面の科学的知見がマス・メディアを介して日常意識に浸透するという意味で、自らの環境について知るにつれて、これまでの「権威」がけっして難攻不落のものではないと思うようになる。ウルリッヒ・ベック〔ドイツの社会学者〕は、「リスク社会」という主題の下に、このような近代社会における〔価値転換の〕傾向について書いた。「リスク社会」に付随するのは、価値転換の問題にカリスマ的な解決策をもって対処したいという要求であり、その代替サーヴィスを提供するために参入してくる政治団体や社会運動である。それらの組織は、カリスマ的な権威の集団的な担い手となり、まったく新しい、安定した基盤の上で影響力を行使する。この基盤は集団的なものである限り、〔生物的限界をもつ〕カリスマ的指導者よりも寿命が長い。

宗教の領域では、究極の信仰の証として、メンバーに集団自殺を求める教団が時々見られる。そのことは、宗教の領域にいまもって大きな魅力があることを暗示しているが、今日、カリスマ的権威の中心は、すでに宗教や政治の領域から別の領域へ移ってしまっている。この移行において大きな役割を果たしたのは、マス・メディアの出現である。マス・メディアの効果は絶大なるものであって、今日、テレビタレント〔テレビ放送で活躍する有名人〕は、液晶画面上に顔を現すだけで、大きな影響力をもっている。かつてのカリスマ的指導者と同じく、かれらもまた、すぐれた判断力の持ち主と見なされている。かれらが、特定のライフスタイルの流行を演出するのは、その一例である。多くの人々が、自らの選択に際して、有名人に指導や助言を期待するが、そのことで、有名人のカリスマ的影響力はますます強まり、その力の源泉の妥当性もますます高まる。

合法的な正当化

ここまで二つの権力の正当化——伝統的な正当化とカリスマ的な正当化——について考察してきたが、両者には共通の特性がある。ともに、自ら価値を選択する権利を放棄していること、つまりは責任の放棄と結びついていることがそれである。そこでは、他の人々がわたしたちの代わりに価値の選択を行っており、わたしたちの行為の結果に責任を負っている。それでは、第三のタイプ——**合法的な正当化**——はどうか。わたしたちはすでにそれに触れたが〔第3章〕、それは、何らかの組織やそれを代表して発言する立場にある人々が、いかなる行為がなされるべきであるかを命令する権利をもち、その命令が議論の余地なく従うべき義務となることを意味する。もしそうであれば、指導者の助言が分別や徳性に富んだものであるか否かを問うことは重要性を失う。いまや、わたしたちの行為を決定する権威をわたしたちに代わって選択するのは、法であり、法的な命令ということになる。合法的な正当化は、行為を価値の選択から切り離し、行為を没価値的な value-free

ものにする。命令を遂行する者は、実行を命じられた行為の道徳性を吟味する必要はなく、道徳的に問題のある行為であっても、責任を感じる必要はない。それゆえに、かれらは、いかなる非難に対しても独善的にこう自己を正当化するであろう。「わたしは上司の命令に忠実に従っていただけです[4]」。

合法的な正当化によって、行為者は価値の選択を免れる状況におかれるが、そのことは、邪悪な結果をもたらしかねない。第二次世界大戦やそれ以降の多くの戦争における大量殺人や集団虐殺は、そのような結果の最も顕著な――けっして唯一でも特異でもない――実例を提供している。それらの事件に関与した人々は、道徳的な責任を引き受けることなく、法的な責任として、自分に与えられた命令に従わなければならなかったと言う。こうして、かれらは「法的な命令に従ったのは、実際には、道徳的な選択に基づく決定である」という非難をはねのける。

そこでは、行為者の目の届かないところに命令の連鎖が伸びていく。この単純な方策によって、行為が推進する価値は行為者の目に触れないものになり、行為は、外見上、没価値的で道徳的な判断と無縁のものとなる。行為者は、いわば、自由の重荷から解き放たれる。本来、自由には行為への責任が付きものであるが、行為者はその責任から解き放たれる。道徳的義務は、対立しながらも自己保存の欲求――集団のメンバーであることから生じる――とないまぜになる。この集団的アイデンティティ〔第3章参照〕は、「他者」と規定される人々に対して、悲惨な結果をもたらす可能性をもつ。もっとも、この問題は、わたしたちがいかなる状況におかれているか、いかなる価値を切望しているかによって異なる様相をもつ。それについてさらに深く考えるために、競争・排除・所有といった事柄に目を向けることにしよう。

他者を排除する

欲求の充足

わたしたちの行為の多くは――すべてがそうではないが――欲求によって動機づけられている。わたしたちは、基本的な欲求として、生存の欲求をもつが、もう一つの欲求として、社会的現実の意味の構成に関わる欲求をもつ。それが満たされることで、わたしたちは一定の満足を得る。すでに示したように、それらの欲求が充足されるかどうかは、行為の自律性に依存している〔第1章〕。その一方で、それは行為の能力に加えて、行為を管理し、理解し、検討する能力に依存している。それにしても、わたしたちはしばしば「それが必要である」とか「それを入手しなくてはならない」と言う。

このような発言が、相対的に豊かな状況と相対的に貧しい状況のいずれで生じるかは、きわめて重要な問題である。西洋世界では、今日、生活様式は消費の能力と密接に結びついている。消費の目的は、めったに反省されることはなく、考慮されたとしても、どう欲望を満足させるかに照らして正当化されるのが落ちである。しかし、さきの発言には注意が必要である。というのも、第二の発言（「それを入手しなくてはならない」）においては、ある心の動きが生じ、第一の発言（「それが必要である」）で提示されている論点がより強調されているからである。その論点を明確化することで、欲求の表明から、それが実現していないことに論議が転換する。欲求が充足していない状態は、剝奪 deprivation の状態に通じるが、それは自己保存ないしは生存そのものを脅かすものである。自己保存や生存の欲求が満たされなければ、人間の生活は立ち行かず、耐えがたいものとなる。さらには、生存そのものが、危険にさらされる。

所有とは何か

自己保存や生存のために必要であるがゆえに、欲望の対象は「よいもの」とされる。ジル・ドゥルーズ〔フランスの哲学者〕とフェリックス・ガタリ〔フランスの精神分析学者〕が述べたように、欲望と獲得 acquisition が一体化するとき、生活に重要な「欠落」があると感じられる。この欠落は、何かを獲得したいという欲望によって埋められる。たとえば、店で金と引き替えに日用品を買うことができるし、都会の夜の静寂、清浄な空気や水は、多くの人々の協力なしには手に入らない。わたしたちの欲求は、問題の事物が手に入らなければ満たされない。それにはその事物の使用が許されるか、その所有者になることが必要である。しかし、そのことは、つねに他者や他者の行為と関わりをもつ。「入手したい」という動機づけがいかに自分に関わることであっても、他の人々との結びつきが必要となる。たとえ十分に認識していなくても、欲求の実現は他者の行為やそれを導く動機に左右される。

この状況は、一目見ただけでは明らかではない。それどころか、財貨を保持するという意味での**所有** ownership は、一般に〔他者とは無関係の〕「私的な」事柄として理解されている。あたかも事物（財産）と、その所有者の間には目に見えない結びつきがあるかのようである。そのように「事物と人間の関係のうちに所有の本質はある」とわたしたちは考える。しかし、実際には、何かの所有者であることは、所有者の意思によって「それをどう利用するか」を決定する権利があることを意味する。もちろん、この権利は、特定の方法で制限されている。たとえば、環境保全命令の下にある庭木は、公的な許可なしに切り倒すことはできないし、自分の家であっても、火を放とうものなら訴追されることを覚悟しなければならない。そのように特別な立法によってしか所有者の財産の処分を禁ずることができないという事実は、所有者の財産と自己決定権が切っても切れない関係にあるという一般的な原則を強化するものにすぎない。しかし、ここでの問題は、まさにそこ〔所有権が他者を排除する権利であること〕から生じる。

排除の関係

まず、財産、労働、それらを使用したり処分したりする権利の何であるかは、ジェンダー、エスニシティ、階級などとの関係で社会的な影響を免れない。財産の獲得には労力を要するが、わたしたちは、長く、この労力を通して、財産と権利を結びつけてきた。その歴史は古く、十七世紀の哲学者ジョン・ロックの著作のなかにも認められる。この場合、労働を通じて財産を占有した者がそれに所有権を設定するが、その権利は、世代間で――今日まで続く原則に従って――継承される。人間の動機づけをめぐる特定の見解に基づいて、ロックは、混沌たる社会的・政治的世界に秩序をもたらすために「社会契約」[5]を提起した。ロックは、ここで〔無自覚に〕論理の飛躍を犯している。すなわち、女性は生来「感情的」で「男性に依存している」という当時の通念に従って、女性には財産権はないとロックは主張した。当時も、女性は男性と契約を結んで、婚姻関係に入っていたが、それは、息子を作るためであった。財産は息子が相続した。結婚の契約は財産権が社会的に堅固であることを保証するものであったが、男性は家系を絶やさないために息子を得る必要があった。合理的な判断能力が、社会のメンバーであることに先立って、個人に賦与されていることは別にしても（わたしたちは、これまで集団が社会的なアイデンティティをどうかたちづくるかを検討してきたが、それは人々を――かれらが社会の一部であるにもかかわらず――社会から切り離す、ロックの立場とは対照的である[6]、この判断能力が、当時は、一つの偏見に基づいて人類の半分に賦与されていなかった。この偏見は、今日でも少なからず残っている。「女性は感情的で、男性は理性的である」というのがそれである。結果として、女性は社会契約から排除される。

女性が社会的に排除される問題は、別の問題へとわたしたちを導く。所有関係をめぐる通俗的な説明[7]は、所有権の行使に関する本質的な側面を見逃している。何よりも、所有関係は、**排除** exclusion の関係である。「わたしのものである」という場合、「わたし以外のだれのものでもない」ということが含意されている。所有は「私的」な事柄ではなく、社会的な事柄である。所有は事物と所有者の間の固有の関係だけでなく、所有者とそれ以外の人々の間の固有の関係をも意味している。ある事物を所有することは、他の人々がそれに接近することを拒否することを意味する。それゆえに、あるレベルでは、所有は相互依存の関係を作り出すが、それは、わたしたちと他者を結びつけるのではなく、両者を隔てる。所有の事実は、相互の敵対関係において、事物を所有する人々とそうでない人々を区別する。所有者は問題の事物を使用したり（法的な規制にひっかからない限り）悪用したりできるが、非所有者はそのような権利を与えられていない。所有の事実はまた、人々の間に非対称的な関係を作り出す（権力に関する議論を思い起こそう）。すなわち、事物への接近を認められていない人々〔非所有者〕は、それが欲しいときやそれを使いたいときには、所有者の定める条件に従わなければならない。それゆえに、欲求のある限り、その欲求を進んで満たそうとする限り、非所有者は所有者に対して従属的な立場におかれる。

所有は、人々を分離し、区別するにすぎない。しかし、一度、非所有者が所有者の資産の使用を求めさえすれば、所有は力をもつ。たとえば、作業の道具、原料（労働者はそれを加工処理する）、技術や土地（そこで労働者による加工処理が行われる）を所有していることは、資本家に優越的な力を与える。このことは所有者自身が消費する財を所有している場合にはあてはまらない。車や映像機器や洗濯機をもっていることで、生活は愉快で快適なものになり、ひょっとしたら威信も高まるかもしれないが、それによって他者に対する権力は与えられない。もちろん、他の人々が自分自身の生活を愉快で快適なものにするために、それらの事物の使用を求めれば話は別である。その場合、所有者は、使用条件を定めることになる。ともあれ、何かを所有しているからといって、権力が与えられることはない。しかしそれによって、他者の権力から自立できることはたしかである。他者の所有物を利用する必要がないからである。このようなかたちで自分の欲求を直接的に満たすことができれば、他者の定めた規則や条件に従う必要がなくなる。その意味で、所有は権限を付与するenabling機能をもつ。所有は、人間を自律的にし、行為や選択の幅を広げる。かくして所有と自由は、しばしば一体的に理解される。

さきの議論に戻れば、所有の根底にあるのは、「自分の権利の限界が他者の権利であり、自分の自由を増進するには他者の自由の行使を制限しなければならない」という原則である。この原則によって、財産の権限付与的な機能は、さまざまな段階の権利の制限をつねにともなっている。この原則は、ゼロサムゲーム[8]的な意味で、修復不能な利害の対立を想定している。そこでは、共用や協力によって得られるものは何もない。何をなしうるかが、どれだけの資源を動かせるかということにかかっているとすれば、「他人に構うな」が、理性的な行動の指針となる。こうして、自己保存という仕事がわたしたちの前に立ち現れる。

競争関係

ブルデューは、「暗黙の合意 doxic acceptance」について述べている。この用語でブルデューは何を言わんとするのか。わたしたちは、日常的な了解において、多くの思考の範疇を使用するが、それについて熟考することはめったにないということがそれである。「暗黙の合意」の最たるものの一つは、自己保存の概念である。それは、**競争**に基づくが、競争者は現実的・潜在的なライヴァルを排除したいという衝動にかられる。自分が管理する（管理したいと願う、あるいは管理することを夢見る）資源を、それらのライヴァルに使用させないためである。その際、ライヴァルたちが競い合う財は、稀少であると想定されている。すなわち、財は、全員を満足させるほど十分にあるわけではなく、自分が望むよりは少量で我慢しなければならない者もいる。競争の概念の本質は、そしてまた競争的な行為の基本的前提は、「欲望のなかには満たされないものもあり、競争の勝者と敗者の間には敵意や嫌悪が相互に永続的に残る」というものである。同じ理由で、競争による利得は、安全とは見なされず、新たな挑戦や競争から万全の態勢で守られなければならない。取るか取られるかの闘争はけっして終わらない。闘争の結果は、最終的なものでも不可逆的なものでもない。ここから多くの結論が導き出される。

まず、すべての競争は独占的傾向を含んでいる。大企業は、今日、合併を通じてますます巨大化し、巨額のマネーがそこに流れ込んでいる。その過程で、勝者は、敗者の挑戦権を否定することで、その利得を安全で永続的なものにしようとする。競争者の究極の目的は――とらえどころがなく、実現不可能ではあるが――競争そのものを廃絶することである。結果的に、競争関係は、自己破壊的傾向を内蔵している。成り行きに任せれば、競争的な関係は、最終的にはっきりした機会の二極化に行き着く。資源は一方に集中し、競争関係の一方はますます豊かになるのに対して、他方はますます貧しくなる。このような資源の分極化は、たいてい、勝者に今後のすべての相互作用の規則を定める権限を与え、その規則に敗者が異議を申し立てる余地は残らない。この場合、利得は独占され、いっそう大きな利得が勝者に舞い込むとともに、敗者との格差がより深刻になる。かくして、ジョン・ケネス・ガルブレイス〔アメリカの経済学者〕が『満足の文化』で述べたように、政府には、経済システムの自己破壊的傾向を制御する活動が求められる。

第二に、独占的な活動によってもたらされる機会の分極化は、最終的に勝者と敗者の差別的な待遇につながる。遅かれ早かれ、勝者と敗者が「恒久的」な範疇として固定化する。勝者は、敗者の失敗を、敗者が元々劣っていることのせいにする。つまりは、敗者の不幸は、敗者自身の責任に帰せられる。そこでは、社会的な問題はすべて個人的・伝記的な要因に還元できるという思考が幅を利かせている。その際、敗者は、無能な、邪悪な、移り気な、下劣な、軽率な、あるいは道徳的に卑劣な者に仕立てられる。そもそも、そこでの事態の原因は競争にあるが、敗者は、競争に勝ち抜くのに必要と見なされる資質そのものを欠いているとされる。そう規定される場合、敗者は不平を申し立てる正当性を否定される。貧者は、怠惰・無精・怠慢な存在として、つまりは剥奪された deprived 存在ではなく、堕落した depraved 存在として辱められる。品性を欠き、勤労を厭い、さらには義務を怠ったり法を破ったりする傾向があると見なされることで、貧者は自分の運命を「選んだ」者と理解されるようになる。男性優位の社会にあって、女性は抑圧された状態にあるが、それが女性自身の責任に帰せられるのはこれと同じである。女性が、格下の、望みもしない地位に甘んじているのは、女性の「生まれつきの」劣等性によって説明される。すなわち、女性は、生来、情緒的に過ぎ、競争心を欠いているとされる。

義務の領域

経済的活動

今日では、競争の犠牲者を辱(はずかし)めることが、人間の行為のもう一つの動機が発動するのを抑える上できわめて大きな役割を果たしている。もう一つの動機とは、道徳的義務にほかならない。一般に、道徳的動機は利得の動機とぶつかる。道徳的行為においては、連帯、無償の援助、困っている隣人を進んで助ける態度が求められるが、見返りは、要求することも期待することも許されない。道徳的態度は、他者の欲求を考慮に入れることのうちに発揮されるが、たいてい個人的な利得の自己抑制や自発的な放棄につながる。

ヴェーバーは、経営(ビジネス)と家計の分離が、近代社会の最も顕著な特徴であると指摘した。それによって、全体として、(1)利得が優先される領域と(2)道徳的な義務が優先される領域が分離されたとかれは説く。経済的な活動に従事するとき、わたしたちは家族的紐帯(ちゅうたい)のネットワークから切り離される。言い換えれば、道徳的義務の圧力から解き放たれる。それゆえに、利得を考慮に入れることが、経済的な活動が首尾よく営まれるのになくてはならない、唯一の留意点となる。他方、理想的には、家庭生活ならびに家族を模範に作られているコミュニティ的な集団は、利得の動機づけから自由でなければならない。同じく、理想的には、経済的活動は、道徳的感情による動機の影響を受けてはならない。それゆえに、そこでは目的合理的行為が優勢となる。さきに述べたように、組織の理想は、人間の行為を合理性の理想的な要件に適合させることである〔第3章〕。そのような試みが何にも増して道徳的な考慮の封じ込めを含むものであることを、わたしたちはここで再確認できる。そこでは、すべての仕事が「命令に従う」か「命令を拒む」かの単純な選択となる。のみならず、それは組織によって全体的に追求される目的の一部となる。その結果、行為の広範囲にわたる影響が、行為者自身には必ずしも見えなくなる。最も重要なのは、組織が道徳的な責任の代わりに、規律をおくことである。組織のメンバーが、組織の規則や上司の命令を厳守する限り、当人は道徳的な懐疑から解放される。道徳的に許されない行為で、他の状況下では考えられない行為が、突如として実際にありうる行為となる。

道徳性の抑制

自らの行為が道徳的に不正ではないかという疑念は、組織の規律の力で封殺される。その心理的機制（メカニズム）は、スタンレー・ミルグラム〔アメリカの心理学者〕の悪名高い実験によって劇的に示された。この実験は、一九六〇年代に行われたが、多くのボランティアが、ニセの「科学的実験」の被験者に、電気ショックを与えることを〔ニセの科学者から〕指示されるという設定であった。電気ショックは、当然「苦痛をともなう」ものであった。実験の結果、大半のボランティアが、自らの残酷な行為が崇高な科学的目的をもつと確信して、そしてまた研究プロジェクトを管轄する科学者は明らかに自分たち以上の判断力をもつと信頼して――「犠牲者」の苦悶に満ちた叫び声にひるむこともなく――その指示に忠実に従うことが判明した。この実験が小規模ながらも実験室環境で明らかにしたことは、第二次世界大戦中・戦後の大量虐殺行為によって、息をのむような規模で実際に演じられた。数百万人のユダヤ人の殺害は、数千人のナチの最高指導者や高級官僚によって開始され、指揮されたものであるが、一つの巨大な官僚制的な作業であった。というのもそれは、数百万人の「普通の」人々の協力なしにはありえない作業であったからである。協力者たちは、列車を運転して犠牲者をガス室に送ったり、毒ガスや〔遺体の〕焼却装置を製造する工場で働いたりしていた。その最終的な結果は、かれらが日々忙殺されていた単純な仕事から遠く隔たっていたため、両者の結びつきは、かれらの注意を引かないか、かれらの念頭に浮かぶことはなかった。

巨大な組織のメンバーは、各々共同の活動の一翼を担っている。かりにその活動の最終的な結果を知っていたとしても、思い悩むことはない。その結末は、あまりにも遠く離れているからである。遠く離れているというのは、地理的な距離というよりも精神的な距離のことを指す。垂直的かつ水平的な分業のゆえに、いかなる個人の行為も、原則として、多くの他者の行為と相互に媒介し合っている。結局のところ、自分自身の貢献は重要性を失い、最終的な結果への影響も小さすぎて道徳的な問題として真剣に考慮される余地はなくなる。デイヴィッド・マッツァ〔アメリカの社会学者〕の用語をもってすれば、このような「中和の技術 techniques of neutralization」によって、行為者は自らの行為の責任を軽減することができる。つまりは、青写真を描いたり、レポートを作成したり、書類を提出したり、二つの化合物を混ぜ合わせる機械のスイッチを操作したりするのと同程度の衛生無害な作業として、「悪事」を働くことができるようになる。この場合、行為者が、海外の焼死体〔戦争犠牲者〕と自分自身の行為の間に何らか結びつきがあると認識することは困難であろう。

官僚制の構造

一般に、官僚制は、非人間的な目的の追求に従事している。それは、組織の内外を超えて道徳的な動機づけを抑制することに能力を発揮してきた。官僚制は、自己保存の動機に訴えかけることで、それを実現したが、同時に、大量虐殺の官僚制的な管理は、多数の犠牲者の協力と大半の傍観者の道徳的無関心を確保した。将来の犠牲者たちは、「精神の囚人」と化し、服従の報酬として寛大な扱いが期待できるのではないかという幻想に惑わされた。かれらは、迫害者たちがそう気分を害さなければ、何かを守ったり、何らかの危険を避けたりすることができ、結果的に協力は報われると空望みをしていた。多くの場合、このような先行的服従が生じ、犠牲者たちはわざわざ迫害者たちの意図を先取りしたり、熱心にそれを実行に移したりして、かれらの歓心を買おうとした。最後まで、犠牲者たちは、避けがたい自らの運命を直視しなかった。それゆえに、大量虐殺の管理者たちは、ほとんど混乱もなく目標を達成した。ガス室に向かう長く、おとなしい行列を監視するのに、見張りは必要なかった。

傍観者について言えば、かれらの服従（あるいは少なくとも何も言わず何もしないこと）は、犠牲者との連帯を表明することの代償を大きくすることで確保された。すなわち、道徳的に正しい行動を選ぶことは、恐ろしい処罰を受けることを意味した。こうして、賭けの代償が大きくなると、道徳的な義務は自己保存の関心によって押しのけられる。その際、自己保存の実現は合理化の技法に委ねられる。「もし、犠牲者を助けていたら、自分自身や自分の家族の生命が危険にさらされていたであろう」とか「〔成功しても〕一人を助けるのがやっとであった。もし失敗したら、十人が亡くなっていたであろう」といった弁明がそれにあたる。このような合理化に科学者たちも手を貸していた。かれらは、自らの研究の目的と手段を分離しつつ、〔加虐行為のための〕支配的なイデオロギーを用意した。[10] そこでは、科学的な証明の名の下に、恐るべき犯罪の犠牲となった人々〔ユダヤ人や障がい者など〕の劣等性が主張された。危害にさらされた人々は、劣った「もの」と化し、その処置や殺害が道徳的な事柄ではなく、専門家の技術的なノウハウの一つとなった。専門家の権威は、他の人々に苦難を負わせることについて、犯罪者たちの責任を軽減するものであった。

たしかに、ここまで述べてきたのは、自己保存と道徳的義務の間の対立の極端な事例である。しかし、このような「民族浄化」は、いまもって、わたしたちの間にある。[11] そして、両者の対立は、それほど極端ではないにしても、日々の人間の条件に、その痕跡を残している。道徳的義務の根絶は、人間の行為の統計的な扱いによって促進される。数量的にとらえられるとき、人間的な事象は、個別性を失い、各人が権利と義務の担い手として生存していることが尊重されなくなる。その際重要なのは、当局によって、各人にいかなる範疇が用意されるかということである。この分類は、人々の一定の属性に焦点を当てたものであるが、組織はこの属性以外に関心を示さない。それと同時に、他のすべての属性は、たとえば、各人を道徳的な主体として、かけがえのない存在としてかたちづくる特性は、無視してもよいものとなる。

フーコーは、人口が増加し、社会生活が複雑化するにつれて、市民の管理が、国家の中心的な問題となったと説く。新たな体制が、政府によって構築されるが、そこでは、日々の生活が政治的な干渉の対象となる。それは、人々の行動を予測し、管理したいという政治的な願望によるが、統計的推論の発展がそれを見事に後押しした。いまや人々は規制や統制の対象となり、その戦略が明確な目標の下で追求された。〔人々の行動の〕合理化のなかで最も重視されたのは、労働の生産性であった。かつての監禁施設が病院となり、身体的・精神的理由で労働できない人々が医療行為の対象となった。「精神医学」の概念が、まさにここに生まれた。しかし、わたしたちはこう問わねばならない。このような手段が使われたとすれば、何のためであったか、そしていかなる結果をもたらしたか。政府のみならず大企業、たとえばマーケティングや保険業務に従事する大企業は、情報収集のために人々を分類する。すでに見てきたように、営利的な活動と道徳的な目的は対立関係にある。営利的な活動において、人々は利益追求のための手段として扱われ、固有の意味における目的として扱われることはない。しかしまた、さきの諸章で見たように、道徳性の抑制は、必ずしも利害関心が支配的でない状況においても生じる。

群衆的状況

道徳性の抑制が生じる別の状況として、**群衆**がある。閉ざされた空間に、どこのだれとも知れない――他の状況下で会ったこともなく、以前に関わったこともなく、そして一時的・偶然的な関心によって目下「一緒にいる」だけの――非常に多くの人々とぎっしりと詰め込まれているとき、人間は「通常」の条件下では認められない行動をとりがちである。このような群衆的状況では、無法極まりない行動が、山火事や突風や伝染病にでも喩えるしかないかたちで、突如として広がる。たとえば混雑した市場(いちば)や劇場で人々がパニックに陥るのは、思いがけず群衆的状況が生じる場合にあたる。その場合、人々は自己保存の欲求にかられて、息がつける空間を確保したり危険を回避したりするために、他者を踏みつけたり火のなかに押し込んだりする。群衆のなかで、人々は「悪事」もなしうるが、それは一人ぼっちであれば道徳的にとてもなしえない類の行為である。個々のメンバーが忌避する「悪事」を、群衆がなしうるのはなぜか。それは、群衆には「顔がない」からである。各人は、個別性を失い、匿名の人々の集合に「溶け込む」。群衆は、瞬く間に集まり、瞬く前に消える。その集団行動は、いかに秩序立っているようであっても、いかなる恒常的な相互作用を引き継ぐものでもなければ生み出すものでもない。群衆のなかの一人一人が純粋に感情的な行為に走ることができるのは、群衆行動が一時的にして不合理な性格をもつからにほかならない。ほんの束の間、抑圧は取り除かれ、義務は無効となり、規則も停止になる。

一見して、官僚制的組織が規律正しい合理的行動をとることと群衆の憤怒が暴動として爆発することとは、正反対であるように映る。にもかかわらず、両者はともに「脱人格化」を志向しており、顔のない匿名的状況において道徳的行為への志向は弱められる。人々が道徳的主体でありうるのは、周囲の人々から「人間」として認められる限りにおいてである。すなわち、人間らしい待遇――仲間だけに与えられる待遇や万人に与えられるのが妥当と考えられる待遇――を与えられる資格のある存在として認められることが肝心なのである。このことは、わたしたちの相互作用の相手がそれぞれ固有の欲求をもち、その欲求はわたしたち自身の欲求と同じく妥当かつ重要であり、同様の注意と敬意がそれにも払われてしかるべきであることを前提としている。特定の人々や人々の範疇が、わたしたちの道徳的責任の対象外であると見なされるとき、かれらは「劣った」「欠陥のある」「不十分な」、まったく「非人間的な」存在として扱われている。シモーヌ・ド・ボーヴォワール〔フランスの哲学者・小説家〕が説くように、これを避けるには、だれかに遭遇するとき、その人物を、特定の階級、国家、何らかの集団のメンバーとして扱うのではなく、それ自体一個の人格をもつ個人として扱うことが必要である。

義務の領域

実際には、道徳的義務の領域に、人類の全員が内包されるわけではない。多くの「原始」部族は、自らを「人間」を意味する言葉で呼んでいた。それにともない、見知らぬ部族のメンバーの人間性を認めない態度が生じるが、そのような態度は、奴隷所有を認める社会にも長く残っていた。奴隷たちは「言葉を話す道具」として遇され、決められた仕事をただ黙々とこなせばよいと考えられていた。人間性が十分に認められないということは、実際には、道徳的態度の基本要件――他者の欲求を尊重すること、何よりもまず、他者の生活が一つの全体であり尊厳に満ちたものであると認識すること――が、そのような〔非人間的〕地位にある人々について、必ずしも満たされなくてもよいことを意味した。歴史は、あたかも、人間性の概念のゆるやかではあるが、絶え間ない拡張の過程からなっている。この過程は、ある顕著な傾向をともなっている。すなわち、義務の領域がますます広範囲にわたり、最終的には人類全体と重なるという傾向がそれである。

この過程は、真っ直ぐに進んでいるわけではない。二十世紀は、特定の範疇――階級・国家・民族・宗教など――の人々を、義務の領域からまるごと排除しようとする世界観を生み出したことで悪名高い。他方で、官僚制的に組織化された行為も完成の域に達し、これ以上道徳性を抑制しても、もはや効率性の問題に効果的に介入できないまでになった。二つの要因――官僚制的な管理の技術によって道徳的な責任が解除される可能性と、そのような可能性を効果的に活用する用意と意思をもつ世界観の存在――の結合は、多くの場合、道徳的義務の領域を制限することに成功した。同時に、それは、さまざまな惨劇を生み出した。（1）共産主義社会において、敵対階級のメンバーやかれらの擁護者と分類された人々に対して、大規模テロが実行されたこと、（2）人権の歴史に誇りをもつ国々において、人種的・民族的なマイノリティが排除されていること、たとえば、それらの国々の多くで、公然とあるいは内密に人種隔離（アパルトヘイト）制度が実施されていること、（3）A国がB国に武器を輸出するとして、B国が、その後、道徳性の欠落を理由に〔国際的に〕非難されること、そしてまたB国は、C国から宣戦布告を受けた場合、同じ武器で攻撃されるのが関の山であること、（4）数多の大量虐殺の事例、すなわちトルコにおけるアルメニア人の大虐殺から、ナチス・ドイツによる何百万人ものユダヤ人、ロマ、スラブ人の殲滅を経て、［イラク軍による］クルド人への毒ガス攻撃、カンボジア、旧ユーゴスラヴィア、ルワンダにおける大量虐殺にいたる事例など。[12] 義務の領域をどう画定するかは、今日にいたるまで、論議の焦点であり続けている。

義務の領域のなかでは、他者の欲求は正当な根拠をもつと認められる。かれらの幸福を気にかけ、生活機会[13]を広げ、快適な環境を手に入れる道を開くために、ありとあらゆることをしなければならない。そのような環境を提供するのは、社会の義務である。他者の貧困、病気、日々の憂鬱は、同一の義務の領域に身をおく他のすべてのメンバーにとって、挑戦であり、勧告となる。このような挑戦に直面するとき、わたしたちは、釈明しなければならないと思う。かれらの苦痛を和らげるために、わずかなことしかできていない理由やそれ以上のことができない理由を、かれらが納得のいくように説明しなければならないと思う。その説明がいつも真実であるというわけではない。たとえば、国民保健サーヴィス[14]は、国民全体に提供されるものであるが、制度拡充は遅々として進まない。「収支の均衡を保たなければならないから」と、その理由を聞かされるが、このような説明が、ひそかに隠していることがある。裕福な患者が、国民保健サーヴィスを利用することで利益が生じる場合、その利益は「収入」に分類されているのに対して、そのような費用を支払う余裕のない人々のために設けられている国民保健サーヴィスは「支出」のなかに含められている。すなわち、それは、支払い能力によって、欲求が差別的な扱いを受けることを隠している。しかし、ここでは、ともかくも、何らかの説明が必要であると考えられている。この事実は、ヘルスケアの欲求が十分に満たされない人々も、ある程度まで義務の領域の内部の住人として〔社会的に〕承認されていることを示している。

まとめ

自己保存と道徳的義務はしばしば緊張関係におかれる。一方が、他方よりも、「自然」であるということはない。すなわち、人間の本性にかなっているということはない。もし一方が他方よりも優位に立ち、行為の支配的な動機となるとすれば、両者の不均衡は、相互作用がいかなる社会的文脈のなかで営まれているかに起因することが多い。利己的な動機や道徳的な動機がそれぞれ優位をしめるのは、必ずしも個人の選択ではなく状況の影響による。人々は、状況に左右されることはあっても、状況を制御できるかと言えば、その余地はほとんどない。ただし、二人の人間が同じ状況におかれても、異なる行動をとりうることが知られている。したがって、状況の力は絶対的なものではなく、二つの相矛盾する動機の間には、どれほど極端な状況においても選択の余地があるということが分かる。

他方（これまで見てきたように）、わたしたちが他者に依存している以上、わたしたちの個人的行為は、他者の行為と密接に結びついている。それゆえに、わたしたちが他者に対して道徳的な態度をとりうるかは、わたしたちが自尊心や自負心をもちうるかの前提条件ともなっている。

第4章訳注

（1）「目的合理的」の原語は、instrumental-rationalで、「手段合理的」と訳すべきところであるが、ヴェーバーのドイツ語原語（Zweckrationalität）に遡って、「目的合理的」とする。
（2）後述の権力の非対称性に基づく自律的な行為と他律的な行為を指す。
（3）イングランドの大学は、通常、学士取得に三年を要する。
（4）A・アイヒマン（ホロコーストにおいてユダヤ人の強制収容所への移送を指揮したナチス親衛隊の中佐）が、裁判で、自己の弁明のために述べた言葉。
（5）人間は、生来、自己保存の権利をもつとの見解を指す。
（6）ロックの立場と対比して、社会学的な思考様式の特徴を述べている。
（7）所有者と事物の間に特別な関係があるとする。

（8）ゲーム理論のモデルの一つ。各プレーヤーに配分される利得の合計が、ゼロとなるゲーム。端的に言えば「取るか取られるか」の状況。

（9）この実験では、「犠牲者」の苦悶に満ちた叫び声も当然偽物である。

（10）ナチス・ドイツの優生思想を指す。

（11）一九九〇年代の旧ユーゴスラヴィア内戦中の「民族浄化」などを念頭においていると推察される。

（12）原文では、ジプシー（gypsies）であるが、こう標記する。

（13）社会学用語。個人が生活財に選択的・主体的に接近しうる機会のこと。それが社会的・経済的要因によって規定されるというのが社会学の立場である。

（14）通称ＮＨＳ。イギリスの国営医療サーヴィス事業。

第5章　贈与と交換

わたしたちは、これまでの議論のなかで、日常生活の根底にある問題や他者との相互作用のなかで日常的に直面する決断について検討してきた。それらの相互作用の多くは、「贈与」と「交換」という概念によってかたちづくられており、それらが、わたしたちの生活に形式と内容を与えている。本章でも、日常生活や相互作用の探究をさらに続けることにしよう。わたしたちは皆、他者との相互作用の周辺ならびに根底にある問題の検討を通じて、「贈与」と「交換」をめぐる問題に日常的に直面している。

人間性と非人間性

金を借りる

ある人々にとって、負債は、たまにしか訪ねてこない客であって、その返済について日常的に頭を悩ます必要はない。つまりは、それによって日々の活動が物理的・象徴的に大きな変容をこうむることはなく、生活様式の根幹は揺るがない。しかし、別の人々にとっては、負債は、日常生活の主要な一部であって、家族や友人に対する責務を果たすために、それに日常的に注意を払う必要がある。その場合、負債は、客ではなく永住者であって、その状況がさらに悪化しないように、絶えず注意したり行動したりしなければならない。次のような状況を考えてみよう。

わたしたちの居所（ここで「自宅（ホーム）」という言葉を使わないのは、それが恒久的・安定的な住所を含意するからである）に、債権者たちからの督促状がドサッと舞い込む。わたしたちはそれらを分類し、どの順番で返済していけばよいかを決める。なかには、返済期日が差し迫ったものもある。債権者は、債権の一部を回収するために、いつ何時家具の一つも差し押さえに来るかもしれない。どうしたらよいか。近親者を訪ね、資金を回してくれる余裕があるならば、借金を申し込んでもよい。その際、わたしたちは、資金が必要な状況を説明し、「余裕ができれば、ただちに返済する」と約束する。近親者はぶつぶつ言って、こう諭（さと）すかもしれない。「慎重に将来を見据えて、計画を立てることが大事で、けっして身分不相応な暮らしをしてはならない」。しかし、事情が許せば、懐から財布を取り出すであろう。

別の選択肢もある。銀行を訪ねることである。もっとも、銀行の支店長は、わたしたちがいかに苦しんでいるかには興味がない。かれらが興味をもつのは何であろうか。問い質すことは、ただ一つ保証に関することである。すなわち、借金の返済を保証するために、何が提示できるかということである。支店長は、元金と利息がきちんと返済されることを確認するために、こちらの収入と支出を問うであろう。関連書類の提出も必要となるが、かれらが納得するまで、資金はけっして提供されない。わたしたちが大きなリスクでなく、貸金がきちんと——正当な利潤を保証する利息とともに——返済されるであろうと得心がいくまで融資は実行されない。

交換とは何か

金銭問題を解決するために、どこに赴く(おもむく)かによって、二つの異なる待遇が想定される。肉親と銀行で相手の応対が異なるのは、わたしたちが金銭的支援を求めることについて、その権利の概念に違いがあるからである。近親者がこちらの返済能力を問い質すということはありそうもないが、その理由は、資金の融通が「損か得か」の選択ではないからである。ここでは「困っているから援助を求める権利がある」という論理が成立している。他方、銀行の支店長はそのような論理とはまったく無縁の存在である。支店長は、たんに貸付が焦げ付かず、きちんと返済されるかどうかを知りたいだけである。そこには「資金を融通してやらなければならない」という道徳的な責任感は微塵もない。

この場合、人間の相互作用は、二つの原理——等価交換と贈与——の影響下におかれている。**交換**の場合、利己心が何にも増して優先される。借り手は、自律的にして、正当な欲求と権利の主体と認められるが、同時に、貸し手（あるいは貸し手の属する組織）の利害関心を満足させなければならない。とりわけ、貸し手は、「貸付にいかなるリスクがともなうか」という技術的な問題に重大な関心をもっている。「貸付金は（利息がついて）いかほどで戻ってくるか」「その取引によってどれほどの物質的利益が得られるか」。貸付を行うか否かをめぐって、これらの論点が問われるが、それは、貸付の有望性を評価し、他の貸付先との間で優先順位を設定するためである。相互作用の当事者の間で「等価性」の意味をめぐって駆け引き（バーゲニング）が行われ、できるだけよい取引を行う——取引を自分に有利なものにする——ために、手元のすべての資源が使われる。

贈与とは何か

マルセル・モース（フランスの人類学者、社会学者）が一九二〇年代にすでに認識していたように、**贈与**の概念はこれとは異なる。人々が贈り物をし合うのは、相手の欲求や権利を尊重するからである。贈与は、相互作用の当事者が所属する集団にとって、象徴的な価値をもち、**互酬性** reciprocity が賞賛される信念システムのなかで行われる。贈与行為において、わたしたちは、自分のものをだれかに分け与えることになるが、それは、手段的な計算よりも高く評価される。手段的な計算によって、等価交換の関係は非人間的な性格を帯びるが、贈与は、それよりも価値の高い行為であると見なされる。よしんば報酬が最後にもたらされるにしても、それは、行為の望ましさを評価する要因とはならない。財が贈られ、サーヴィスが施されるのは、他者がそれを欲している以上、かれらの欲求をこちらが尊重しなければならないからである。

「贈与」は、広範囲にわたる行為を指す用語として使われているが、それらの行為の純粋な意味合いは相互に異なっている。「純粋な」贈与は一種の極限概念であり、それを一個の基準として、実際の行為の何であるかが評価される。実際の行為は、さまざまな程度において、理想から外れている。最も純粋な贈与は、まったく公平無私で、受け手の資格を問わずになされる。公平無私であるとは、少しも報酬がないことを意味する。通常の所有や交換の基準から見れば、純粋な贈与は純粋な損失である。それは、道徳的な観点から見て利得であるにすぎない。贈与は所有や交換の論理では理解しえないが、贈与の根底にあるのは、そのような道徳性である。

贈与の道徳的な価値は、市場価格でいくらの財やサーヴィスが提供されるかということでは計れない。それは、財やサーヴィスが提供者にどれだけの主観的損失をもたらすかによって計られる。贈与は「受け手の資格を問わずになされる」とさきに書いたが、それは「ただ一つ受け手に求められるのは困っていることである」というのと同義である。それゆえに、自分の親族や親友に対して気前がよいことは、純粋な贈与の要件を満たしていない。そこでは、受け手は、特別な人々として〔普通の人々から〕区別されており、かれらに対して特別な待遇が与えられる。かれらは、特別な存在として、特別な待遇を受ける権利を有している。送り手は、特別な関係のネットワークによって、受け手と結びついている。純粋な贈与は、相手が困っているならば、だれに対してもなされる。それは、たんに相手が困っているからである。このように、純粋な贈与は、他者の人間性を認める行為である。それを除けば、受け手は、匿名のままで送り手の認知地図のなかで特別な区画を割り当てられる存在ではない。

さきに述べたように、贈与によって、送り手は、道徳的な満足という報酬を得る。その報酬は、送り手にとらえどころはないが深い喜びをもたらす。贈与行為は、自分のものを他者に与える行為である。それは、私心を捨て、他者のために自分を犠牲にする行為である。交換や利益追求の文脈とはまったく対照的に、どれだけ自分を犠牲にして苦痛を味わうか、結果としてどれだけ損失をこうむるかに比例して道徳的な満足も増す。たとえば、リチャード・ティトマス〔イギリスの哲学者・社会批評家・社会政策学者〕は、国民保健サーヴィスへの献血が、いかなる背景の下で行われるかを分析した。献血は、利他的な動機が誘因となることを別にして、無報酬である。ティトマスは、献血が「自発的・利他的な行為」としての特性をもつと説く。かりに、血液を消費財として供給すること〔売血〕を合法化すれば、この利他的行為の基盤は揺らぐであろう。それは、何を市場から獲得するかではなく、他者をどう尊重するかに関わるものである。

極限状況——戦争や他国による占領——下における人間の行動を調べると、総じて「純粋な贈与」の理念に非常に近い動機をもつ人々によって、**英雄的行為**がなされることが分かる。英雄的行為とは、他者の命に危険が迫るとき、他者の命を救うために自分の命を投げ出すことも厭(いと)わない、といった類の行為を指す。そこでは、他者を助けることが純粋かつ単純に自分の道徳的義務と考えられている。それは、ごく自然な、自明な、簡単な行為であって、何ら正当化する必要がないと考えられている。注目すべきことは、私心をなくし自分の命を投げ出す人々は、自分の行為が、比類のない英雄的行為であることにすら気づかないということである。勇敢でなければ、そのような行為はなしえないとか、それが道徳的な美徳を示しているといったことを、かれらは軽視しがちである。

パターン変数

本章の冒頭で、わたしたちは、肉親からの借金と銀行からの借金を対比したが、そこには、同じ借金でも二つの異なる形態——「贈与」と「交換」——をとりうることが、明快に示されている。さしあたり、肉親との関係が**パーソナルな関係**であるのに対して、銀行との関係は**インパーソナルな関係**である。パーソナルな関係のなかで起こることは、ほとんど全面的に相互作用の相手の属性にかかっており、相手の業績とは無縁である。インパーソナルな関係においては、そうではない。重要なのは、属性ではなく業績である。「だれであるか」ではなく「何ができるか」が重要なのである。この場合、資金の貸し手は、過去の実績に興味をもつであろう。それは、借り手が、この先どう行動するかを予測する資料となる。そして、その後の両者の相互作用は、契約条件に則って行われることになる。

タルコット・パーソンズ〔第二次世界大戦後、大きな影響力を発揮したアメリカの社会学者〕は、人間関係のパターンは四つの主要な対立から構成されているととらえた。この四つの対立的な選択肢は、「**パターン変数**」と呼ばれるが、属性と業績の対立は、その一つとしてあげられる。二つ目のパターン変数としてあげられるのは、「普遍主義」と「個別主義」の対立である。贈与に際して、受け手は、「困っている人々」という〔一般的な〕範疇の一部ではなく、特定の「困っている人」と見なされる。他方、銀行の支店長にとって、個々の客は、過去・現在・未来の借り手という大きな範疇の一人にすぎない。多くの「先例」を扱ってきているので、銀行の支店長は、一般的な基準をもとに目前の客を評価することになるが、その基準は同類の客に適用されるのと同じものである。それゆえに、ある事案の結果は、一般的な規則が同様の事案にどう適用されるかということにかかっている。

三つ目のパターン変数についても、〔だれから借金をするかをめぐる〕ここでの事例は、対立関係をかたちづくる。すなわち、肉親との関係が「無限定的」であるのに対して、銀行の支店長との関係は「限定的」である。肉親の気前のよさは、たんに一度限りの気まぐれではない。すなわち、わたしが窮状を訴えたことに対して、その場限りで同情的な態度を示したわけではない。わたしの窮状に対して肉親が同情的な態度を示すのは、わたしに関わる、ありとあらゆることに広がりを見せる。この場合、かれらが進んでわたしの力になってくれるのは、かれらが総じてわたしに好意を抱いており、わたしの生活全般に興味をもっているからである。銀行の支店長の行動は、特定の融資の申し込みに合わせたものではないが、その申し込みへの対応や最終的な〔融資の可否をめぐる〕決断は、わたしが申し立てた事実に基づくものである。わたしの生活の他の側面はそれに影響を及ぼさない。それらの事情は、申込者にとっては重要であるかもしれないが、銀行の支店長の立場からすれば、当然、申し込みには無関係で、考慮に値しないものである。支店長は、銀行の命を受けてその業務に従事しているのであって、かれの決断は、状況の論理(1)に支配されている。

四つ目の人間関係のパターンは、他の三つの根底に位置するものとして提示されている。「感情性」と「感情中立性」の対立がそれにあたる。相互作用のなかには、情緒――同情・共感・愛情など――に満ちたものがある一方、冷静で非情緒的なものもある。インパーソナルな関係は、行為者のなかに感情を呼び起こさない。行為者は、たんに取引をうまく運びたいという情熱に衝き動かされているだけである。行為者自身は、感情の対象ではなく、好かれることも嫌われることもない。もし取引相手が、ひどく値切ったり、ごまかしたり、嘘をついたり、〔いざという段になって〕責任を逃れたりすれば、取引の進捗が不当に遅らされたことに苛立ちを覚え、そのことが取引相手に対する態度に尾を引くこともあるかもしれない。あるいはまた、取引がうまく運び、「お取引いただきありがとうございます」と相手に感謝することもあるかもしれない。しかし、概して、感情はインパーソナルな相互作用にとって不可欠なものとは見なされない。むしろ、それはパーソナルな相互作用が真実味をもつのになくてはならないものである。

信頼

肉親から資金の提供を受ける場合、当事者が相互に共感し、同一の集団への帰属意識をもっている可能性がある。そこでは、当事者が相手の立場に身をおき、相手の状態を理解し合う。キャロル・ギリガン〔アメリカの心理学者〕は、女性には「ケアの倫理」を採用する傾向があることを明らかにした（ギリガンは、男性がそのような傾向をもつことを排除してはいないが）。この倫理の下では、関心はもっぱら他者に向けられ、自分自身への関心は「利己的」と見なされる。「ケアの倫理」は、一個の連帯責任をともなっている。その責任の下では、当事者は、自分たちを――抽象的な規則の支配下において、相互に自立した存在ととらえるのではなく――緊密な関係のなかで、相互に「結合した」存在ととらえる。銀行の支店長の場合、これはほとんどあたらない。融資の依頼者は、支店長の気分を害さないようにし、さらには機嫌をとるかもしれないが、そうでなくとも、このような配慮は、支店長の判断を阻害するものと見なされるであろう。損益をめぐるリスクの計算を損ないかねないからである。

パーソナルな相互作用とインパーソナルな相互作用の決定的な違いは、何に頼って行為を成功させようとするかにある。わたしたちは皆、多くの人々の行為に依存して生活しているが、かれらのことをほとんど知らない。自分が頼りにする人々のことをロクに知らずとも、取引がうまく運ぶのはいったいなぜか。それは、インパーソナルな方法で問題が解決されるからである。パーソナルな知識が限られているという条件下では、規則に訴えることがコミュニケーションを可能にする唯一の方法となる。もし、他者との取引全般が、もっぱらかれらの資質に関する評価に基づくとすれば、きちんとした調査の上でその評価を下す必要があろう。その際、どれだけ膨大で、手に負えないほどの量の知識を集めなければならないかを想像してみよう。それに代わる、もっと現実的な方策がある。それは、交換の手引きとなる一般的な規則を手に入れることである。これは、市場機構の存在を正当化する議論の一つにあたる。たしかに、市場機構によってわたしたちの生活の多くは制御されている。しかし、そこでは、信頼の存在もまた含意されている。相互作用の相手も、同じ規則を遵守するであろうという信頼がそれである。

日々の生活で遭遇する多くの事象は、互いに相手に関するパーソナルな情報をまったく

（あるいはほとんど）もっていないとしても、相互作用が可能であるように構成されている。たとえば、病気の際に医師にかかるとして、その医師がどれほどの能力をもっているか、どれほど患者に献身的であるかを事前に評価することは、まったく不可能であろう。医師のように、専門職（プロフェッション）に従事する者は、専門家の倫理（プロフェッショナリズム）を要求される。まずもって、専門家の倫理は、長期の訓練を受け、試験に合格することで、専門職の資格を取得した者について、専門職の団体によって[2]保証される知識や能力に関わっている。と同時に、それは、専門家に対する信頼に関わるものである。わたしたちは、しばしば専門家に身を委ねるしかない状況におかれるが、それと引き換えに、専門家の手で自分の身が適切に守られることを期待する。この場合、わたしたちの知り合いでも何でもない人々〔同業者の団体〕が、責任をもって同業者の能力を保証するとともに、その資格を保証している。さらに、これら専門家たちは、職業倫理の立場から数々の道徳的基準を保持している。それによって、わたしたちは、かれらのサーヴィスを信頼して受け入れることができる。ギデンズは、ベックやニクラス・ルーマン〔ドイツの社会学者〕とともに、信頼とリスクの関係について探究している。ギデンズは、「所定の結果を生み出す」ことについて「個々の人間や制度をどこまで信頼できるか」の確信の程度として、リスクを規定する。[3]かれによれば、この確信は「相手が清廉であるとか、自分のことを愛してくれているとか、あるいは抽象的な原理（技術的な知識）が正しい」ことについての信頼の表明にほかならない。

二つの世界

逆説的にもパーソナルな関係が是が非でも必要となるのは、非常に多くの取引がインパーソナルな文脈でなされているからである。市場は、しばしばインパーソナルな関係の縮図と見なされるが、このような市場の圧力——それは、すべての関係をインパーソナルな関係にし、すべてのものを商品化する——にさらされ続けると、パーソナルな社会関係は、徐々に崩れ去るが、その一つが「信頼」である。ユルゲン・ハーバーマス〔ドイツの哲学者・社会学者〕、フランシス・フクヤマ〔アメリカの政治学者〕、ジョージ・ソロス〔ハンガリー出身のアメリカの投資家・慈善家〕などがこぞって、市場機構が円滑に機能するには、文化的な基礎が必要であると指摘するのは、驚くべきことではない。市場機構の文化的な基礎として、かれらはコミュニティやコミットメントをあげているが、もし市場機構が野放しの状態におかれたならば、その文化的な基礎は徐々に崩れていくであろう。

素性が、ぼんやりとうわべしか分からない人々がいる。日常生活のなかで、そのような人々に依存すればするほど、そしてまた、人との出会いがお座なりで束の間のものであればあるほど、人々がパーソナルな領域を拡大する傾向があるということが指摘されてきた。その結果、パーソナルな取引に求めるべき〔温かい気遣いへの〕期待を、インパーソナルな方法で営まれるべき取引に求めるという事態も生じる。インパーソナルな世界における他者への冷淡さに最も強く憤慨するのは、急に二つの世界の間を移動することになった人々である。たとえば若者は、これまで家族や友人集団などの相対的に思いやりに満ちた世界で生きてきた。しかし、いまや、そのような世界を離れて、職業の世界に身を投じようとしている。そこは、まさに感情的に冷淡な世界である。

この二つの世界の落差のゆえに、いま身をおく無情で冷酷な世界から脱出しようとする試みが生じる。そこでは、自分自身が一定の目的のための手段として役立つにすぎず、その目的も自分の欲求や幸福とはほとんど無関係であるように思われる。脱出者のなかには、コミューンのような閉鎖的にして自己完結的な小さな居住区を作ろうとする者もいる。理想的には、そこではパーソナルな関係しか許されない。しかし、このような試みは、幻滅や反感を生み出すのが関の山である。結果的に明らかになるのは、長期間にわたって強い感情を保ったり――感情と効率性の考慮は絶えず衝突するが――その衝突から生じるフラストレーションを抑えたりするには、たゆみない努力が必要であり、それはインフォーマルな関係の冷淡さがもたらす状況よりも、さらに悲惨な状況をもたらすということである。

自分自身の探求

本当の「わたし」

生活の全般をパーソナルな文脈におくことはできないにしても、パーソナルな関係がなくてはならない要素であることに変わりはない。インパーソナルな相互依存のネットワークにわたしたちは巻き込まれているが、そのネットワークが広範囲にわたり、見通せないものになればなるほど、「深く、健全な」パーソナルな関係への渇望がいっそう強くなる。わたしたちは、ある場面では、会社の従業員かもしれない。しかし別の場面では、店の客であり、バスや列車や飛行機の乗客であり、スポーツ・イヴェントや演劇の観客であり、政党の支持者であり、医者や歯医者の患者であり、その他さまざまな役割を演じている。どこにいても、わたしたちは、自分の小さな部分しかそこにないように感じる。個々の場面で、何がふさわしい行動様式であるかを意識し、何が許容される行動様式であるかを判断しなければならない。どこにいても、本当に「自分らしい」という意味で、リラックスできることはない。それでは、本当の「わたし」とは、いったい何であろうか。

わたしたちの多くは、さまざまな役割のパッチワークとして自分自身をイメージすることでは、けっして満足できない。わたしたちは、遅かれ早かれ、meが複数あること、さらには複数のmeの間に調和がないことを受け入れる〔第1章参照〕。「外部」の世界は、多数の局所的な取引に分割されて、明らかに統一性を欠いている。それゆえに、凝集力のある自我によって、別途、統一性が確保される必要がある。ジンメルが二十世紀初頭に喝破したように、人口が密集し、変化に富んだ〔今日の都市型〕社会では、人々は意味や統一性の果てしない探求において、自我に頼りがちである。この統一性や一体性への飽くなき渇望は、外部の世界ではなく自己に向けられるとき、自己アイデンティティの探求として現れる。外部への適応と自律の間の緊張関係は、人間の条件として繰り返し現れるものであるが、そのような主題を取り上げた書物が人気を博していることは、その緊張関係の何であるかを今日的な文脈で示している。たとえば、デイヴィッド・リースマン〔アメリカの社会学者〕が、第二次世界大戦後に、アメリカ人の社会的性格の変遷を分析した『孤独な群衆』は、そのような作品の一つである。(4)

わたしたちは、多くのインパーソナルな交換に関わっているが、そのなかのどれ一つとして、アイデンティティを十分に提供してくれるものはない。わたしたちは、アイデンティティを求めているが、それは交換を超えたものである。インパーソナルな関係は、それを、十分に供給することはできない。個々のインパーソナルな状況において、わたしたちは、いわば追放された存在である。本当の自分は、目前の相互作用のなかにはないとわたしたちは感じる。パーソナルな関係は、無限定性・個別性・属性本位といった特性をもち、相互の愛情によって満たされているが、そのような関係においてのみ、わたしたちは自分が探しているものを見つけられるのではないかと思う。いや、その場合でさえも、わたしたちは自己探求の試みに不満を感じるかもしれない。おそらく自己は、何らかの最終状態を指すのではない。自律性や統一性が疑問の余地なく想定されている状態が、自己ではない。むしろ、それは、自己を探求する行為そのもののなかにあると言うべきであろう。

愛の関係

ルーマンは、わたしたちが激しい愛の欲求をもつ――愛し、愛されることを願う――ことと関連づけて、自己アイデンティティの探求を問題にした。愛されることは、他者によって、比類のない唯一の存在として扱われることを意味する。そのことは、愛する者が次のことを受諾していることを意味する。すなわち、愛される者は自分自身や自分の要求についてのイメージを正当化するのに、普遍的な規則に訴える必要がないということがそれである。それはまた、愛する者が、相手の独立、自己決定権、自己選択権を容認し確認していることを意味する。この場合、愛する者は、相手が断固としてこう表明するのを認めているのと同じである。「これが、わたしです。わたしのすることです。わたしのいるところです」。

「愛される」ことはまた、「理解される」ことを意味する。「わたしのことを分かってほしい!」と言い、あるいは、煩悶しつつ「わたしのことが分かっているの? 本当に分かっているの?」と聞くときと同じ意味で「理解される」ことがそれである。この「理解される」ことへの渇望は、他者への絶望的な呼びかけである。それは、「わたしの身になって考えてほしい」「わたしの立場から物事を見てほしい」「つべこべ言わずにわたしの立場を認めてほしい」「わたしの立場は、わたしの立場であるというだけで、尊重されてしかるべきである」という呼びかけである。その際、わたしたちが求めているのは、自分自身の私的な経験、すなわち、自分の内的な動機やイメージ——理想の生活、自分自身、自分の幸不幸についてのイメージ——が、本物であるという確証である。それは、自画像(セルフ・ポートレート)が本当の自分であることの確証と関わっている。そのような確証が得られるかどうかは、自分のことを話したときに、相手が真剣かつ親身に話を聞いてくれるかどうかにかかっている。ルーマンの言葉を借りれば、その場合、相手は「妥当性の限界を下げ」なければならない。つまりは、わたしが何を話そうとも、それが妥当であり、価値のある——耳を傾け、考慮に値する——ものと認めなければならない。

実際のところ、ここにはパラドックスがある。一方では、自分が役割の集合ではなく、比類のない統一体でありたいと願っている。すなわち、自分がインパーソナルな組織の歯車の一つであるのではなく、比類のない存在であると言い、またそうありたいと願っている。他方で、たんに想像するだけでは、何も存在しないことははっきりしている。空想と現実とは別物であり、事物が本当に存在するには、自分にとって存在するだけでなく、他者にとっても存在する必要がある。それゆえに、本当に比類のない自己を生み出そうと思うにつけて——比類のない経験をしようと思うにつけて——それらの経験の社会的な承認が必要になる。そのような承認が、愛を媒介とするほかないことは、だれが見ても明らかである。わたしたちは今日、複雑な社会で生活している。そこでは、大半の欲求がインパーソナルな方法で満たされているが、反面、今日ほど愛の関係の必要性が高まっている時代はない。結果として、わたしたちの経験において、愛にかかる重荷は計り知れないものになっている。多数のフェミニストの研究者が〔女性の経験を通して〕指摘してきたように、各人は、社会的な難題を、個人的な困難——大きな圧力・対立・障害——として経験する。今日、愛する者たちはそのような困難に出会い、さまざまなレベルでそれを乗り越えなければならない。

愛の関係をとりわけ脆弱なものにするのは、互酬性の要求である。もし、わたしたちが愛を求めるならば、相手も返礼——愛をもって応えること——を求めるであろう。これは、（すでに述べたように）相手の経験のリアリティを確認するよう行動することを指す。わたしたちは、相手に理解されたいのであれば、相手を理解しなければならない。それぞれが懸命に相手の世界に意味を見いだそうとするのが理想である。しかし、二つの現実が同一であるはずはない。最初に出会うとき、二人はそれぞれ過去の経歴をかかえている。その経歴は、相互に共有されていないものである。二つの異なる経歴は、二組の大いに異なる経験や期待を生み出すことが十分に想定される。いまや、それが、交渉を求められる。少なくとも、いくつかの点で、その二組の経験や期待は相互に相容れないであろう。双方が、相手の経験や期待を、修正や妥協を求めることなく、そのまま受け入れることはありそうもない。関係の継続のために、一方あるいは双方が道を譲らなければならない。しかし「自分らしさ」を放棄することは、愛の目的や愛の欲求——愛が満たすことを期待される欲求——を無視するものである。もし再交渉が行われ、その再交渉を双方がやり通したとすれば、見返りは大きいであろう。にもかかわらず、幸福な結末への道はいばらの道で、多くの忍耐と理解なくして無傷で切り抜けることはできない。うまくやるカップルも多いが、理想と現実の乖離は往々にして欲求不満や対立関係をもたらす。それが顕在化して、カップルが離婚や別離にいたったり、カップル内でDV問題が生じたりもする。

リチャード・セネット〔アメリカの社会学者〕は、「破壊的ゲマインシャフト」という用語を作り出した。これは、ある関係において、両当事者が過度に**親密性** intimacy の権利を追求する場合を指す。そこでは、自分自身を相手にさらけだし、自分の精神生活に関する最も私的な真実も、うそ偽りなく、すべて相手と分かち合うことになる。つまりは、相手をひどく動揺させる情報であっても、何事も包み隠さず相手に伝えることがそこでの流儀となる。結果として、相手は途方もない重荷を両肩に背負わされる。相手は必ずしも興味のもてない事柄に同意するとともに、応答に際して自らも誠実かつ正直であることを求められる。セネットは、相互的な親密性という不安定な基盤の上に、持続的な関係——とりわけ持続的な愛の関係——を樹立しうるとは考えていない。両当事者は、互いに満たすことができない（あるいは代価を考えれば満たしたくない）要求をする公算がきわめて大きい。その過程で、両者は、苦悩し失望するであろう。そして、たいてい、その関係の継続を諦めて、引き下がろうと決意する。両当事者のどちらかが、離脱を選び、別のかたちで自己承認を得ようとするとき、その関係はあっけなく終わる。

愛の代用品

ここでの論議から、愛の関係における互酬性の要求は、諸刃の剣になると言うことができる。奇妙に聞こえるかもしれないが、最も傷つきにくいのは、贈与としての愛である。そこには、相手の世界を受け入れ、その世界に身をおいて、内側から理解しようとする用意があり、しかも、その見返りに同じことをしてもらおうとも思わない。そこでは交渉も合意も契約も不要である。しかし双方向的に親密性が求められた途端、交渉や妥協は不可避である。ここにいたって、当事者の一方あるいは両方は、交渉や妥協を楽々とこなすほど、忍耐強くもなければ他人思いでもない。愛の実現は、かくも困難で大きな犠牲をともなうため、愛の代用品が求められても不思議ではない。たとえば、だれかが見返りを要求することなしに、愛の機能を発揮する場合がそれである。精神分析、カウンセリング、結婚生活相談などが驚くほど成功を収め、人気を博している理由は、ここにある。自分をさらけ出したり、心の奥底に潜む感情を他人に知らせたり、待ちに待ったアイデンティティの承認を得たりする権利が、一定のサーヴィス料金を支払うだけで満たされるのである。

リン・ジェイミーソン〔イギリスの社会学者〕が、近代社会における親密性をめぐる研究のなかで示唆したように、愛とケアが必ずしも同一ではないことには注意が必要である。有給でケアの仕事に従事する人々は、実際の需要（ニーズ）を満たしているが、相手を愛しているわけではない。これに対して「仲間同士が深い愛情を感じている場合、かれらはそれを愛と呼ぶことはあっても、ケアとはほとんど呼ばない」。対価の支払いは、精神分析医やセラピストの患者や顧客との関係をインパーソナルな関係に変える。患者は、自分自身に関心があり、その関心を治療者に共有してもらえるが、かれら自身は治療者には、つまりは商取引の一部として患者と関心を共有する義務を負っている人々には目もくれない。患者は、そこで、「愛されている」という幻想を買う。しかし、そこでの関係は、社会的に承認された愛のモデルとは似て非なるものであり、それゆえに、精神分析の実際の過程では、**転移** transference という難題が生じがちである。転移とは、患者が分析医の「かのような」行為を愛の表現と誤解し、まったく実務的なインパーソナルな契約条件を踏み越えてパーソナルな行動をもって反応する傾向をいう。転移は、セラピーが愛の代用品であることを強く再認識させてくれる現象である。

アイデンティティの商品化

市販のアイデンティティ

アイデンティティ承認の機能を代行すべく、別の、おそらくは、より傷つきにくい愛の代用品を提供しているのが、消費者市場である。すなわち、市場は広範囲にわたるアイデンティティを供給し、消費者はそこから自分のアイデンティティを選択できる仕組みになっている。商業広告は、売らんとする商品を、特定のライフスタイルの一部として提示しようと腐心するが、結果として各消費者は、何らかの自己アイデンティティを所有したい場合、それを象徴する商品を意識的に購入することができる。市場はまた、アイデンティティ形成のツールを提供し、消費者はそれを使ってそれぞれ個性的なアイデンティティを形成し、そのアイデンティティを自分のものにできる。市場を通して、わたしたちは、完璧なアイデンティティ・キット[5]——好みに合わせて自己を組み立てられる——の材料を集めることができる。こうして、わたしたちは、(1) 近代的で、解放された、自由奔放な女性として、(2) 思慮深い、分別のある、愛情深い主婦として、(3) 野心的な、自信に満ちた大物として、(4) おおらかな、好まれる人物として、(5) 野外好きの、身体も頑健な、マッチョな人物として、(6) ロマンティックで、夢見がちな、愛に飢えている人間として、(7) あるいは、それらの要素を任意に組み合わせた、何らかの人物として、自分を表現する方法を身に付ける。市場で販売されるアイデンティティには利点がある。それは、社会的な承認を備えていることである。それらのアイデンティティは、各種の広告媒体を通じて人々に紹介されるが——そもそも、広告媒体そのものが、社会的に承認されており——承認のための闘争は無用である。社会的な承認は、いわば、当初から市販品のなかに内蔵されており、厄介な交渉は不要である。

本当の愛

ジャン・ボードリヤール〔フランスの社会学者〕は、市場において「本物の自己」を追求するのは幻想にすぎないとする。外観がすべてであり、より深い——わたしたちの実像という意味における——リアリティはどこにもないとかれは言う。市場は、誘惑に満ちており、誘惑は絶え間ない消費をともなっている。外観はこの誘惑のなかで生み出され、次々と取り替えられる。市場には、自分をどう装うかについて多くの選択肢があり、その選択肢は広く利用可能で、人気を博している。そのなかで、自己アイデンティティの問題を相互の愛情によって解決しようとしても、徒労に終わることが目に見えている。ボードリヤールは、あるインタヴューで、愛のようなものが存在するかどうかを問われて、こう応じた。〔愛をめぐる心的葛藤が無意識のうちに〕「行動化 acting-out」することはあっても、「愛について語るべきことはそう多くはない」。ただし、それが真実であったにしても、かれの分析によって、〔愛の問題が解消するわけではなく〕相互の愛情や相手の愛情の確証を求める人々はいっそうの重荷を背負い込むだけである。というのも、〔市場を通して供給される〕愛の代替物を前にして、人々は一歩退いて、かれらが「本当の愛」と思うものを求めるからである。

さきに見たように、愛の当事者にとって交渉して相手の承認を得ることは、一つの試練である。長くひたむきな努力を重ねない限り、成功は覚束ない。その際、両当事者は、自己犠牲を求められる。もし「手軽な」代用品がなければ、もっと頻繁に、そしてもっと大きな熱意をもって、努力や犠牲が払われるであろう。代用品が簡単に手に入る——求められる犠牲は、金銭の支払いだけである——だけでなく、売り手もあの手この手で攻勢をかけてくるなかで、骨が折れ、時間を食う、期待外れに終わることも少なくない〔本当の愛を得るための〕努力を重ねようという気にはなかなかならない。「だれでも使える」ことが魅力で、手間のかからない市販の代用品が目の前にあるとき、心の復元力(レジリエンス)も弱まる。愛の関係が十分に確立しないうちに、障害にぶつかったり停滞に陥ったりすると、一方あるいは両方の当事者が、交際の進展を遅らせたり交際そのものを控えたりすることがよくある。愛の代用品は、当初は、愛の関係が衰えつつあるなかで、それを補い、強めたり甦らせたりするために求められる。しかし、愛の代用品は、遅かれ早かれ、〔その機能的等価物にあたる〕愛の関係という重荷を下ろす。当事者は、当初は、愛の関係の復活を求めるよううながされるが、その精神的エネルギーはやがて枯渇する。

セネットは、このような愛の価値の低下を問題にしているが、**エロティシズム**がセクシユアリティに取って代わられる傾向は、それを明示している。エロティシズムは、性的欲望つまりはセックスを中心において、永続的な愛の関係を構築し、維持しようとするものである。エロティシズムに基づく関係は、一つの安定的な協力関係である。さきにパーソナルな関係の特徴を多面的に明らかにしたが、エロティシズムはパーソナルな関係の特徴をすべて備えている。セクシュアリティは、セックスを一つの機能に引き下げることを意味する。性欲の満足がそれである。性欲の満足としてのセックスは、通常、特別な警戒をともなっている。その警戒は、性的関係が相互の共感や義務を生み出し、パーソナルな関係として十分に発展するのを妨げることに主眼をおいている。愛から引き剝がされるとき、セックスは一個の緊張の緩和作用と化し、相手は目的のための手段にして本質的には取り替えのきく存在となる。しかし、もう一つの帰結がある。それは、セクシュアリティをエロティシズムから切り離すことで、愛の関係が弱々しいものになることである。いまや、愛の関係は最も強力な資源の一つを欠くことになり、その安定性を保つことがいっそう難しくなる。

交換取引

こうして、愛の関係は、二重の危険にさらされる。それは、内的な葛藤の圧力の下で崩れるかもしれない。あるいは、別の関係に後退するかもしれない。別の関係とは、インパーソナルな関係の特徴を多く（もしくはすべて）備えた関係、すなわち交換の関係を指す。さきに述べたように、そこにおいて重要なのは、たんに特定の事物やサーヴィスが取引を通じて一方から他方へ譲渡されること――事物の持ち主が変わること――だけである。取引に従事する人々は、たんに運搬者や媒介者の役割を演じるにすぎない。運搬者や媒介者として、かれらは財の循環を促進し、助長する。かれらの視線は各々の相手に注がれているが、意味をもつのは交換物だけである。相手は、欲しいと思う財の持ち主ないしは見張りにすぎず、その意味で、相手には二義的・副次的な重要性しか与えられない。視線は、相手を「通して」まっすぐ財そのものに注がれている。相手に心遣いがあるかどうかとか、相手が精神的に何を欲しているかといったことは、考慮の対象にならない。行為の最大の動機は、できるだけ少なく与え、できるだけ多くを得ることである。両方が自分の利益を追求し、当面の仕事にだけ関心を集中する。インパーソナルな交換取引においては、行為者の利害は相互に対立すると言ってよい。

交換取引においては、純粋に他者のために何かをするということはない。したがって、取引にあたっては、「いつ欺かれるか分からない」と心配したり、油断なく用心したり、警戒したりしていなければならない。両当事者は、相手の利己性から自分を守りたいと願う。相手が無私無欲で行動してくれるはずはないが、公正な取引の要求はあってよい。そこで、交換関係では、取引が規則によって縛られていること、取引の公正性を裁定する仕事が一定の権力に委ねられていることが求められる。権力は、規則違反があった場合、その違反を正すことを求められる。各種の消費者団体、監視者、行政監察官（オンブズパーソン）などが、消費者保護の要請に応えて設けられる。それらの機関は、取引の公正性を監視するという仕事に従事するとともに、強者が弱者の無知や純朴な性質を食い物にしないように当局に法律の制定を働きかける。

取引の両当事者が真の意味で対等の関係に立つことはめったにない。商品の製造者や販売者は、自分の商品について、通常、消費者や使用者よりも詳しい。商品の品質については、多くの保証がなされている。しかし、法的な規制がなければ、虚偽表示がまかり通って、だまされやすい客は粗悪な商品を押しつけられるかもしれない。商品がより複雑で高機能なものになるにつれて、消費者はその本当の品質や価値を判断できなくなる。だまされないために、各消費者は製造者や販売者から独立した機関の助力を求めなければならない。交換関係において、当事者が愛情関係におけるように相互に親密な感情をもたないのはなぜか。まさにそれは、両当事者が、たんに役割として、つまりは商品の運搬者として交換関係に参加するからにすぎず、互いに「見えない」存在にとどまるからである。かれらは、取引条件に従うこと以外の義務や責任は負わない。自己の多くの側面は、当座の取引とは何の関係もなく、それから影響を受けることもない。売り手と買い手のどちらに位置するかはあるにしても、自己の多くの側面は自律性を保つ。

いや、はたして、それは真実なのか。経済学や政治学の理論では、一つの思考図式が自明の前提となっている。人間の労働は一つの商品にすぎず、他の商品と同じく交換の対象として扱いうるということがそれである。しかし、他の商品とは異なり、労働は労働者と切り離すことができない。労働を売ることは、一人の人間——その人物の全体——としての行為を、一定の期間、他者の意思や決定の下におくことを意味する。それは、労働者が自己の総体を手放し、他者の管理に委ねることを意味するのであって、自分が所有するものので、自分の人格と切り離しうるものを売ることとは話が別である。かくして、表向きはインパーソナルな契約が、交換取引にふさわしい領域をはるかに超えたところ〔パーソナルな領域〕にまで及んでいる。法的な規制の下で負債の返済を約束することは、「返済のために労を惜しまず働きます」と約束しているのと同じである。もちろん、返済にはかなりの金額の利息も付けなければならない。

まとめ

一本の連続線上に、すべての人間関係をおくとすれば、愛と交換は、その両端に位置する。わたしたちは、ここで、愛と交換について種々論じてきたが、そのようなかたちで、それらが実際にわたしたちの前に姿を現すことはめったにない。たいていの関係は「不純な」ものであって、さまざまな割合でそれらが混じり合ったものである。今日では、倫理的な立場を標榜する銀行や投資ファンドもある。それらは、社会貢献や環境保全を目的とする活動に資金を提供しようとするもので、たんに手段的な打算によって支配されているわけではないことに特徴がある。手段的な打算は、自らのために相手を支配し、収益を確保することを目標としているが、それとは異なる目的をもっている。同様に、愛の関係も正当な交換レートをめぐる実務的な取引の要素を含んでいる。「あなたがそうするなら、わたしはこうする」式の交渉がそれである。偶然の出会いや一度きりの取引を除いて、交換関係にある当事者が、長い間、相互に無関心であることはなく、遅かれ早かれ、両者の間には取引以上の関係が生じてくる。よく言われるように、市場取引は必ずしもインパーソナルな関係を前提としているわけではない。社会経済学が明らかにしてきたのは、市場取引は相互依存のネットワークに基づくということであった。そこでは、規範、価値、それらに基づく評価判定といった文化的要因が相互作用の基調をかたちづくっている。

二つのモデルは実際には複雑に入り交じっているために、その姿は見いだしにくい。にもかかわらず、それらが相対的なアイデンティティを保っていることも事実である。それぞれが「現実はかくあるべし」という理想をもち、その理想に向けて当事者を動員しようとする。わたしたちと他者との関係は多義性に満ちているが、それはこの両端の相補的にして対立的な理想の間の対立や矛盾に言及することで、ほとんど説明がつく。モデルのような純粋な〔愛や交換の〕関係が実際に姿を現すことはめったにない。実際の人間関係は、つねにアンビヴァレントな性格をもっている。パーソナルな関係はインパーソナルな世界への一つの応答であるが、（すでに示したように）アンビヴァレンスはパーソナルな関係のなかに対立を生み出す。この対立が、今度は新たなインパーソナルなサーヴィスを生み出す。その一例が、コンサルティングである。コンサルティングはパーソナルな関係のなかに生じる対立の緩和を目標とするが、それ自体は交換関係に基づいている。

わたしたちの理想や願望は、二つの対立する欲求のかたちで表現される。その二つの欲求は同時に満たすことが困難で、しかも別個に追求しても満足できない代物である。**所属**の欲求と**独立**の欲求がそれである。わたしたちは、社会関係のなかで、さまざまな立場におかれるが、その都度二つの欲求の実現のために何をなしうるかを自問している。所属の欲求は、わたしたちを他者との強くしっかりした結びつきに向かわせる。わたしたちは、他者との連帯やコミュニティについて述べたり考えたりするたびに、この欲求を表明する。独立の欲求は、わたしたちをプライヴァシーへと動かす。プライヴァシーとは、他者の圧力や要求から自由で、自分が「価値がある」と思うことだけをする状態を指す。二つの欲求は、ともに激しく抑えがたいものである。そして、一方の欲求が満たされるにつれて、もう一方の欲求が満たされていないことに人は次第に苦痛を感じる。プライヴァシーのないコミュニティは、所属というよりも抑圧みたいなものに感じられる。その一方で、コミユニティのないプライヴァシーは、「本来の自分である」というよりも独りぼっちであると感じられる。自分が自分であるのは、さまざまなレベルで他者とともにあるからである。わたしたちの歓喜、満足、希望、願望、不満、さらには、わたしたちを制約するものの総体が、それに付随している。かくして、自分自身のことを知るには、まず他者のことを知らなければならない。(6)

第5章訳注

(1) 本来は、K・ポパーの用語。ここでは、一定の状況における合理的な判断といった意味合いで使われている。
(2) 具体的には、弁護士や会計士の団体を指す。
(3) この確信がないときは「リスクが高く」、あるときは「リスクが低い」ことになる。
(4) リースマンは、数百年の間に、伝統指向型・内部指向型・他人指向型の順で、アメリカ人の社会的性格が変化してきたとの主張を展開した。
(5) 原語(identikit)を直訳すれば、「アイデンティキット」。「アイデンティキット」は、犯罪捜査用の「モンタージュ写真合成装置」の登録商標。著者たちは、この言葉を「アイデンティティ合成装置」の意味合いで比喩的に用いている。そこで本書では、「アイデンティティ・キット」という訳語をあてている。

（6）直訳は「自分自身と友達になるには、まず他者と友達にならなければならない」。「他者と友達になるには、まず自分自身と友達にならなければならない」というカウンセラー好みの格言に対する反語的表現であろう。

第6章　身体の諸相

前章では、エロティシズムとセックスが潜在的な緊張関係にあることについて触れた。それらと同じく、日常生活の基本的な構成要素にあたるのが、健康である。わたしたちは、日常的に、ダイエット、エクササイズ、休暇などに関する広告にさらされている。そのなかで、人々は「他者と一緒にいたい」と願いもすれば、「一人きりでいたい」と願いもする。自分の「体」に関心をもつこともあれば、健康のことなど気に留めずに好きなだけ飲んだり食べたりすることもある。一緒にいると落ち着く人々の側にいたいと思うこともあれば、うるさい連中のいない場所に出かけて骨休みをしたいとも思う。いずれにしても、ここには、既存の関係——厄介で、手に負えない、窮屈な、癪(しゃく)にさわる、居心地の悪い関係——を断絶(あるいは一時停止)したいという願望が表現されている。わたしたちは「他者と親密になりたい」願望と「一人ぼっちでいたい」願望の間で引き裂かれているが、わたしたちと自分の身体との関係もまた同じである。身体は日々の生活の基本的要素の一つであるが、本章では、その諸相を取り上げる。

安心を求めて

周囲の世界

他者との関係が、「快楽」と「苦痛」の二面性をもつことについては、すでに書いた。たいてい、それは複雑で矛盾に満ちており、調整の困難な正反対の行為を要求する。それゆえに、他者は、わたしたちに**安心**とともに**不安**をもたらす。これはけっして愉快な状況ではない。このような状況を回避するために、わたしたちが種々の戦略を練ったとしても不思議はない。目前の混乱は解決することも我慢することも難しいものであり、わたしたちはそれと縁を切って引きこもりたくなる。しかし、他者との関係を断ったのち、わたしたちはどこへ行くのか。いったいどこに安全な避難所(シェルター)を見いだしうるのか。

この問いに答える際に、自分の周囲の世界――自分が知っていて、「理解している」と思う場所や人々――を一連の同心円で思い描いてみよう。この認知地図において最も大きな円の周囲はぼやけている。そこは霧に包まれた遠く離れた場所である。この円には「未知の世界」も含まれているが、そこはだれも訪ねたことのない土地で、訪ねるにしても信頼できる案内人が必要である。会話表現集や地図も必要であり、保険にも入らなければならない。冒険にはリスクがともなうが、そのリスクに対処するためである。円は小さくなるにつれて、より安全で見慣れたものになる。いや、そう感じるというのが正確である。まず、自分の国がある。そこでは、通行人は、わたしたちと同じ言葉を話し、同じ規則に従い、同じ慣習をもつと想定される。かれらの会話（身振りを含む）にどう応じればよいかを、わたしたちは十分に心得ている。

より小さな円は、「近隣」と呼ばれる。そこで出会う人々は、顔見知りであり、たいてい名前も知っている。いや、名前だけでなく、習慣も知っている。見慣れないものには不確実性が付きまとうが、習慣を心得ることで不確実性が減る。そのことで各人がどう行動するかが分かる。そして最後に、小さいながらもきわめて重要な内集団（インナー・サークル）がある。わたしたちは、それを「家庭（ホーム）」と呼ぶ。理想的には、そこは、メンバー間の差異が（あったとしても）大して問題にならない場所である。何が起ころうとも、メンバーを信頼できることが分かっている。メンバーは、どんなことがあってもわたしたちの力になり、裏切ることはない。何を証明する必要もなく、「素顔」を見せる必要もなければ、何かを隠す必要もない。その意味で家庭は、安全で、温かく、安心できる場所と見なされる。戦うことも警戒することもなく、「自分がそこにいてよい」と確信のもてるのが家庭である。

ノスタルジー

もしそのような集団が存在するならば、あるいは存在し続けるとすれば、文句はない。

しかし実際には、さまざまな場所や空間が事前に明確な境界線で整然と区画されているといった状況はめったにない。もし集団間の境界線が確定しているとすれば、ホームレス、一家離散、新旧世代（それぞれ異なる文化的伝統や信念を代表している）の闘争は、けっして存在しないであろう。その場合、わたしたちは、（1）だれが集団のメンバーであるか、（2）自分に何が期待されているか、（3）いかなる秩序に自分がおかれているか、（4）個々の状況で何が合理的に予期できるか、（5）何が規則に反し、思い上がった行動であるかが判別できる。しかし、集団間の区別が不明確になったり、完全に無意味になったりしたらどうか。ある集団で通用していた規則が、突然、別の集団に適用されたとしたらどうか。あるいはまた、規則が急激に変化して判然としなくなり、それに頼ったり従ったりできなくなったとしたらどうか。この場合、人々は当惑し、動揺し、ついには反感や敵意を抱くであろう。元々平明であった世界に、アンビヴァレンスが忍び込み、不確実性とともに恐怖が襲ってくる。同時に、現下の状況に参画したり、それを理解したりすることがなくなり、反動的な態度が生じる。

かくして、多くの人々が過去と現在を対置してきた。過去へのノスタルジーは「かつては、自分の居場所があり、自分にかけられる期待もはっきりしていた」というかたちをとる。そこでは「すべてが確実である」という心地のよい状況が想定されているが、歴史的にはそのような状況が存在したかどうかは疑問である。しかし、それは、同時代的な状況に対する反動として、古き良き時代の「想像のコミュニティ」を流用することでいまも存続している。人々が互いに親しく、何の不安もないことを標榜していたコミュニティはもはやない。いまや、世界は猛烈なスピードで変化し続けており、そのなかで、人々は、忙しく動き回りながら他者と共同生活を送っている。これまでの知り合いは視界から消え、よく知らない人々が眼前に立ち現れる。かつては「ある人物がいかなる存在であるか」は、「どんな時代にどんな地域に住んでいるか」という見地から規定された。しかし、そのような〔安定的な〕資源は雲散霧消してしまった。人々を変化に衝き動かしているのは熱狂的な欲望であるが、その欲望は意味や目的を欠いている。規則が通用するには、正当性が求められる。しかし、規則が急速に前触れもなく変化するとき、そこには正当性はない。当然と見なされるものはほとんどなく、一度獲得したからといって所有権が保証されるわけではない。すなわち、所有権は、絶え間ない努力によって絶えず更新される必要がある。いかなる求職にも、いかなる面接にも、承認をめぐる闘争がついてまわるが、そのような闘争の過程の瞬間の連鎖として職歴（キャリア）がかたちづくられる。最も内側の、最も親密な集団においてさえも警戒が必要である。わたしたちの生活が、このような絶え間ない変化の過程にさらされるとき、何が起きるか。これまで人々に安心感をもたらしてきた家庭 home は、商品化を通じて家 house に姿を変える。一つの交換対象として他と何ら選ぶところのないものになる。

コンフルエント・ラヴ

もちろん、ここでの説明には多少の誇張がある。多くの人々が、目下、安心を手にしていないし、それを手に入れる術とてないが、安心を提供してくれるものは、まだまだあるとわたしたちは思い込んでいる。しかし、近代化の過程は、コミュニティ的な関係に影響を及ぼす。コミュニティ的な集団は、固く閉ざされているために、社会的・政治的・経済的な影響を免れると広く信じられているが、事実はそれとは異なる。最も親密な関係としての家族あるいは愛の関係を例にとろう。ギデンズは、両当事者が協力関係（パートナーシップ）を維持しようとする感情を記述するために「コンフルエント・ラヴ[1]」という用語を、そして、その基礎の上に築かれる協力関係を表現するために「純粋な関係」という用語を提示した。コンフルエント・ラヴは、単純に「ある瞬間、両当事者が相互に愛し合い、相手に引きつけられ、相手と一緒にいたいと願うこと」を指す。当事者にとって、協力関係は愉快で、満足でき、手に入れたいものである。にもかかわらず、この快適な状況が「死が二人を分かつまで[2]」続くかどうかは、保証の限りではない。一緒に歩んできた二人も、いつ何時別々の道を歩き始めるかもしれない。そうなれば、二人を結びつけていた基盤――それが「純粋な関係」である――が失われ、二人の協力関係は崩れる。コンフルエント・ラヴが成り立つには、二人が相互に愛し合うことが必要である。しかし二人が疎遠になり始めるのには、一方の愛情が薄れるだけで十分である。純粋な関係、つまりはコンフルエント・ラヴによって二人が結合し構築する関係は、もろく傷つきやすい。当事者のいずれもが、本当の意味で相手を信頼することはできない。相手は、明日になれば「もう一緒に暮らす気にならない」と宣言するかもしれない。かれらは「自由（スペース）」を欲し、その「自由」をほかの場所に求めるかもしれない。二人の協力関係は、他の基盤を欠くがゆえに、いつまでも「試用期間」が続く。つまりは際限もなく、相手の品定めが続けられるだけのことである。そこでは、両当事者は、相互の関係を自由に操作できる。かれらは相手との関係に永遠に縛られることもないし、将来を担保にとられることもない。とはいえ、この「自由」の対価は高く、絶え間ない不安を覚悟しなければならない。

家族の状況

このことは、家族――安定性や安全性の源泉と見なされる制度――の状況にも影響を及ぼさざるをえない。家族はパーソナルな関係とインパーソナルな関係の間にあり、個々のメンバーは死を免れないのに、家族そのものは永遠であるという特徴をもっている。遅かれ早かれ、メンバーは亡くなるが、家族や親族は個々のメンバーよりも寿命が長い。それらの集団は、家系を途絶えさせずに何とかつないできた。今日では、多くの家族が分解し、さまざまな文脈で再編成されたり、他の関係のなかに溶解したりしている。それゆえに、何も事前に決まっているわけではなく、家族を維持するのに多くの仕事を果たさなければならない。ジェイミーソン〔第5章参照〕は、この過程を**親密性の開示** disclosing intimacy と呼ぶ。そこでは、かつては暗黙の前提であったことを明示しなければならない。家族関係であっても、団結の絆を日常的に維持するためにそのような過程が必要になる。

ある意味では、わたしたちがホッとできる場所が段々と縮小していると言えるのかもしれない。大半の人々はそのような場所に入ることはないし、長くそこに身をおくことで信用や信頼を勝ち得ることもない。しかしまた同時に、日常生活において内集団――わたしたちがそう想定する集団――を維持するのには、多くの方策がある。そして、いかなる方策をとるかによって、両当事者には異なる結果がもたらされる。たとえば、クリスティーナ・ニッパート＝エング〔アメリカの社会学者〕は、家庭と職場の関係を「区別する」習俗と、それを「融合する」習俗を対比し、分析している。従来、有給の仕事は家庭とは別個の空間でなされると想定されていたが、ニュー・テクノロジーは人々が時間や空間をどう使うかについて可能性の幅を広げてきた。しかし、それによって、人々は新たな関係上の難題に直面せざるをえない。そもそも家庭内で仕事ができるようになるには、家庭内の時間や空間に区画を設けることが必要になるからである。もしパートナーがそれにともなう調整を含めて、家庭内で仕事をすることを承認しなければ、衝突の可能性が高まる。それゆえに、わたしたちはこの新発見の（と言われる）自由の受け入れについて、よくよく注意を払う必要がある。巷間、情報革命が、それを提供すると言われているが、世帯構造やそこでの性別分業は、クリスティーヌ・デルフィ〔フランスの社会学者〕とダイアナ・レオナルド〔イギリスの社会学者〕が結婚に関する共同研究で提示したように、きわめて変化しにくい性質をもっている。

　別の論点もある。たしかに、人々は自分の「居場所」をもつことを願っているが、それは何を意味しているのか。もしそれが手に入ったら、何が残るのか。すなわち、他者を「外」に出し、「神経に障る」連中や「無理難題を押しつける」連中からどうにか解放されるとすれば、「居場所」を求める人間には何が残るのか。そして、人々が「居場所」を求めることの根底には、何があるのか。本書を通じて、わたしたちは一つの視点を提示してきた。他者を通じて自分自身のことを知るということがそれである。自分自身を知るとは、いったい何か。そして「自分自身のことを知りたい」と言うとき、わたしたちは何を言おうとしているのか。その一つの解答は、わたしたちの身体的な自己embodied selves[3]にある。すなわち、「身体」としての自己に注目することに解答の糸口はあるかもしれない。

身体的な自己

身体の管理

ここで、いったん立ち止まり、これまでの議論を振り返ろう。本書の関心は、いかなる社会生活を送るかによって、自己の行動、自己や事物や他者に関する認識、それらの行動や認識の結果に、いかなる違いが生じるかということにあった。さて、わたしたちの身体は、わたしたちが遺伝的に受け継いできたものである。それは遺伝子によって作り上げられたものであって、「社会の産物」ではない。しかし、身体を不変のものととらえることは誤りである。わたしたちの周囲のあらゆるものがそうであるように、いかなる環境で生活するかによって、わたしたちの身体にも大きな違いが生じる。わたしたちの体格や体型、その他の身体的特徴の多くが自分の選択や意図ではなく、遺伝子によって——文化ではなく、自然によって——決定づけられているにしても、わたしたちには社会的圧力がかかっている。わたしたちは「適正」と見なされる状態に自分の身体をもっていくために、最善を尽くさなければならない。

この過程は、わたしたちがいかなる社会で生活しているか、自分の身体としっくりいっているかどうかに左右される。わたしたちは自分の身体の管理を一つの課業(タスク)ととらえる。

それは日々の配慮や注意を要する仕事である。身体の管理が自分の課業となると、望ましい体型の基準や、それに近づくためにしなければならない活動の基準が社会的に設けられる。そのような基準に従うことができないことは、「恥ずかしい」という思いをもたらし、そのような要求を満たすことができない人々は、日常的に「差別されている」という感情をもつ。たとえば、社会は、建造物の設計に見られるように、障がい者の権利を損なう態度をとりがちである。ちょっと奇異に聞こえるかもしれないが、わたしたちの身体は社会的な調整（コンディショニング）の対象である。したがって、社会学の入門書において身体を扱うことはまったく理に適っている。

フーコーは「自己のテクノロジー」に関心をもった。わたしたちの自分自身との、自分の身体との関係が、時代とともにいかに変化してきたかがかれの関心であった。もちろん、わたしたちが自分の身体をどう制御するか、自分自身をどう管理するかは、社会と無縁の問題ではない。身体のケアに関する限り、社会はとくに要求が多い。「外の世界」との接触が多大なリスクや不確実性をもたらすとき、身体は一連の防御陣地のなかで、最後の一線として立ち現れる。身体が避難所として信頼できるのはなぜか。それは、身体が自分で制御できる場所であり、そこでは不安や苦悩や焦燥を感じることがないからである。身体は「外部の世界」のなかで最も安定性と持続性をもつ構成要素であると言われる。身体は、何事が降りかかろうともそれを受け止め、何事もなかったかのように消し去る。身体は、生活のなかで最も不変的・永続的な構成要素であるように映る。万物は流転するのに、身体はいつも自分とともにある。投資や〔目標達成のための〕努力や支出はリスクをともなうが、そのツケを支払わされるのは自分の身体である。同様に、自分の不注意や無頓着のために痛い目に遭うのも、自分の身体である。結果として、多くのことが身体につながっている。時には、それはとんでもない重荷を背負わされる。

不安の源泉

それゆえに、身体に関心を集中することには、大きな利点がある。わたしたちはこの場所で現実的ならびに具体的な結果を確定し、その結果を観察したり評価したりする。この過程を後押しする健康用品には事欠かない。例をあげれば、血圧計や心臓モニター、大量のダイエット情報などがそれにあたる。身体は、運命に身を委ねる必要はさらさらない。身体は、それ自体欲望の対象となる。何もしないことは、何かをして、結果的に、思ったほどの効果が得られないことよりもよくない——惨めで、屈辱的——と感じられる。しかし、いったいどれほど身体に注意を払えば十分なのであろうか。そのような関心にわたしたちを追い立てるのは不安であるが、不安の源泉は尽きることがない。不安は、わたしたちの身体と外的な何か——わたしたちが生きている社会——との関係のなかで生じる。わたしたちは「避難所に駆け込みたい」という願望をつねに抱いており、その願望はいつまで経っても満たされない。

その結果、どんなことが起こりうるか。〔身体の状態の〕改善に努めたことが功を奏して満足感が得られたにしても一時的なもので、うつろいやすく、ついには自省や自責の念に取って代わられる。わたしたちは不安定かつ不確実な「外部の世界」によって種々傷つけられるが、身体はその傷を癒すどころか、新たな不安や恐怖の源泉となる。いったん身体が防御柵で囲われた砦と化すと、周囲の土地やそこにいたる道はことごとく不断の警戒の対象となる。わたしたちは絶えず用心していなければならない。敵の姿は見えなくても、いつ何時攻撃を受けるかもしれない。わたしたちは要塞を築くが、その要塞は壕や小塔や吊り上げ橋を備えており、四六時中厳重な監視下におかれる必要がある。侵入者が要塞のなかに「定住し」、身体の一部となろうとしても、かれらは――実際にはそうでなくとも――「内なる異邦人」にとどまる。たとえば、肥満はそのような過程を端的に示している。肥満は身体の一つの状態ではあるが、適切な状態とは見なされない。このタチの悪い油断のならない「悪玉」は、綿密に調べて探し出さなければならない。それを「器官(システム)」から取り外したり、「血流」から取り除いたりしなければならない。その「悪玉」を取り押さえたり、取り除いたり、追い出したり、締め出したりするために、各種のサーヴィスが不自由しないほど提供されている。もっとも、生活様式はなかなか反省や論議や変革の対象とならない。〔肥満にどう対処するかという〕課題全体が、社会問題の個人化や内面化に基づいている。たとえば、肥満児のためのサマーキャンプ〔といった個人的対処〕がその解答になるのであって、肥満状態にある人々全体のダイエットや生活様式や消費パターンは問題にならない。

身体の防御

わたしたちは安心や安全のための果てしのない戦いのなかにあるが、身体と「外部の世界」の境界面は守りの最前線にして最も弱い部分となりがちである。この国境検問所――身体の開口部、「体内」につながる通路――こそが、危険な場所である。わたしたちは自分たちが飲んだり、食べたり、吸ったりするものを監視したいと思う。身近な食品や空気が、身体に有害かもしれず、その被害は将来顕在化するかもしれない。それゆえに、ヘルスケア業界が誕生し、マーケティング手法が駆使されるのは驚くべきことではない。その手法は、身体をめぐる言説の中核をなすものである。たとえば、食品Aは「体によい」が、食品Bは「体に悪い」といったことが、そこでは説かれる。わたしたちは、最適のダイエットを選ばなければならない。寛容なダイエットもあれば、苛酷なダイエットもある。それ以外にもわたしたちの欲望を満たすべく、多くのダイエット法が提案されている。

しかし、身体の防御は口で言うほど簡単ではない。食品のなかには、かつては無害で、人体にとって有益と見なされていたが、いまでは副作用をもたらしたり、病気を引き起こしたりする（と見なされる）ものがある。このような発見は、たいてい事後的になされる——被害はすでに生じ、修復不能になっている——ために、人々はショックを受けざるをえない。それによって食の安全は大いに揺らぐ。専門家によって推奨されている食品が「有害食品」の宣告を受けると、だれが思うであろうか。いかなる食品にもその危険性があり、いかなる「健康食品」にも多少の懸念が付きまとう。かつては人々に愛好されたものの、いまは信用されていないダイエット法が数々あるが、その後釜として「改良された」ダイエットが次々と出てくる。アレルギー、食欲減退、食欲亢進は、身体と「外部の世界」の境界面で生じるものであるが、それらは現代に固有の疾患と評されている。ボードリヤールが喝破したように、アレルギー物質は身体のどこに付着するか分からず、ピンポイントで対処することは難しい。このことは、漠然とした不安が拡散した状況と呼応するが、それが身体の防御をめぐる今日的な関心の根底にあるものである。

快楽の追求

もし、健康管理——自分の身体が汚れたり、衰えたりしないように注意を払うこと——が、行為を導く唯一の動機であるならば、極度の節制（絶食にも近い）が合理的な戦略となるであろう。道楽を控えたり、生存の維持に必要なレベルを超えて食品を浪費することを拒んだりすることで、「国境」を越える往来が、最小限になる。多くの人々にとって、これはとりうる選択ではない。〔交通を遮断することで〕日常的に食料が確保できる見込みがないからである。しかし、食料が入手できる人々にとっても、この解決策は、ほとんど受け入れがたい。それは、身体から、主要な魅力——身体がその「所有者」にとってもつ魅力——を奪い取るからである。まさに、身体には不安だけでなく、快楽も宿る。ここでもまた、関連産業があり、わたしたちを興奮の追求へと駆り立てる。映画、メロドラマ、高級誌、CM、書籍、ショーウインドウなどは、そこで提示されるものを自分も経験してみたいという気にさせる。それによって、人々の快楽原則が刺激される。飲み食いは社交の機会でもあって、快感や興奮を呼び起こす。飲食の費用を切り詰めることは、社交の機会を減らすことであり、それによって他者との相互作用の機会もまた減る。ベストセラーの書籍一覧のなかに、瘦身法、ダイエット法に関する書籍に加えて、料理本——そこには、きわめて手の込んだ、異国風の、洗練された料理の調理法(レシピ)が載っている——が含まれていることは、しごく当然である。

ここでは〔健康管理と快楽追求という〕二つの相互に矛盾する動機がぶつかりあっているが、その衝突の様相は、民族、ジェンダー、人種、階級によって異なる。「人間が生物学的宿命を負う」という信念が支配を強め、実績を誇るなかで、これらの書籍はだれに向けられているのか。その目的は何か。身体はしばしば文化よりも自然に近いと考えられ、身体はありとあらゆる思考様式で、不信の源泉と見なされてきた。身体的な快楽の追求は、より高い権威に従う場合に〔罪として〕告白すべきものになる。[4] この過程で、わたしたちの人格の重要な一部が否定される。このような〔身体を文化の支配下におく〕思考様式の下では、生活のなかで現実的に期待するものについて、何を選択し、何を除外するかということがますます問題になる。食事を楽しんだり、それについてじっくり考えたりできることは、支払い能力があり、生き延びるために食料を探し求める必要がないことを意味する。同様に、身体に関わる技能者――スポーツジムのパーソナル・トレーナーや食生活アドバイザーなど――は年々増加しているが、そのような技能者のサーヴィスが受けられることも、生活に余裕があることを意味する。生活に余裕のない人々にとっては、「貧しい者は幸いである」と割り切ることが、[5] 解決策になるかもしれない。かれらは、あるがままの身体とともに生きていこうと覚悟を決めており、自分の身体に手を加えて時代の流行に合わせようとは思ってもみない。ここで、一つの疑問が生じる。いったい、健康とはいかなる状態を指すか。

健康とフィットネス

健康とは何か

自分の身体を守ったり鍛えたり運動のために何かをしているとき、「何を目指している二つの目的が異なっていて、時には、相互に食い違いを生じることである。厄介なのは、健康 healthy で、セクシー fit になることです」[6]。二つの目的は、ともに感心なものである。「もっと健康

のですか」と問われたら、わたしたちはこう答えるであろう。「もっと健康 healthy で、セクシー fit になることです」[6]。二つの目的は、ともに感心なものである。厄介なのは、二つの目的が異なっていて、時には、相互に食い違いを生じることである。健康の概念は、人間の身体が基準を満たすことを前提としている。基準から逸脱することは、異常・疾病・危険などの前兆となる。基準には上限と下限があり、上限を上回ることも下限を下回ることも、原則として危険で望ましくない。たとえば高血圧や低血圧がそれにあたる。両方が医学的介入を要するのであって、医者は、血液中の白血球が多すぎることを気にするだけでなく、少なすぎることにも警告を発する。

わたしたちは、基準を満たす限りにおいて健康である。健康の概念は、多少の変動は許容されるが、「定常状態」の維持を前提としている。わたしたちは、概して、何が標準状態であるかを知っており、一定の精度でそれを測ることができるために、何を「最終目標」として目指すべきかを知っている。健康に気を配ることは、時間を食うだけでなく、人々を苛立たせる。しばしば、それは、大きな不安を生むが、少なくとも、自分がどこまで行かなければならないか、そして労苦のさきに幸福な結末のあることをわたしたちは知っている。逆に「許容基準」に収まっているのは、自分の身体や身体機能の指標が、同じ年齢・性別の人々の平均との比較において「標準的」であると保証されることである。

フィットネスとは何か

フィットネス(7)の概念は、これとは別のものである。フィットネスには、下限はあるかもしれないが、上限はない。フィットネスは基準に固着するのではなく、それを超えようとすることである。健康は、身体を一定の標準的・機能的な状態に保つことである。働くために、口に糊するために、あちこち動き回るために、社会生活に関わるために、他者とコミュニケーションするために、社会が日々の生活のために提供してくれる各種の施設を使うために、わたしたちは健康な状態を保たなければならない。しかし、フィットネスに関して言えば、身体が、最低限、何をなすべきかが問題であるわけではない。身体が究極的に何をなしうるかがそこでの問題である。出発点は、現状において「なしうること」であるが、フィットネスの名においてそれ以上のものが達成しうるし、また達成しなければならない。したがって、身体のフィットネスへの関心はどこまで行っても限りがない。

フィットネスの理想は、身体を道具として、生活を、楽しく、愉快な、わくわくする、快適なものにすることであり、そのような経験を積むことである。フィットネスは、身体の能力を表しているが、それは世界が目下提供しているもの（さらには将来提供するかもしれないもの）を吸収する能力を指す。たるんだ、従順な、生気のない、つまりは冒険への活力や意欲を欠いた身体では、このような挑戦には耐えられない。そのような身体は、新たな経験を希求することがなく、生活はスリルに富んだものにならない。ことわざに「見欲望が欲望するのは、さらなる欲望である。セクシーな身体は、機敏で多才にして、新たな感覚に飢えている。新たな感覚を積極的に求めるとともに、新たな感覚が顔を出したときには、それを最大限味わおうとする。

フィットネスは重要な理想であって、それによって身体の全体的な質が評価される。身体は他者に対してメッセージを発するが、フィットネスの場合、実際に身体がセクシーであることよりも、他者の目にそう映ることが肝心である。他者の目に「セクシー」と映るには、細身で贅肉がなく機敏で「スポーティな」外見を備えていなければならない。それは、(1)あらゆる運動を行う準備ができていること、(2)生活のなかでは数々の重荷がのしかかるが、いかなる重荷も引き受けられることを示している。ここでもまた、消費財の供給者は、身体がそのような外見を装ったり「セクシーである」という印象を伝えたりするのを熱心に手助けする。わたしたちの周囲には、ジョギングスーツ、ジムスーツ、トラックスーツ、トレーニングシューズなどが各種揃っていて、その種類は日々増すばかりである。それらの商品は、身体が運動を愛好し、多彩な能力をもつことを立証してくれる。身体の所有者に残されているのは、適当なショップを探し、適切な商品を買うことだけである。

自分が「セクシーである」と周囲にアピールする方法は多いが、なかには複雑で回りくどいものもある。身体の所有者自身が努力しなければならない場合もあり、ウエイトトレーニング、ジョギング、スポーツなどは、その中核をしめている。この場合も、商品の供給者は、熱心に好意を示そうとする。おびただしい量の独習・自習用の案内書があり、それぞれが特有の運動法を教授してくれる。各種の缶入りの、粉末状の、調理済みの食品があり、ウエイト・リフティングの選手や毎日体重計に乗る人々専用の食品がある。それらの食品は、人々が孤軍奮闘で減量に取り組むのを手助けしてくれる。他の場合と同じく、ここでも減量の実行よりも健康食品の購入のほうが重視されがちである。

感覚の表現

ここには、新しい感覚の追求がある。すべての感覚――とくに官能的な喜びに顕著であるが――に付随する問題は、それが「内面」からしか知りえないことである。感覚は、主観的に経験されるものであって、目に見えないし、他者がそれと分かるように、的確に表現することも難しい。感情の兆候が目に見える場合はある。悲しげな表情、目に涙を浮かべること、嘆きのため息をつくこと、膨れっ面で何も言わないこと、幸せそうににこにこしていること、大笑いすること、陽気に振る舞うこと、にわかに雄弁に話し出すことなどは、いずれもその兆候にあたる。わたしたちは同様の経験を想起することで、そこにいかなる感情が表現されているかを推測できる。しかし、他者の経験そのものを共有することはできない。親友たちは、相互に経験することを共有したいと願う。しかし、かれらは、しばしばもどかしげに落胆した感じで互いにこう尋ねる。「本当にわたしの気持ちが分かっているの」。二つの別個の人格が「同一」あるいは「同様」の感情をもつと判断することなどできない、とかれらが思うのも無理はない。

ここでは、身体感覚は主観的に経験されるものであって、同一の感覚を経験するという意味で、他者がそれを体感できるわけではないことを縷々述べてきたが、そのような感覚は歴史的・文化的に多様である。ロム・ハレ〔イギリスの心理学者〕とグラント・ジレット〔ニュージーランドの生命倫理学者〕の共同研究（『散漫なる精神』）は、十七世紀の英語の分析を通じて、その当時、身体感覚が感覚の概念一般において必ずしも大きな役割を演じていなかったことを明らかにしている。ルートヴィヒ・ウィトゲンシュタイン〔オーストリア生まれのイギリスの哲学者〕は、わたしたちには皆、近づき得ない経験があり、それが内的な世界をかたちづくっているという通念に異議を唱えたが、かれによれば、わたしたちが感情や感覚を表現する手段は、言語である。感覚は、身体的な刺激の結果にとどまらず、判断の表現でもある。その判断は、言語を媒介として「自分がいかなる状態にあるか」をめぐってなされる。その限りでは、わたしたちはどう感覚を表現するかを学ばなければならない。それらが何を意味するかは、他者にも理解できる。表現の方法が地域や文化ごとに定まっているからである。かくして、感覚の表現さえもが社会的な行為である。

それは、所与の文化において、いかなる言語や行為が利用できるかによってその姿を変える。このように感覚の表現が〔文化的に〕多様であるとすれば、わたしたちは「フィットネス」の概念を理解するにあたっても、文化に対して敏感でなければならない。

健康の指標と異なり、フィットネスの指標は、その限度が定めがたいということを、わたしたちは論じてきた。このような特性上、フィットネスの場合、個人間で比較できるかどうかが問題になる。わたしたちは、多くの方法で自らのフィットネスを測定しようとする。たとえば激しい運動中に、心拍がどう変化するかをチェックするといったことがそれにあたる。他者との比較は、ランニング・レースやボディビルの競技会では行われるかもしれないが、自分自身においてつねに改善の余地があるのが、フィットネスである。フィットネスの場合、健康とは異なって「どこまでするのか」が問題になる。あれこれの経験から、他の人々がしているのに自分はしていないことを最大限引き出しているかどうかが問題なのである。大きな目標の追求において、これらの問題に解決がつくことはないが、わたしたちはその解答の探求を諦めるわけにはいかない。わたしたちが身体にこだわるとき、それは健康もしくはフィットネス・トレーニングへの関心のかたちをとるが、いずれにしても、その結果は似たようなものである。なぜ、自分の注意や努力を身体に向けるかと言えば、何か確実なもの、安全なものを切望するからである。それは「外部の世界」には明らかにないものであるが、健康やフィットネスの探求によって得られるものも不安でしかない。

身体と欲望

身体は語る

身体は、欲望が発現する場所であり、欲望が使用する道具であるが、同時に、欲望の対象でもある。身体は、自分の身体にはとどまらない。他者は、わたしたちの身体を通して、わたしたちがいかなる存在であるかを理解する。モーリス・メルロー＝ポンティ（フランスの哲学者）はこう説く。「身体は、わたしたちの思考や意図を表現するものになる。身体は、何かを指し示し、何かを語る」。身体は、わたしたちの自己が常時表示される場所であり、他者は、外見を通してわたしたちの思考や意図を判断しがちである。身体は、わたしたちが「内的生活」と解するものの包装紙にすぎないが、他者を魅惑するのは、この包装紙の魅力・美点・品位などである。わたしたちは、自分の身体をどう管理するかを（一般的な規則に従って）学習するが、自分が他者にどう理解されるかもまた一般的な期待に制約されている。自分の容姿が他者の期待に反する場合、非難や反発を受けることを覚悟しなければならない。わたしたちにどれだけ技能があろうと能力があろうと、（それらの技能や能力によって）どれだけ社会に貢献できようとも、それとは関係がない。こうして、体型、服装、メーキャップ、身のこなしなどは、他者へのメッセージとなる。

わたしたちが他者と関わることを容易と感じるか否か、他者がわたしたちに進んで関わるか否かは多くの要因によるが、身体の発するメッセージはその要因の一つである。もし、わたしたちが、(1)他者に付き合ってもらえないならば、(2)社会的に「パッとしない」ならば、(3)自分が「交際したい」と思っても、相手に「交際したい」と思ってもらえないならば、(4)永続的に「関与したい」と願っても、願いが叶わないならば、自分の身体が発するメッセージに何か問題があるのかもしれない。いや、身体の所有者・指南役・後見人としてのわたしたち自身に何か問題があるというほうが適切であろう。誤ったメッセージが表示されているのか。それとも、正しいメッセージが十分に目立たず、はっきりと分かるものになっていないのか。社会環境のなかで「他者がさまざまなかたちで表示する」ヒントを読み損ねることもある。食事中のマナーや身ぶり全般にもさまざまな他者の期待が込められている。

エリザベス

議論が一回りして、元に戻ってきたようである。わたしたちにとって、他者との関係は、厄介なまでに複雑にして不安定であるが、他者との関係をより円滑にするために、わたしたちは自分の身体を活用する。しかし、いまや、その身体そのものが悩みの種となる。身体が、自己表現の場と化すとき、わたしたちは振り出しに戻ってこう問わざるをえない。「別のメッセージを発したほうがよいのではないか」「別の方法のほうがメッセージを明瞭に伝えられるのではないか」。メッセージこそが重要であり、自分が「正当」と思えば、メッセージの発信を止める手立てはないとわたしたちは思う。利用可能なメッセージには不足はなく、事前に用意されたものが種々販売されている。実際、消費者本位の社会においては、自己組織・自己提示用の多くの「素材」が提供されている。

映画『エリザベス』(8)は、エリザベス一世の治世の初期に焦点をあてている。エリザベスは、英国史上最も偉大な君主であったかもしれない。しかし、王位継承後エリザベスが直面したのは、女である自分が偉大な父王ヘンリー八世の正当な後継者であることに、廷臣その他の高位にある実力者たちの納得が簡単に得られないという事態であった。エリザベスは、国を治めるのにふさわしい技能と英知を自分が備えていることを有力者たちの前で示そうとする。廷臣たちは、かの女を国王として扱おうとしない。かれらの目には、エリザベスは「未来の花嫁」にすぎず、かの女がまともな夫を得た暁には、その夫こそが正真正銘の英国国王になるべき存在であった。興味深いことに、エリザベスは最初、若い女性に期待される服装をしている。つまりは「理想の男性」を魅了したいという願望がそこには込められている。しかし、映画のなかで、エリザベスは驚くべき再生をとげる。女王の姿に変身したエリザベスが、宮殿の大広間に入ってくると、すべての廷臣や貴族は跪(ひざまず)いて深々と頭をたれる。そうすることで、かれらは、エリザベスが君主であることを認めたのである。いまや、エリザベスが女王であることに疑問の余地はなく、かの女が英国を統治することに異論の余地はなくなった。いったい、それはどのようにして実現したのか。

エリザベスは外見を変えた。長い髪を短く切り、〔蜜蠟を塗った上に白粉をたたく手法で〕若々しい顔を白塗りメイクで覆い隠した。メイクは厚く感情を覆い隠すものであった。かの女は落ち着いた威厳のある衣装を身にまとい、笑顔を見せないようにする。観客にとって、エリザベスが変わったのかどうかは判然としないが、かの女の「生活計画 life project」そのものは一貫している。「自らの信念に従い、能力の限りを尽くして、英国を統治していこう」という強い意思がそれである。唯一確実に変化したのは、かの女の外見が発するメッセージである。エリザベスは周囲に誤ったメッセージを発し続けてきたが、外見を通して正しいメッセージを伝えることで、〔女王として認められるという〕目標に一歩近づいたかのようである。

身体の操作

このような物語は、多くの権威ある人々によって繰り返し提示されている。かれらは、題材の選択は別として、同じことを主張している。すなわち、成否を分けるのは、いかなるメッセージが発せられるかということである。身体は、最も重要な一目で分かるメッセージである。人々に自己の何であるかを示し、かれらの凝視や吟味にさらされるのが、身体である。そうである以上、身体は、社会生活の浮沈に多大な影響を及ぼしがちである。自分の身体の諸相がどう見られ、いかなる意味をもつかが、わたしたちが自分自身をどうとらえるか、他者がわたしたちをどうとらえるかに影響を及ぼす。身体は、欲望の対象として、精神的な「内なる自己」の——「外なる世界」を操作するための——道具であるにとどまらない。身体は、わたしたちの自己がどう構成されるかの要素でもある。わたしたちの自己は、自己の行為に対する他者の反応、さらには、その反応の予期を通して構成されるが、身体もまた、そのような自他の相互作用の過程におかれている。

この過程では、自分の身体のいかなる側面にも注意を怠ってはならない。身体は、いわば自分の裁量に任される。わたしたちは、自分の身体のあらゆる部位や機能に責任を負う。そのすべて(あるいは、ほとんどすべて)に改善の余地がある。このことが真実であるか否かは定かではない。とりわけ老化の過程を考えれば、それには疑問がわく。しかし老化でさえも、特別な介入によって、その様相が変わりうるし、老化自体が遅れることもあると考えられる。それゆえに、身体にいつでも人々の強い関心が注がれる限り、その所有者は「身体はいつでも操作可能である」という信念から離れられない。重要なのは、自分の身体とりわけ容姿に何か理想に届かないところがあっても、そのような状態を改善する能力が自分にあるということである。かくして、わたしたちの身体は、愛や誇りの対象であることと苦悩や恥の源泉であることとの間を行ったり来たりする。わたしたちは、忠実に任務を果たしたことについて、自分の身体を褒めることもあれば、自分の期待に背いたことについて、それを罰することもある。

セクシュアリティとジェンダー

セクシュアリティの構築

今日の思潮において、とくに強く人々の注意や関心を集める身体の一側面がある。それは、**性別** sex である。わたしたちの「性別」は、身体に関する他の事象と同様に、出生時に決定されているわけではない。わたしたちが生きているのは、ギデンズの表現を借りれば「可塑的なセクシュアリティ plastic sexuality」「男になる」「女になる」といったことが問題になる時代である。今日では、そのような技法を身に付け、使い、つねに「性別」を作り上げることが求められる。この「性別」は、わたしたちの生活を隅々まで縛りながらも、自明のものではない。「男」ならこうで「女」ならこうである、という明確な行動パターンが最初から提示されているわけではない。性的アイデンティティに関する限り、身体は——遺伝による生物学的特徴が何であれ——可能性の集合として現れる。性的アイデンティティには複数の選択肢（オプション）があり、自由に試してみることができる。それによって、ある選択肢が取り除かれ、別の選択肢に取り替えられることもありうる。「性別」は、一生を通じて不変であるように映るが、運命的な決定ではない。セクシュアリティは身体の他の側面と同じく一つの課題である。わたしたちは、それをどう構築するかという課題に常時直面している。セクシュアリティは、複雑な現象であり、性的関係や性的行為を含むだけでなく、言語、会話、服装、〔生活の〕流儀とも関連している。言い換えれば、セクシュアリティは、所与のものではなく、人為的に維持されるものである。

セクシュアリティの「本質」を問題にすることは、けっして生産的ではない。ジェフリー・ウィークス〔イギリスの社会学者〕は、セクシュアリティに対する本質主義的なアプローチを「いわゆる内なる真実や本質に言及することで複雑な現実の諸相」を説明しようとする立場と〔批判的に〕規定した。しかし、セクシュアリティが純粋に「自然な」事象ではなく、文化現象でもあることは、いまに始まったことではない。人間は、元々男性器か女性器かをもって生まれ〔第一次性徴〕、その後二次的な身体的性差を育んできた〔第二次性徴〕。さらにまた、いつの時代でも、「男」であること／「女」であることの意味は、文化的にパターン化された習慣や慣習によって規定されていた。人々は、教育を通じてそれらの文化を習得してきた。にもかかわらず、「男らしさ」／「女らしさ」が、人為的にして非自然的な区分にすぎず、その区分に変更の可能性があるという事実は、人類史の大半の期間を通じて抑圧されてきた。

この歴史的展開のなかで、文化は自然の仮面をかぶり、文化的な創造物は「自然法」と同レベルのものと見なされた。〔神によって〕男性は男性、女性は女性と定められ、それ以上言うべきことはなかった。人間の意思や技能がなしうることは何もなく、自分の「本性」に従って生きることだけが許されていた。自然が決めたものを人間 men（とりわけ女性 women）が勝手に変えてよいものであろうか。自然の名において語られることが、争いの的になることはめったになかった。ただし、歴史的に黙殺されることも多いが、例外はある。たとえば、一六九四年に、メアリー・アステルは、『ご婦人方（レディース）への真剣な提言』を著した。かの女は、そこで、性別は、（1）「自然」という吟味されていない概念に基づくものではなく、（2）社会のなかで男性が女性を支配する権力に基づくものであると主張した。

男女の社会的不平等

人類史の大半を通じて、人間の身体の遺伝的な差異は、権力の社会的ヒエラルキーを維持したり再生産したりするための資材として使用された。たとえば「人種」がそうであって、肌の色の違いによって人間の優劣が規定され、社会的不平等が説明されたり、正当化されたりしてきた。同じことは性差についてもあてはまる。すなわち男女の生物学的性別によって、男女の社会的不平等の基礎がかたちづくられてきた。**ジェンダー**は、文化的な範疇である。それは、二つの性的範疇のメンバーが、男らしい行動／女らしい行動というかたちで、従わなければならない規範の総体を意味している。ジェンダーは、各々の範疇にふさわしい／ふさわしくない社会的行為を規定することで男女を区分する。

このような歴史的基盤の上で、女性が社会生活の領域から排除され、その領域を男性が独占したり、女性が、政治やビジネスの領域に参入する進路に、障害物がおかれていたりもする。同時に、社会の存続にとって基礎的な活動――たとえば出産・家事・育児など――は、もっぱら女性の領分として社会の片隅におかれ、一段低く見られる。これは、男女が別個の機能を果たすという意味での社会的分業にはとどまらない。それは、一個の権力関係であって、男性優位の傾向をもっている。[9] シルヴィア・ゲラルディ〔イタリアの社会学者〕が指摘するように、組織のなかで第二の性のメンバーが押しつけられる従属的地位は、身体の管理をめぐる儀礼によって補強されている。たとえば、男性社長が執務室を出て会議に向かうとき、女性秘書が一歩下がって従うという光景にはそれが見て取れる。

フェミニズムは、身体的性別に基づく社会的不平等の解消に取り組んできた。長年の運動は多くの成果をもたらしてきたが、法律だけでは平等は実現しえない。法律がなしうることは、これまで「問題がない」とされてきた事柄について、交渉の扉を開くということにすぎない。〔今日の先進社会では〕女性が、性別を理由に、将来の願望や指導的地位に就く権利を制限されることはない。しかし、それらの願望や権利が最終的に実現するかどうかは、しばしば個人の創意や根気にかかっている。どういう結果を招くかは、まさに当事者次第である。

性に対する態度の変化が個々の精神や感情にいかなる影響を及ぼすかは、必ずしも定かではない。これについて専門家のなかにも懸念を示す向きがあるが、フォルクマール・ジグシュ〔ドイツの性科学者〕はこう説く。

不安、嫌悪、恥辱、罪責の感情は〔各人の心中に〕暗い影を落としたが、その影が大きくなるにつれて、多くの女性は――しばしば男性までもが――一筋の光も見いだせなくなった。親密、歓喜、情愛、安堵の感情は、反感、憤怒、嫉妬、敵意、復讐、恐怖、戦慄の感情が心を覆うなかで、窒息を運命づけられているかのようであった。

このような状態が優位をしめるとき、「身体の性的可能性の実現」は、より困難な課題となり、性や性に関わる人間関係全体が大きな安心や満足をもたらす可能性をもつどころか、もう一つの恐怖や不安の源泉となる。

まとめ

わたしたちは、本章で、（1）自分の身体をケアすること、（2）身体が欲望の対象であり、身体を通して自己を他者に表示することを問題にしてきた。それらは、わたしたちに安心をもたらすと同時に不安をもたらす。それは、本書でこれまで繰り返し問題にしてきた状況と対応している。つまりは、ここにもまた安心と不安をめぐるアンビヴァレントな状況がある。身体には、意味が与えられている。意味は、文化のなかで生み出されるが、文化は、自然のカテゴリーと区別されるだけでなく、自然と作用し合って、わたしたちが何であるか、何であったか、何になりうるか〔という意味のシステム〕を作り上げる。そこでは、世界を明確に規定しようとする力が働いていて、わたしたちに安心をもたらす。しかしまた、規範に訴えて世界を平準化・均質化しようとする力に対して、それに抵抗する力も働く。それこそが差異である。結果として、そのような差異は——差異として理解されるというよりも——逸脱行為ないしは支配的な生活様式への挑戦と解釈される。支配的な生活様式のなかで、身体はコミュニケーションの一つの形式として考えられ、実際にそのような機能を果たしている。支配的な生活様式への挑戦がなされるとき、性的関係は厳しい交渉の舞台となり、結果はしばしば予測不能のものになる。「差異を認めよ」との要求こそが、この交渉全体を取り巻いている。

第6章訳注

（1）「融け合う愛」とも訳せるが、一般的な訳語に従う。

（2）「死が二人を分かつまで〔ともに愛し合う〕」は、結婚式の誓いの言葉。

（3）embodied self は「身体化された自己」であり、同時に「具体化された自己」でもある。

（4）キリスト教的な文脈における記述である。フーコーの『性の歴史』など参照。

（5）原文の直訳は「世の嘲りを受けるものを祝福すること」であるが、『ルカによる福音書』のなかの有名な聖句を借りて意訳した。

（6）「フィットな」という表現は、それ自体、日本語として成立していないので、それに近い「セクシーな」を訳語にあてる。

（7）fitness は、身体的運動を通じて、健康や体力の維持・向上を図ることに関わる概念で、その運動ならびにそれによって確保される快適な（fit）状態を、fitness と言う。定訳がないため、本書では「フィットネス」と表記する。

（8）一九九八年のイギリス映画。ケイト・ブランシェット主演。

（9）「第二の性」は、フランスの哲学者シモーヌ・ド・ボーヴォワールの著作『第二の性』に由来する言葉。

第7章　秩序と混乱

「時間と空間は縮みつつある」。一見して、これは、風変わりな命題である。はたして「時間と空間が縮む」ということが本当にありうるのか。社会学的に、出来事は、特定の時間と特定の空間に発生するものと解釈される。空間は、物理的な性格と同時に象徴的な性格（相互作用の「場」としての空間のなかで物理的な空間がどう解釈され、関係や事物にいかなる意味が付与されるか）をもつが、わたしたちは、所定の空間において、さまざまな思想・態度・行為などがいかなる歴史的変遷を経てきたかをたどることで、それらを比較することができる。しかし、情報技術はわたしたちのコミュニケーションをスピードアップしている。そしてまたマス・メディアは、地球上の全域に情報を発信している。それらは、人々の空間や場所の感覚に多大な影響を及ぼしつつある。その意味では、時間と空間は縮みつつある。ポール・ヴィリリオ〔フランスの思想家〕が指摘するように、いまでは、いかなる（経時的な）時間の、いかなる（地理的な）空間に、わたしたちが身をおいているかではなく、いかなる「時空連続体 space-time」[1]にわたしたちが身をおいているかが問題である。このような変化がますますスピードをあげて進行しているのが今日である。

時間と空間

輸送とコミュニケーション

一見すると、時間と空間は「外部の世界」において相互に独立している。しかし、行為の計画や遂行において、それらがはっきりと独立しているわけではない。わたしたちは、距離を測定するのに、それを通過するのに要する時間を用いるし、目的地の遠近を測定するのに、そこに到達するのに要する時間を用いる。結果として、その距離や遠近は、どれほどのスピードでわたしたちが移動できるかにかかっている。そしてまた、そのスピードは、いかなる移動手段を日常的に利用できるかにかかっている。そのような移動手段の利用に費用を要するのであれば、どれほどのスピードで移動できるかは、当人の支払い能力次第ということにもなる。

人馬の足が唯一の移動手段であった時代には（そう昔の話でもない）、「ここから隣の村までどれくらいか」という質問に対する返答は、「いま発(た)てば、昼ごろには着く」とか「日暮れまでには着かないから、宿屋で一晩明かしたほうがよい」といったものであった。やがて、エンジンが人馬の足に取って代わると、さきの質問への返答はそう簡単なものではなくなった。いまや距離は、**輸送**の問題になった。人馬の時代とは異なって、列車、バス、自家用車、航空機などを利用する資力があるかという問題となった。

上記の輸送手段とは、ある場所から別の場所に人間や事物を運んだり、移したりする手段のことである。他方、コミュニケーションの手段は、情報の伝達や流通に関わるものであり、情報技術やマス・メディアはこれにあたる。人類史の大半を通じて、輸送とコミュニケーションはほとんど同義であった。かつては、情報は、人間によって運搬されていたのであり、旅人、使者、遍歴商人や職人、施しや日雇い仕事を求めて村々を経めぐる人々などがそのような役割を演じた。この原則には例外もあって、アメリカ先住民は狼煙（のろし）を、アフリカ原住民はドラムをそれぞれ連絡に使っていた。人的運搬以外の方法で情報を伝達できることは、その方法が稀少性をもつ限り、それを利用できる人々に圧倒的な優位性をもたらした。マイヤー・アムシェル・ロートシルト〔ドイツの銀行家。英語読みはロスチャイルド〕がナポレオンのワーテルローでの敗北をいち早く知り、この極秘情報をもとにロンドン株式取引所で大儲けをしたのは、伝書バトを先駆的に利用したことによる。実際、今日でも「インサイダー取引」に、株式市場で一儲けしたい人々が手を染めることがある。これは違法な行為ではあるが、情報の優位性に基づく行為にあたる。

パノプティコン

かつて、技術の目覚ましい発展によって、輸送に関する要求が次々に満たされた時代がある。その時代には、蒸気機関・電気機関・内燃機関、鉄道のネットワーク、客船、自動車などが発明された。しかし、これらの発明の傍らで、新たな「ソフトウェアの時代」が生まれつつあった。電信やラジオの発明がそれである。個人ないしは何らかの物体の移動をともなわずに、情報だけを遠く離れた場所に伝達できる手段が出現した。SF作品のなかでもなければ、人間や物財をある場所から別の場所に移すのに時間を要しないということはない。移送するものが多く、その距離が長いほど、作業は面倒で費用を要するものとなった。それゆえに「ハードウェアの時代」には場所が重要で、それが空間に価値を付与していた。「所定の場所」にいることは、相対的に費用がかからず、面倒も少なかった。工場主たちは、製品を作るのに、あらゆる部品を一つ屋根の下で生産するとともに、同じ工場の敷地内にすべての機械と人員を集約したいと願った。これによって、輸送は必要最小限に抑えられ、規模の経済によって費用が削減された。

労働者は規律の遵守を要求されたが、それは時間と空間の管理に基づいていた。管理者と労働者の距離が近ければ近いほど、労働者の活動は日々徹底的に管理された。ジェレミー・ベンサムは、十九世紀初頭のイギリスにおいて、非常に影響力のある法学者・哲学者であった。その当時、人口増加が経済学者たちの関心を集めており、貧困・食料・生産性などをめぐって種々の懸念が表明されていたが[2]、それに対して、ベンサムはまったく独自の方策を提案した。ベンサムの提案の一つは、巨大な円形の施設を建造し、収容者を一日二十四時間監視下におくというものであった。〔収容者の側からは監視者が見えないために〕収容者は、自分が監視されているのかどうか分からないというのが、この施設の特徴であった[3]。この「パノプティコン〔一望監視施設〕」は、社会の各所において近代的な権力行使の理想的なパターンとして機能した。パノプティコンの下で、恒常的な監視下にある人々は、どう行動するか。かれらは、監視者に対して、従順で、反乱はもちろん反抗さえも控えるのではないかと想定された。すべての逸脱行為は非常に高くつくので、収容者が本気でそんなことを検討するはずはないというのが、その理由であった。結果として、歴史を通じて〔権力行使をめぐる〕一つの大きな動きがあった。フーコーの用語をもってすれば、他者のまなざしにさらされていた段階から、そのまなざしを被監視者が内面化する段階への移行がそれである。言い換えれば、被監視者は、他者の規律を自己の規律として遵守するようになった。

コミュニティの変容

しかし、時代は大きく変化した。情報が物体と離れて自由に移動できるようになった。これまで、コミュニケーションのスピードは、媒体としての人間や物体に制約されていたが、その制約がなくなった。いまやコミュニケーションは、事実上、瞬間的なものとなり、距離は意味を失う。地球上のいかなる場所にでも即時に情報が届くからである。情報の入手や伝播は、かつては地理的な遠近によって支配されていたが、いまではもうそうではない。地理的な距離によって会話の相手も制約を受けてきたが、インターネット上の集団にとって地理的な遠近は問題にならない。ニューヨークのマンハッタンで暮らしている人物にとって、メルボルンやコルカタのだれかと連絡をとることと、ブロンクス〔マンハッタンに隣接する区〕のだれかと連絡をとることは、時間的に同等である。

もし、あなたがこの「電子メディア時代」の生まれであるならば[4]、このことは自明で取るに足らないことと映るかもしれない。それは、日が昇ったり沈んだりするのと同等の生活の一部となっている。おそらく、あなたはこの数十年の**空間の価値喪失**がどれほど大きな出来事であるかに気づくことはないであろう。であるがゆえに、しばし立ち止まって考えてみよう。電子メディアを媒介とするコミュニケーションが、人間や物財の移動を媒介とするコミュニケーションに取って代わり、情報伝達の迅速性や緊急性が距離の遠近に左右されなくなるとき、人間の生存条件はどう変わるのか。そのことを社会学的に問い返すことは大いに意味がある。たとえば「コミュニティ」の概念はどう変わるであろうか。さきに示唆したように、コミュニティの理念は、総じて「互いに知己である」という理念に基づくが〔第3章〕、そのような関係は、物理的に近接した人々の間に生じる。コミュニティはローカルな産物であるが、それはコミュニティが一定の空間的な制約をもつことによる。コミュニティには外部との境界線があるが、その境界線は人間の移動能力によって設けられる。それゆえに、コミュニティの「内部」と「外部」の差異は、「いまここ」と「遠く離れたそこ」の差異である。

コミュニティの根幹はコミュニケーションの網の目であり、そのコミュニケーションは一定の社会的ネットワークのメンバーの間で行われたが、それは、領域的な制約をもっていた。つまりは、人々の日常的なコミュニケーションがどこまで広がるかによって、コミュニティの境界線は引かれた。遠く離れた場所にいる人々とのコミュニケーションは、危険で、費用がかかり、それゆえに相対的に稀有な出来事であった。その意味で「ここ」は——「ここ」で生み出され、語り合われる理念とともに——「そこ」よりも優越していた。コミュニティをめぐる状況は大いに変化した。これまで、コミュニティの条件は、身体が近接していること、コミュニケーションが頻繁であることであったが、地球上に点在する人々が、相互作用を通じてコミュニティを形成する場合、そのような流儀が相変わらず守られているわけではない。それは領域的なコミュニティではない。そのメンバーはめったに顔を合わすことはないし、互いのこともほとんど知らない。つまりは、相手を「一つの場を共有し、特定のネットワークに参画する存在」とはっきりと認識しているわけではない。

このようなコミュニティは、コミュニケーション活動によって呼び起こされ、人々を一つに結びつけるのもまたコミュニケーション活動である。しかし、わたしたちはかれらから世界の情勢を知るわけではない。地球上に点在し、電子メディアを媒介としてコミュニケーションする人々は、ゴッフマンのいう「共存 co-presence」の関係にある他者であって、かれらから「知覚による知識」は得られても「記述による知識」は得られない。[5] わたしたちは、〔ウェブ配信の記事も含めて〕日常的に新聞を読んだり、テレビを見たり、ラジオを聴いたりする。それによって、わたしたちは、多くの知識を得るが、「その記事がどこで書かれているか」「その番組がどこで作られているか」について、はっきりと知っているわけではない。電子メディアの場合、音声や画像が電子的に配信されるおかげで、わたしたちは、どこに身をおいていても世界の情勢を知ることができる。知識の「埋め込み embedding」「引き剝がし disembedding」[6] の過程は、コミュニケーションが必ずしも相互的な過程ではないことを意味している。テレビ出演者たちは、液晶画面上に自分の姿をさらし、わたしたちに語りかける。しかし、かれらは、視聴者の大きな集合のなかに「わたしたち」の一人一人が含まれることを知るよしもない。

かくしてベンサム流のパノプティコンのモデルにおいて、主客が顚倒してしまったかのようである。いまや〔少数が多数をではなく〕多数が少数を監視している。有名人(セレブリティ)は人目にさらされ、その有名度は、書籍・雑誌の販売数、映画の観客動員数、ＣＤの販売数〔や楽曲のダウンロード数〕などによって測られる。有名人は「指導者」ではなく成功例であって、人々を引っ張るのではなく公衆の面前にさらされている。有名人のイメージがどう伝達され、受容されるかを考えると、人々は特定の場所に身をおいているものの、かれらの経験を方向づける情報は、**脱領域的** extraterritorial である。情報は、ローカルな人々の絆から解き放たれつつあるという意味で、**グローバル化**しつつある。情報は、場所・国家・大陸の間を自由に動く。これまでの境界線は疑われ、踏み越えられつつある。その越境のスピードは「制御したほうがよい」と言われるほどのものであるが、いったい電子信号と競争するとして、だれがそれに勝てるであろうか。情報のグローバル化は、わたしたちの生活様式だけでなく、権力の存在形態や分配構造にも影響を及ぼしつつある。これらの問題を無視することはできないにしても、そこで提起された問題に応答することは容易ではない。しかし、何もしなくてよいわけではない。わたしたちが「情報時代のもたらすもの」を理解し、それに反応しうる以上、何もせずに受け身のままでよいわけではない。

リスク社会

リスクとは何か

社会の変化によって、今日、さまざまな問題が生じているが、ベックは、わたしたちが目下「**リスク社会**」に生きているという主張を展開した。**リスク**とは、危険あるいは脅威のことで、それと結びつけて、わたしたちは何かをしたり何かをするのを控えたりする。「リスクをとる」という表現がしばしば使われる。そう言うとき、人々は、自らを望ましくない状況にさらすことを述べている。リスク社会では、問題は各人が孤立した状態で何かを行うことから生じるのではなく、全員が孤立しているがゆえに行為が分散し、まとまりを欠くという事実から生じる。この場合、行為の結果や副作用は計算したり限定したりすることが難しく、思いもよらない結果に驚かされることも多い。このような状況にどう対処すればよいのか。

もし、わたしたちが、望ましくない結果を回避しようとするならば、行為の代償が高すぎるために、何もできない状況に追い込まれるであろう。しかしまた、リスクは、無知あるいは技能の欠如によって生じるのではない。実際には、その逆が真実であって、リスクはより合理的であろうとすることから生じる。つまりは、関連のある relevant ―― 何らかの理由で重要であると見なされる――事象を限定したり、それに関心を集中したりすることから、リスクは生じる。ことわざに「橋は袂（たもと）に着いてから渡ればよい[7]」と言う。もちろん、ここでは、橋の存在が仮定されている。しかし、橋がないときにどうしたらよいかについて、ことわざは何も語っていない。

遺伝子組み換え

遺伝子組み換え作物を例にとろう。害虫や病気に強く、収量が多く、さらには店舗での貯蔵寿命が長くなるように遺伝子の組み換えを行った作物がそれである。このような作物は世界の貧困を緩和する潜在力をもつとする論者もいる。しかし、貧困の緩和は科学の進歩の問題ではなく、先進国と途上国の間の富の相対的な分配に関する問題である。別の論者は、過去の経験から、遺伝子組み換え技術の導入には代償がともなうのではないか、つまりは、意図せざる結果が生じるのではないかと疑っている。かれらは、遺伝子操作の副作用を指摘する。それは、土壌組成の荒廃が生じたり、消費者の健康や寿命に長期的な害が及んだりするのではないかという懸念である。増産よりも既存資源の分配が問題であり、そもそも作物をどう栽培するか、それによって環境にいかなる影響が及ぶのかが問題である、とかれらは説く。この論争は、不確実性をめぐって展開されている。現在の決定によって、未来においていかなる代償を支払うことになるのか。二つの立場は、現在の行為が短期的・中期的・長期的にいかなる結果をもたらすかについて見解を異にしている。

そのような状況において、遺伝子組み換え技術に投資している会社が、別の「潜在力のある分野」に投資先を変えたり広げたりといったこともある。バーバラ・アダム〔イギリスの社会学者〕が指摘するように、時間が商品化するとき、スピードが経済的価値をもつ。それゆえに「モノの動きが速ければ速いほどよく、スピードは利潤を増し、一国のＧＤＰ

を押し上げる」。情報は、今日、ますます瞬間的なものになりつつあるが、それはカネの移動を自由化している。たとえば、世界投資市場では、一日平均数兆ドルもの為替取引が行われている。[8] このようにモノやカネが活発に動き回るなかで、わたしたちの生活はより豊かになり、雇用・教育・医療の機会が確保され、さらには環境保全の可能性も高まる。

グローバル化

従来のパノプティコンでは、まなざしや〔監視者と被監視者の〕近接性が重要であった。今日の権力技術では、距離が重要である。つまりは、被規制者は「〔従わなければ〕距離をおくぞ」と威嚇される。たとえば、従業員が不満をもったり、規則に従わなかったり、待遇の改善を求めたりするとしよう。待っているのは、監視の強化や厳格な規則の実施ではなく、職場の閉鎖、組織のフラット化、[9] 会社の売却などである。グローバルな権力は、脱領域性を特徴とし、特定の場所に縛られることはなく、いったん緩急あれば、どこかに拠点を移す準備がいつもできている。セネットは、ビル・ゲイツについて、かれは「物事に執着することがない」と述べたことがあるが、それは、グローバルな権力の性格を的確に言い当てている。にもかかわらず、一方が自由であるといって、他方も自由であるというわけではない。「ローカルズ」は「グローバルズ」[10] のあとに続こうとしても、そうはいかない。セネットが警告するように、「フレキシブルな体制の底辺で働く人々にとって、

〔「グローバルズ」と〕同様に自発的に行動しようとしたところで、自滅的な結果があるだけである」。

グローバル化を制御することはだれにもできない。このことは、不作為の口実としてしばしば引き合いに出される。圧倒的かつ抽象的なグローバル化の圧力は何ともならない、と。政府は、グローバル化に抵抗してその影響を調整したり軽減したり緩和したりする場合もあれば、無抵抗・無関心な姿勢に終始してその影響を放置する場合もある。グローバル化は、個人のレベルでも、大なり小なりわたしたちの生活に影響を及ぼす。わたしたちは皆、いま起きていることが理解しにくいときに、ましてや自分の周囲で起きている物事の方向を変えることが難しいときに、不安や懸念を抱く。他方で、もし何らかの動因がグローバル化の悪影響を制御できるとすれば、個人、集団、国民国家を超える存在であろう。グローバル化の受益者たちが「自分たちが受益者であるのは、他の人々が利益から締め出されているからにすぎない」と認識すれば、状況の自発的な制御に道が開けるかもしれない〔が、そんなことはありそうもない〕。

専門家

リスクに関連して、別の論点を検討しよう。自分の欲求を満たすための手段は平等に分配されていないが、わたしたちは、自分の欲求をどう満たすかについて、自分なりに考える。その際、リスクを緩和したり軽減したりしたいという欲求は、他の欲求とは異なる。リスクは一種の危険であって、その到来は目にも見えず、耳にも聞こえない。それについて、わたしたちが十分に心得ているわけではない。わたしたちは、空気中の二酸化炭素の濃度の増加、地球のゆっくりではあるが絶え間ない温暖化、〔食肉生産のために〕化学物質を使用して家畜を肥育することなどを直接経験する——目で見たり、耳で聞いたり、手で触れたり、臭いを嗅いだりする——ことはない。食肉中の化学物質について付言すれば、それを口にすることでわたしたちの免疫システムが損傷を受け、細菌感染に対処できなくなるリスクがある。

「**専門家**」抜きに、わたしたちは、これらのリスクを知ることはない。専門家は、メディアに登場し、わたしたちがいかなる世界で生きているか、いかなる状況におかれているかを解説する。かれらは知識や経験においてわたしたちを圧倒している。わたしたちは、自分の生活環境や食生活や避けなければならないことについて、専門家が〔正しい〕情報を提供してくれると信じるほかはない。自分の経験に照らしてかれらの助言を検証することができない——「自分が誤っていた」と気づいたときには、もう手遅れである——以上、〔リスクはないとする〕専門家の解説が間違っている可能性もあるが、それは考慮されない。ベックの指摘するように、リスクは黙殺され[11]、リスクが「存在しない」以上、ただちにアクションを起こす必要はないとされる。このような反応は珍しいものではない。それを焚き付けるのは、リスクに関する議論は「陰謀」であるとの信念である。この「陰謀」では、わたしたちを守ろうとする者が、わたしたちに害をなす者の代弁者に仕立てられる。

道徳的な義務

ハンス・ヨナス〔ドイツ生まれのアメリカの哲学者〕は、地球規模のテクノロジーの発展がいかなる帰結をもたらすのかについて考察した。テクノロジーの発展の結果、わたしたちの行為は、地球上のどこかに住む、だれとも知れない人々に影響を及ぼすが、道徳観のほうは、このような変化に追いつかない。〔自分が関わっているとしても〕自分で制御できない出来事が人々の話題になるであろうか。わたしたちは「地球倫理をもちうるか」という問いを回避する。この倫理は、人々の間の差異を尊重し承認するものであり、それなしには、わたしたちの欲求はとどまるところを知らない。いまや、テクノロジーの発展を押し止めるものはなく、その影響は世界の各所に及ぶ。倫理を放棄することで、人間は、他者に対する責任から解放される〔が、はたしてそれでよいのか〕。カール・オットー・アーペル〔ドイツの哲学者〕の表現を借りれば、わたしたちは、どう制度を作り上げ、作り直すかに責任をもつと同時に、その制度自体にも責任を負っている。その制度は「道徳の社会的履行を助長する」ものでなければならない。

一九四八年、国連総会で世界人権宣言が採択された。そこでは、すべての人間が負うべき道徳的な義務が規定されたが、人々の意識が大きく変わらない限り、それは絵に描いた餅である。実際、大半の人々は、身近な隣人の範囲を超えて物事を見ようとはしない。当然のことながら、かれらの関心は、身近な物事・事件・人々に集中しがちである。かれらが、自分の身に危険が迫っていると感じたとしよう。そのぼんやりとした不安は、身近な、目に見え、触れることのできる標的に結びつけられることが多い。個別に、遠くにある、ぼんやりとした――ひょっとしたら存在すら疑われる――標的に一撃を加えようとしても、ほとんど手も足も出ない。人々は、地元で自発的な防犯パトロールに参加するかもしれない。そのパトロールが標的にするのは、自分たちの生活様式にとって脅威となる人々である。監視カメラ、盗難警報器、窓用補助錠（ウィンドウ・ロック）、保安灯（セキュリティ・ライト）などが、局所的な空間を防護するために設置される。より広域的な動向を掌握することが必要であるといった主張は、不適切かつ無責任なものとして排除される。

グローバル化の影響は、けっして消え去りはしない。グローバルに誘発される不安は、そのはけ口をローカルに生み出される安全への執着に見いだす。ことによると、わたしたちは罠にはまっているのかもしれない。その罠とは、ベックが警告するものであって、リスクの原因を誤った場所に求めることを指す。安全への懸念が局所的に生まれるとき、人々を分断する溝はますます深まる。それによって、人々の間に誤解が生じるとともに、人々は自分の行為が遠く離れた人々に影響を及ぼすことを意に介さなくなる。Aは、自分の財産をもち、それを守る余裕ももち合わせているが、Bは、財産をもちたいと願っても、それを入手する手段もない。道徳的に言えば、両者の間に距離があることで、Aは自分の行為がBに及ぼす影響を慮外におくことができる。

これはグローバル化の一つの帰結にあたるが、グローバル化は脅威であるのみならず、絶好の機会でもある。アーペルが説くように、わたしたちは、自らの理性と意思を駆使して、真にグローバルな社会を生み出すこともできる。それは、開放的にして、人々の間の差異を尊重するとともに、戦争の根絶に真剣に取り組む社会である。「リスクは個人が負うべきである」との誤った解釈によって、わたしたちの行動は妨げられ、人々の間の溝はいっそう深まる。その結果、問題は放置されて、悪化の一途をたどる。それゆえに、社会学的なものの見方が大事になってくる。社会学は世界の欠点を修正することはできないが、その欠点を「全体的な文脈のなかで」的確に理解することの手助けをしてくれる。社会学によって、わたしたちは、人類の向上のために世界の欠点に対処することができる。グローバル化の時代にあっては、これまでにも増して社会学が提供する知識が必要になる。自分たちがいかなる状態にあるかを理解することで、現在の状況や関係に踏みとどまることができる。それなしに未来の構築は期待しえない。

秩序の島々

近代社会

希望の源泉は、混乱（や混乱の原因）をどう認識するかにある。このことは意外に聞こえるかもしれない。わたしたちは、秩序が境界線によって担保されること、その境界線がグローバル化によって揺らぐことで種々の影響が及んでいることを見てきた。グローバル化とともに、「自分たちは相互に依存し合っている」という認識が広がるが、その一方で「自分と他者を分離したい」という願望が高まる。いかなる道をとるかは（すでに見たように）近隣集団がいかなる協調行動をとるかによるが、その道は近隣集団のはるか遠くまで伸びている。あるレベルでは、ますます高まる不安のなかで、人為的に境界線を引き、示し、守ろうとすることが目標となる。別のレベルでは、かつては（1）「自然」の――守りが堅く、変化に強い――区分と見られていたもの、（2）距離によって分断されていたもの、（3）引き離されていた人々が、いまやこぞって一つになろうとしている。

区分が脆弱であればあるほど、区分を保ち、守るのに多大な努力が払われるが、それによって複雑な人間の現実がこうむる損害もまたそれだけ大きくなる。これは、いわゆる**近代社会**とともに出現した状況と言ってよい。近代社会とは、三世紀ほど前に西洋世界に生まれ、わたしたちがいまもってそこで生きている社会である。それ以前の――しばしば「前近代」と呼ばれる――時代においては、カテゴリー間の差異や区分の維持は、今日ほど人々の注意を引かなかったし、種々の活動の引き金になることもなかった。差異はあたかも自明にして永遠のものであった。それは人間の介入を免れるものと考えられていた。差異は人間の制御を超える力によって設けられていた。たとえば、貴族は生まれた瞬間から「貴族」であり、農奴もまたそうであった。人間の条件のほとんどすべてが、世界の他の部分と同様に、堅固に建造され、固定されていた。言い換えれば、自然と文化の間に差異はなかった。

西ヨーロッパの多くの地域で、この伝統的世界像が崩れ始めたのは、十六世紀末にさしかかるころであった。「存在の大いなる連鎖」(12)にすっきりと調和しない人々の数が増し、目立つにつれて、立法活動のペースも早まった。元々は、自然の成り行きに任せられていた生活領域を規制するために法令が導入され出したのである。それ以降、社会的な区別や区分は、探究し、設計し、計画する事柄となった。最も重要なことは、それが、意識的・組織的・専門的な努力を払う事柄になったことである。社会的秩序は、人間が生産し計画するものにして、操作可能な対象として立ち現れた。人間の秩序は、科学やテクノロジーの対象となった。

秩序への関心

秩序は、近代の産物ではないが、秩序への関心は、近代の産物である。そして「介入なくして秩序は混乱に陥るのではないか」という恐怖は、まったくもって近代的なものである。その場合、**混乱**は、事物を整序することができない状態と見なされる。無秩序な状態が生じるのは、監視者が無能であるからである。つまりは、物事の流れを制御したり、環境から望ましい反応を獲得したり、予定外のハプニングを防止したり排除したりする能力を欠くからである。混乱は、**不確実性**と同義であり、それと秩序立った行為や事象の間に介在しうるのは、人間の諸事を取り扱う専門家だけである。実際には、境界線は穴だらけで、いつも論議を呼ぶ。秩序の管理はつねに不確実で不完全なものである。それは砂上に楼閣を築くような作業である。最後に残るのは、物事の流れのなかに浮かぶ秩序の島々である。そこでは、一時的・相対的な自律性が確保できるだけである。

この状況は、日常生活の多くの場面でわたしたちが遭遇するものである。〔複雑な現実に〕秩序を押しつけようとすることで、不確実性やアンビヴァレンスが生じ、いつ混乱に陥るともしれない。人為的な秩序を構築しようとする努力は、けっして理想の目標には達しない。そのような努力は、相対的な自律性をもつ島々を魔法のように呼び出すが、同時に、隣接する領域はアンビヴァレントな領域になる。その後は、目的よりも方法が問題になる。すなわち、いかにして境界線の実効性を確保し、アンビヴァレンスの潮流から自律的領域を防護するかが問題となる。かくして、秩序を創造することはアンビヴァレンスと戦うことを意味するが、それには代償がともなう。

線は、物理的に境界を画するために引かれており、資格のある者だけがその境界線を越えることができる。たとえば、出入国審査（パスポート・コントロール）がそれにあたる。一見分かりにくいが、パーティーに客として招かれる場合もそれにあたる。この場合、招待状を提示できなければ、門前払いを食らうことを覚悟しなければならない。資格の審査を経ずに内部に侵入できたにしても、ずっとびくびくしていなければならない。いつ見つかって、退去させられるかもしれないからである。「飛び地」の相対的な自律性は、侵入者の存在によって傷つけられ、損なわれる。侵入者の存在は、規則が破られ、秩序が失われた状態である。見つかり次第、侵入者は物理的な境界線の外側に排除される。侵入者の排除は、秩序維持の方策として単純なものである。境界線の内側で人々の協調や服従を確保しようとすれば、もっと困難である。

人間の性格を、境界線の内側に持ち込んでよい部分と外側に留めておかなければならない部分に分割することは容易ではない（映画『カッコーの巣の上で』がきわめて辛辣に提示したように、そしてまたゴッフマンが著書『アサイラム』で指摘したように、トータル・インスティテューションは服従の確保のためならどんなことでもするが）。たとえば、組織のメンバーの完全な忠誠が簡単に引き出せないことはよく知られている。そのために、組織はきわめて巧妙にして創意に富んだ手段に訴えることが通例である。会社の従業員は、労働組合や政治運動への参加を禁じられるかもしれない。かれらはまた、心理テストを受けさせられるかもしれない。そのテストは、指図を受けることへの潜在的な抵抗力を検出するためのものである。あるいは、従業員は、組織外の人々と組織内の問題について議論することを禁じられるかもしれない。

その一例は、国家機密法(14)である。この法律は、特定の国家公務員が機密を漏洩(ろうえい)することを禁じている。たとえ、機密の漏洩が市民——国家の保護対象として想定されている——の利益に資するものであっても、それは容認されない。同様に、あるイメージを世間に打ち出したいと願って組織の内部で行われる活動が、組織のメンバーにとって非倫理的と映る場合もある。国民保健サーヴィスの場合、**内部告発**に踏み切る病院の職員も現れたが、それは、かれらが「いかがわしい」と見なす慣行に人々の注意を集めるためであった。すなわち「どれだけ効率的・効果的に患者を治療し、退院させているか」によって、病院の組織的なパフォーマンスの良し悪しが測られるようになった結果、多くの病院が、まだ十分に回復してもいない患者を早々に社会復帰させていた。患者たちは、後日、再入院するほかなかった。この場合、どれだけの患者が治療を終えて退院したかという量的な尺度によって、個々の患者への治療の質の低下を招いている、というのがそこでの告発の趣旨であった。

副作用

このように「境界線を引きたい」という願望は、しばしば意図しないかたちで、人々の間の依存関係や絆に影響を及ぼす。相対的な自律性をもつ構成単位（ユニット）の内側から突きつけられる問題があったとして、その問題に適切かつ合理的な解決策を編み出したとしても、この解決策が別の構成単位にとって新たな問題となる。各構成単位は、見かけに反して、密接に依存し合っているので、問題解決行動は、最終的にそもそもそれに着手した行為主体にはねかえってくる。それは、状況の全体的なバランスに、計画も予測もされない変化をもたらし、当初の問題の継続的な解決を予想よりも高くつくものにしたり、まったく不可能なものにしたりする。事態をさらに悪化させるのが、効率性の計算である。その計算は、投入量と産出量に基づいて構成単位の状況を検討するだけである。ある構成単位の決定がどれほど「合理的」に見えても、それが別の構成単位の行為にいかなる影響を及ぼすかについては何も語りえない。

このような副作用の最も悪名高い事例は、地球の生態学的・気象学的均衡の破壊である。地球の天然資源は、各人の利益の追求によって使い尽くされつつあるが、資源の浪費を抑制するメカニズムは、利益の追求そのもののなかに備わっていない。大型の原油タンカーは、航路にリスクがあったとしても、予定通りに積荷を引き渡すために近道をとるが、その一方で、タンカーそのものは、外板は一枚で、軽微な損傷事故でも原油が流出する設計になっている(15)。外板を二重化することは、会社にとって「余計な」費用がかかるが、外板一枚の場合、環境にとっての潜在的費用はどうであろうか。産業組織は大気や水を汚し、人間の健康や都市・地域の開発を担当する人々にとって、多くの、新たな、すさまじい問題を生み出している。自らの業務の体制を改善する努力のなかで、会社は、労働力の使用を合理化し、多くの労働者に解雇を通告するが、これによって、貧困や健康障害といった、長期の失業に起因する問題がさらに悪化する。自家用車と高速道路、空港と航空機の激増は、かつては移動や輸送の問題を解決するものと期待されたが、交通渋滞・大気汚染・騒音問題を生み出し、良好な居住環境を破壊し、文化的な生活とサーヴィス供給の都市集中化――それによって地方の多くの集落は居住が困難になっている――をもたらしている。そのために、以前よりも移動が必要になっているが、同時にそれは、厄介で心身を疲労させるものになっている。自動車のように、かつては自由の拡大を保証したものが、いまや集団的な移動の自由の制限や、現在や未来の世代にとっての大気汚染の一因となっている。そして、それに対する解決策として喧伝されるのは、たいてい、さらに道路を建設することでしかない。

相対的な自律性

すべての問題の根源は、個々の構成単位の見かけ上の相対的な自律性にある。それは、全体的な統一体からわたしたちの生の一部をもぎ取ることで保証されているだけである。わたしたちは皆全体的な統一体のなかに身をおいている以上、そのような自律性はせいぜい部分的なものにとどまり、最悪の場合完全に架空のものである。それが実現するのは、(1)自らの行為の結果が目に入らないか、(2)すべての行為者間の(さらには、各行為者のすべての行為の間の)多種多様な広範囲に及ぶ関係に故意に目をつぶるかのいずれかによる。問題に対する解決策を立案し、実施する際に考慮に入れられる要因の数は、その問題を最初に生み出した状況に影響を及ぼす(あるいは、その状況に依存する)要因の総数よりもつねに少ない。権力——秩序を構想し、強制し、支配し、維持する能力——は、これらの要因を無視し、放置し、棄却する能力からなると言ってもよい(よしんば、これらの要因が議論の主題や行為の対象となっても、秩序は成り立たないであろうが)。権力をもつことは、何よりもまず「何が重要であるか」「何が関心事であるべきか」を決定できることを意味する。しかし、その報いとして、権力は自らが「無関係」と切り捨てた要因を呼び戻すことはできない。

工場制度

関連する要因と関連しない要因の判別は、確定的ではない。すなわち、関連性/非関連性を判別する線は、いかようにも引けるのであって、その線を「ここ」に引かなければならない決定的な理由はない。したがって、決定それ自体について、つねに議論の余地がある。歴史は、そのような事例に満ちている。たとえば、近代の劈頭(へきとう)において、画期的な権力闘争が起こったが、それは、**保護関係**から**金銭関係**への移行をめぐるものであった。工場労働者の境遇に対する工場所有者の冷淡な態度(前者は、後者にとって単なる「人手hands」にすぎなかった)に直面して、初期の工場制度の批判者たちは、職人の工房や田舎の荘園で人々の仕事がどう営まれていたかを思い起こした。工房や荘園は「大家族」のように機能し、その「大家族」にはすべての人々が含まれていた。工房の親方や荘園の領主は、残酷で横暴なボスであって、働き手の骨折り仕事を悪辣に搾取したかもしれない。しかし、働き手の側も、ボスが自分たちの窮状を気にかけてくれ、必要ならば、差し迫った苦難から自分たちを救い出してくれると期待していた。

近代の工場制度は、中世的旧習とは正反対のものであった。すなわち、工場所有者は、働き手による保護の期待を正当なものとは認めなかった。工場所有者は就業時間中に行われた労働について従業員に対価を支払うだけで、労働者の生活の残りの部分は労働者自身の責任に委ねられた。批判者や工場労働者の代弁者は、工場所有者が、そのように(労働者の生活全般の保護から)「手を引く」ことに憤慨した。工場の規則は、労働者に、延々と続く、うんざりする、心身を疲れさせる日々の骨折りを求めていたが、それは、労働者を、マルクスの言をもってすれば「精神的に疲弊させ、肉体的に消耗させる」と、かれらは指摘した。労働者は商品となり、自由に処分できるようになった。製品以外の部分がそうであるように、生産計画の見地から〔製品さえできれば〕用済みのものと見なされた。批判者はさらに、工場所有者と労働者の関係は、実際には、単なる労働と賃金の交換にはとどまらないと指摘した。現金は雇用者の人格から切り離すことができるが、労働は労働者の人格から切り離すことはできない。「労働を手放す」ことは、全人格的に――身も心も――雇用者の定めた職務に服することを意味する。雇用者にとって、労働者は、目的の実現のための手段にすぎなくなった。かくして、労働者は、労働と賃金の等価交換というお題目とは別に、賃金と引き換えに、人格と自由の総体を提供することを求められた。

工場所有者は、労働者に対して非対称的な権力を与えられていた。マルクスが「少なくとも奴隷制度の下では、資本主義体制下とは異なり、主人は奴隷の福祉に多少の関心はもっていた」という趣旨のことを述べたのは、そのためである。資本主義体制下で、主人と奴隷の関係に代わるものは、交換の抽象的な形式である。そこでは、雇用者は、労働者の心身の福祉に何ら関心をもたなかった。雇用者は、雇用の意味を規定し、何が自分の関心事かを決める権利を保持していたが、その権利を従業員は持ち合わせていなかった。同様に、労働者が、よりよい労働条件を得たり生産過程の運営についての発言権を高めたりしようとすれば、雇用者との闘争にならざるをえなかった。職場の秩序の範囲や内容を決定する権利は、雇用者がもっていたからである。

費用の負担

工場制度の境界線の規定をめぐる労働者と所有者の間の紛争は、すべての秩序の規定が必然的に引き起こす論争の一例にすぎない。いかなる規定も、確定的ではなく、最終的には、だれかの権力に依拠して強制されるものである以上、原理的に論争の余地がある。実際、何らかの規定によって損害を受ける人々が生じるとき、かれらがその規定に異議を申し立てることはよくある。そのような論議が、公の場に要求として現れることもある。何らかのアクションによって、境界線の作用によって生じた苦境を改善してもらいたいという要求がそれである。一つの古典的事例は、イギリスの社会保障制度である。歴史的にそれは、一九四〇年代の末期に生まれたものにすぎず、そう長い歴史があるわけではない。その目的は、市場システムの予測不能の変化に対するセイフティ・ネットを設けることであった。市場システムは、自らの理想を推進する人々の福祉に少しも関心をもっていなかった。ウィリアム・ベヴァリッジ〔イギリスの経済学者。「ベヴァリッジ報告」でイギリスの社会保障制度のモデルを提示〕はこう述べた。「完全雇用が実現しなければ、自由は確保できない」。失業中の人々が、自由に価値を見いだすとは思えない。ある人々は〔脱福祉国家を志向する〕今日、このような論議は妥当ではないと考える。しかし、別の人々は、そうは考えない。そのような論議の現代的な妥当性を否定することは、歴史の教訓に学ばず、過ちを繰り返すものであるとかれらは考える。

今日、わたしたちは、各種の環境破壊——水道水の汚染、有害廃棄物の処理、露天掘りの鉱山の開発や高速道路の建設による景観の破壊など——の費用はだれが負担すべきかをめぐって白熱した論議が交わされるのを繰り返し耳にする。だれかが廃棄したものは、別のだれかの生活条件を悪化させる要因となる。紛争の対象は、いかなる立場から観察するかによって異なった様相を呈するし、その意味も、部分的な秩序のなかでいかなる位置をしめるかによって変わってくる。矛盾することも多い種々の圧力にさらされた結果、それが、だれも事前に予想しておらず、だれも歓迎しないかたちをとることもある。多くの部分的な秩序の影響を受けているので、その存在や結果についてだれも責任を負おうとしない。

混乱との闘争

近代において、この問題はますます深刻化する傾向にある。人間の行為について技術的手段の力が増し、その手段の適用の影響も増しているからである。秩序の島々が、それぞれ効率性や合理性を高め、十分に管理され、実績にも成果が現れるにつれて、完成した部分的な秩序が多数あることは、全体的な混乱をもたらす。計画され、意図され、合理的に設計され、厳重に管理された行為が、遠くで意図せざる結果を生み、それが予測も制御もできない破局(カタストロフィー)として返ってくることもある。地球温暖化の見通しについて考えてみよう。能率の向上や生産の増進の名の下に大量のエネルギーを使用しようとする無数の努力の予期しない結果が、地球温暖化である。個々の努力は、それぞれ飛躍的前進や技術的進歩として称賛され、短期的目標に照らして正当化される。同様に、有害物質の大気や河川への排出は、その他の点では安全に配慮した——公益に資するとも称賛される——工程のなかでの例外的な出来事として正当化される。これらは、いずれも各種の相対的な自律性をもつ組織が直面する特定の仕事に対して、ベストの、最も「合理的な」方策を真剣に探求しようとするものである。遺伝子操作によって作られたウィルスやバクテリアは、明確に規定された目的と、果たすべき個々の有用な仕事をもっている。しかし、その活用の結果として有害な副作用のあることが判明するまでである。

この〔行為の〕結果をめぐる議論の大半は、「所有」の領域に属する。企業の活動は、総じて有益な結果を生み出しうると想定されている。この仮定に異議を申し立てる人々はそう多くはないが、その一方で、企業の活動は、あくまでも利潤の追求によって動機づけられており、その活動が民主的に選出された政府によって問題にされることもある。その一つの領域は、人間の遺伝子地図の作製と、遺伝子操作の可能性である。巨大製薬企業は、究極的には公共の利益を念頭において活動していると主張するが、遺伝子情報の特許はだれが所有するのか。それは、市場で売買され、支払い能力に応じて操作されるという意味で「所有」できるものなのか。このことに、目下、異議申し立てが行われているが、それは、わたしたち皆にとって重要な影響をもつ闘争である。

それに加えて、遺伝子研究の成果は、望ましい、間近な目標に向けられる。たとえば、特定の病気への遺伝的脆弱性を解明し、その脆弱性に対処することがそれである。しかし、焦点をおく状況の変化は、焦点外の物事に影響を及ぼさずにはいない。この問題を生々しく例示するのは、化学肥料である。それは、作物の収量を増やすために使われている。たとえば、硝酸肥料は、土壌に送り込まれ、メーカーの公表通りの目覚ましい効果を発揮する。実際に収量が増すからである。しかし、降雨によって、肥料の多くは地下水に押し流され、新たな、より不吉な問題を生み出す。すなわち、処理プラントを作って水道水を飲用に適したものにしなければならなくなる。遅かれ早かれ、この処理工程自体が汚染の原因になることが判明するであろう。たとえば、それは、有害な藻類に豊かな餌場（えさば）を提供するものとなろう。

このように混乱との闘争には終わりがない。たしかに、自分の思考や行動のパターンを変える気があるならば、将来的なリスクを減らす方法はいくつかある。混乱は、未来において抑制され、征服されるべく、目下待機している。にもかかわらず、混乱は、秩序を創造しようとする人間の固有の活動の産物である。問題を解決しようとする活動が、新たな問題を生み、それがまた新たな解決策の探求につながる。このことは、たいてい、あるチームを任命するという形態をとる。そのチームは、現下の問題を解決するのに最も時間のかからない、最も安上がりな、「最も理に適った」方法を見つける任務を負う。この過程からずっと厄介で深刻な問題やそれに対する解決策が排除されればされるだけ、チームによる提案は短期的で、安上がりで、見かけ上は合理的な――少なくとも短期収益主義の論理や固有の費用の概念に沿った――ものになる。

まとめ

世界の各所で、混乱を秩序に置き換える闘争が展開されている。これは、世界の一部を、規則を遵守し、予測可能で、制御可能な区域に仕立てようとするものであるが、この闘争は中途半端なものにとどまらざるをえない。この事態は、秩序のための闘争自体が自らの勝利にとって最大の障害となることから生じる。無秩序現象は、焦点を絞り、目標を定め、課題志向で特定の問題の解決を目ざす活動そのものから生じる。新たに人間の世界の一部あるいは人間の活動の特定の領域を秩序立ったものにしようとする試みは、古い問題を取り除こうとすればするだけ新しい問題を作り出す。そのような試みは、新たなアンビヴァレンスを生み、それを取り除くための試みがさらに必要となるが、結果は同じである。

このように人為的な秩序の追求は、最も深刻で厄介な病気の原因として立ち現れる。そもそも人間の条件の全体を管理することなどできない。その全体を、多くの小さな当面の仕事に切り分けることは、人間の行為をかつてなく効率的なものにする。その仕事が小さく、時間的に限定されていることで、調査や監視や管理が十分に行き届いたものになるからである。当面の仕事は、明確で、限定的で、はっきり規定されたものであればあるだけ、効果的に遂行できる。実際、この行動様式は、コスト・パフォーマンスの観点から評価され、費用対効果の観点から表現される限りにおいて、過去のいかなる行動様式よりも格段に優れている。これぞ、まさに、近代的な行動様式がしばしば「合理的」と称される所以(ゆえん)である。意図された目的に対して実際の成果がどうであったかを投入と産出の観点から評価するのは、道具的理性[16]である。

このような計算が、合理性の追求に際して、気にも留めない費用がある。その費用は、当初の行為者の注意を引こうと金切り声を発しているが、費用を負担するのは、当初の行為とは無関係の行為者である。行為の結果は、行為者が、その効率性を証明したり、全体としての環境とともに、その費用を負担したりするように、十分に監視されているわけではない。一方で、かりに、より包括的な利得と損失の評価を考慮に入れるならば、近代的な行動様式の優位性は怪しいものとなろう。部分的・個別的な合理的行為が多数あることの最終的な帰結は、非合理性の減少ではなく増加であることが判明する。これは、秩序の探求にとって、面倒ではあるが避けがたい葛藤である。この葛藤は、アンビヴァレンスに対する闘争にも付随するものであり、近代史の大半を特徴づけるものである。

問題の解決のために他者と結合していることが、人間の条件の大きな特徴である。社会学的に問われるべきことは、それが、だれにとっての問題であるかということである。それは、なぜ、ある人々にとって問題なのか。この問題化 problematization とそれに対処する解決策は、いかなる結果を招くか。わたしたちは皆、自分の生活を履行すべき仕事や解決すべき問題の集まりとして考えるよう訓練されている。いったん問題が見つかったならば、それを定義する——一定の基準に従ってそれを主題化し、即座にそれに介入できるようにする——ことが仕事であるという発想にわたしたちは親しんでいる。それが済めば、いらいらさせる問題を取り除くには、適切な方策を見つけ、その仕事にこつこつと専念すれば十分であるとわたしたちは仮定する。もし、何も起こらず、問題が解消しないならば、わたしたちは、自分自身の無知・怠慢・怠惰・愚考のせいにし、もし、意気消沈が続くならば、自分に憂鬱と闘う決意がないか、その原因——処理すべき「問題」——の定義が誤っているからであると納得する。しかし、どれだけ失望を重ね、不満を感じようとも、信念が揺らぐことはない。個々の状況は、どれだけ複雑であろうと、一連の限定的な問題に分解でき、それらの問題はいずれも、適切な知識・技能・努力をもってすれば、有効に対処できるという信念がそれである。要するに、(1) 日々の仕事は個々の問題に分割でき、である。

（2）どの問題も、適切な方法をもってすれば、解決でき、（3）その方法は〔何のためにそれをするのかという〕一般的な意図に関する問いを、いとも簡単に包摂するというのである。

疑いもなく、近代は輝かしい業績をあげた。そのことをここで否定したいのではない。問題は、わたしたちが、目下、テクノロジーの進歩の便益だけでなく費用に直面しているということである。その費用は、わたしたちの未来全体に影響を及ぼすものである以上、小さな秩序の飛び地の問題ではすまない。今日求められているのは、（1）わたしたちの相互観察の方法、（2）わたしたちの思考様式や行動様式、（3）わたしたちの居住環境のそれぞれの長所と短所を、多少なりとも理解することである。この再考のなかで、既存の世界観に、新たな状況から疑義が突きつけられる。新たな状況は、新たな思考様式を求める。わたしたちが今日直面している問題は、ある人々にとって脅威かもしれないが、別の人々にとっては恩恵かもしれない。しかし、そのような状況下で、事態は差し迫っており、変化を厭わないことが求められている。それは、人類がその歴史を通じて何度も経験してきた変化以上のものではない。

第7章訳注

（1）三次元の空間に一次元の時間を加えて、四次元の多様体として、時空をとらえること。

（2）マルサスは、『人口論』（一七九八年）で、人口増加によって貧困や犯罪が増加すると主張した。

（3）「パノプティコン」は、犯罪者の収容施設を効率的に運営するだけでなく、収容者を恒常的な監視下におくことで、かれらに生産的な労働習慣を習得させるという二重の目的をもっていた。

（4）概ね、一九九〇年代以降の生まれということになろう。

（5）「知覚（面識）による知識（knowledge by acquaintance）」と「記述による知識（knowledge by description）」は、バートランド・ラッセルによる知識の区分。前者は、知覚を通して、直接的に得られる知識。後者は、記述を通して、間接的に得られる知識。

（6）「引き剝がし（disembedding）」は、ギデンズの用語。「脱埋め込み」とも訳される。時空の近代的再編の結果、人々の意識や行為が「いまここ」の制約から遊離していくこと。

（7）英語のことわざ。「取り越し苦労はするな」の意。

（8）二〇〇一年刊の原著には、一日平均一・五兆ドルという数字が掲げられている（第2章）。国際決済銀行（ＢＩＳ）によれば、二〇一三年の外国為替市場の取引額は一日平均五・三兆ドルとなっている。

(9) 組織の階層を簡素化すること。
(10) バウマンは『コミュニティ』(二〇〇一年)で、localsと対置して、globalsという用語を提起した。その後、同様の意味合いで、globalistsという用語が慣用化し、日本でも、今日「グローバリスト」という言葉が通用している。
(11) ここでは「リスクがない」とする立場を専門家がとることが、暗黙の前提となっている。しかし、実際には、専門家がリスクを煽り立てることもある。
(12) アメリカの哲学者A・O・ラヴジョイの用語。すべての存在は連鎖しているという西洋の古典的な観念を指す。『存在の大いなる連鎖』(ちくま学芸文庫)参照。
(13) 一九七五年のアメリカ映画。ジャック・ニコルソン主演。
(14) 英国の国家機密法(Official Secrets Act)は、一九一一年に制定。一九八九年のサッチャー政権下で改正された。
(15) シングルハル(一重船殻構造)タンカーのことを指す。かつては主流であったが、数々の原油流出事故を受けて、現在は、ダブルハル(二重船殻構造)タンカーへの切り替えが進んでいる(新建造のタンカーはダブルハル化が義務づけられている)。
(16)「道具的理性(instrumental reason)」は、ヴェーバーの用語「目的合理性」の英訳。したがって、ここは、「目的合理性」と訳してもよい。

第8章　自然と文化

第7章の末尾で明示した問題は、本書の全体に内在するものである。それは、次のように表現できる。ある問題をどう考察し、検討するかによって、「適切な」解決策に違いが生じる。この見地からすれば、発想を転換することは、身勝手な振る舞いではない。現代において、わたしたちは多くの問題に直面しているが、発想の転換によって、それに対する実際的で永続的な解決策の構築が始まることも少なくない。

自然と文化

文化とは何か

前章で、近代的な思考様式が自然と文化の差異をどう取り扱うかを問題にしたが、それについて再度考えてみよう。この新しい世界像は、自然と社会を明確に区分する。それによって、自然と社会が同時に「発見された」と言ってもよい。実際に発見されたのは、自然でも社会でもなく、それらの間の区分――とりわけ、それらの区分に基づく人間の活動の区分――である。人間の条件が全般的な規制・管理・介入の対象となるにつれて、「自然」は、巨大な倉庫としての役割を担うようになった。そこには、人間の力ではいまもって創造できず、創造する気にもならないもの、すなわち、自らの論理によって支配され、人間の作為の加わっていないものが収まっていた。

その際、社会思想もまた変化した。哲学者は、王や議会が公布した法（実定法）との類推（アナロジー）によって、「自然法」について語り始めたが、二つの法は、別物と位置づけられた。自然法は、王の法（欽定法）や勅令と同じく絶対的な拘束力をもつが、それとは異なって、作者を想定できない。自然法は、（1）神の意思や人間には計り知れない意図によって作られているのか、（2）確固たる必然性をもって、まさに宇宙の物質が配置される方式によって、因果的に決定されているのかはともかくも、「超人的な」力をもっていた。二つの法の区別によって（さきに示したように）社会的な境界設定の様式もまた生み出された。男性は「合理的な」存在であり自然の要求を乗り越えることができるのに対して、女性は「情緒的な」存在であり自然の衝動的な力に支配されているという仮定は、その一例である。先進国が、一定の法則[1]を示して自らと途上国を区別するのも、それと同じである。その場合、途上国は、先進国によって「未開な」国々と見なされた。

自然と文化の区分は、思考様式と行動様式の両面に変化をもたらした。たとえば「人間の力」の範囲内にあるもの——それは、わたしたちの願望・理想・目標によって変化するものであるが——と範囲外にあるものの間に、いかなる区分が設けられるかを考えてみよう。その区分は、「何か」が一定の基準や規範に従うか否かという問いによってかたちづくられる。言い換えれば、世界には、（1）人間の干渉によって変更しうるもの、ないしは特定の期待に従って創造しうるものと、（2）人間の力の範囲外にあるものとがある。わたしたちは（1）を**文化**、（2）を**自然**とそれぞれ呼ぶ。わたしたちが、文化の問題として何かについて考えるときには、当該事象が操作可能であり、その操作について望ましい「適正な」最終状態があることが含意されている。

秩序の構想

文化は、事物の現在ならびに未来の姿を変えることに関心をもち、事物がすでに人工的な性格をもつ場合、その状態を保つことに関心をもつ。文化は、秩序を導入し、維持すること、さらには、秩序から外れ、混乱への転落を示すあらゆるものと戦うことを目標とする。文化は、「自然の秩序」（人間の干渉のない事物のあるがままの状態）を人工的で設計された秩序に取り替えたり、前者に後者を付け加えたりすることを目標とする。文化は、奨励するだけでなく、評価し、命令する。生産性の名の下に、多くのビジネスに向けて売り出されている「解決策」は、組織への「適正な」文化の導入である。それによって文化が組織全体に浸透し、各人はどれだけ組織の期待に応えられるかによって、自分自身を評価することが可能になる。その過程で、変化の基礎をなす理想と符合せず、それに疑義を呈するものは、「優良性」「効率性」「有効性」といった目的の追求にとって、「厄介な」障害物と見なされる。

もちろん、自然と社会の間の境界線が実際にどこに定まるかは、いかなる技能・知識・資源が利用できるか、未知の目標に向けてそれらの技能・知識・資源を動員する野心があるかどうかにかかっている。総じて、科学やテクノロジーの発展は、人間の操作可能な領域つまりは文化の領域を広げる。本書の例の一つに戻ると、遺伝子工学の専門知識の蓄積や活用は、化学工業界や医療専門家の人々と連携して、「標準的な」人間であることの基準を変えるかもしれない。もう一歩踏み込めば、遺伝子操作が身長の調整に適用されれば、親がわが子の身長を決めたり、法律によって市民の標準的にして容認できる身長が定められたりするであろう。このように、文化は、各人にとってほとんど自然法則と同じようなかたちで現れる。それは一個の運命であり、それに抗うことはできず、たとえ逆らっても、結局は見かけ倒しに終わる。

自分の生活における「人為的要素」をつぶさに見てみよう。それは、二つの方法でわたしたちの居住空間に関与している。一つは、個々の生活過程が営まれる文脈を規制し、秩序立ったものにする。いま一つは、わたしたちの生活過程そのものの動機や目的をかたちづくる。前者のおかげで、わたしたちは、自らの行為を合理化——他の行動様式と比べて、いくらか実際的で、筋の通ったものに——することができる。後者は、想像もできないほど多数の雑多な動機や目標から特定の動機や目的が選択できるように、わたしたちを導く。わたしたちが遭遇する他の生活環境も、これと同じである。わたしたちは、各々の行為を通じて、日々の生活のなかで接触する他の環境に影響を及ぼし合う。ハイテク機器から例を一つあげよう。携帯電話を所持することで、所持者のコミュニケーション能力は高まると言われている。しかし、その使用は、文脈によっては、反社会的にして有害な行為と見られている。[2]

秩序立った状況においては、あらゆる出来事が起こるわけではないということにおいて、（1）文化的な干渉によって実現する秩序と、（2）混乱もしくは乱雑性（ランダムネス）は区別される。起こりうる出来事はほとんど無限に想像できるが、そのなかから限られた出来事だけが生じうる。出来事によって、蓋然性（プロバビリティ）のレベルも異なる。秩序が確立しているかどうかを計る基準は、起こりそうもなかった出来事が、必然的あるいは不可避な出来事に変化することである。その意味では、秩序を構想することは、出来事の蓋然性を操作することである。この過程をかたちづくるのは、特定の価値に基づいて何かを選好し、優先することである。秩序の構想の背後には特定の価値があり、最終的にそれは、人為的な秩序のなかに具現化される。秩序がしっかりと確立し、堅固で安定したものになれば、この真実は忘れ去られる。すなわち秩序は、想像しうる唯一のものと理解される。

わたしたちは皆、秩序立った環境を創造したり維持したりすることに関心をもっている。これは、わたしたちの行動の大半が学習されたものであること、この学習の成果が口頭や文書の記録によって伝えられるおかげで時間を超えて蓄積されることに基づく。これらの蓄積された知識や技能は、それらが形成された文脈が変わらない限り、有用である。昨日うまくいった行為が今日も明日もうまくいくのは、周囲の状況が変わっていないからである。交通信号の色の意味が予告もなしに変わったとすれば、どれほどの大混乱が生じるであろうか。物事が不規則に変化する状況の下では、記憶や学習は行為を支えるどころか、それを妨げる。そこでは、過去の経験から学ぶことは、まったく自殺的な所業である。

世界の構造

周囲の世界が秩序立っていることは、自分自身の行為が規律正しいことと対応している。わたしたちは、歩くときと車を運転するときとでは、異なる道を選ぶことが多い。パーティーでの振る舞いと大学の演習や商談（ビジネス・ミーティング）での振る舞いは異なるし、休暇を実家で過ごすときと儀礼的な訪問でよく知らない人々と一緒のときとでは行動様式が異なる。上司に話しかけるときと友人とおしゃべりするときとでは、声の調子も言葉遣いも変わってくる。わたしたちは、言葉を、場合によって使い分ける。公衆の面前ですることもあれば、私的（プライベート）な活動もある。後者は、注視されていないことが分かっているときにだけする行為である。注目すべきことは、その場に「ふさわしい」行為を選ぶときには、自分とまったく同じように行動する他者とともにいるということである。その場合、明らかに「規則」と分かることから逸脱することはない。そこでは、自分自身や他者の行為について、ある程度の**予測可能性**が提供される。そしてまた、各種の機関は、わたしたちの生活を管理し、わたしたちはそれに対処しなければならないが、その機関の態度もある程度予測できるものになる。

文化もまた、人為的な秩序を作り出す仕事と同じく、区別を要求する。すなわち、分離や識別を通じて事物や人々を区別することを要求する。いまだに手付かずで、人間の目的にとってどうでもよい砂漠には、土地を区画する道標も塀もない。言い換えれば、砂漠には秩序がない。これに対して、文化的な活動の支配下にある環境では、一様で平坦な地表が、特定の人々だけを引き寄せる各種の地域に、あるいは車両専用か歩行者専用の細長い土地〔道路〕に区分される。かくして、世界が**構造**を獲得し、その構造が行為を方向づける。人々は、上位者と下位者に、権力者と一般人に、話をする者と話を聞いて心に留めることを期待される者に区分される。同様に、時間は、所定の活動の区分を通して、均一な流れのなかに立ち現れる。朝食、コーヒーブレイク、昼食、アフタヌーン・ティー、ディナーといった区分がそれである。空間的には、「物理的」な組成や特定の集まりの場に応じて境界設定が行われる。大学の演習か、会議か、ビール祭りか、商談かといった区分がそれである。

これらの区分は、二つのレベルで行われている。一つは、行為が行われる「世界の様相」がどう異なるか、いま一つは、行為そのものがどう異なるかによる。世界の各領域は互いに空間的に区分されるが、各領域そのものも時間的に区分されている（同じ施設が、昼間は学校の体育で使われ、夜間は市民のレクリエーションで使われることもある）。同時に、各領域における行為も区分されている。テーブルでの行為は、テーブルの上に何がおかれているか、いかなる状況か、そのテーブルを取り囲んでいるのがだれであるかによって大いに異なる。テーブルマナーでさえも、その食事がフォーマルかインフォーマルか、参加者がいかなる階級に属するかによって変わってくる。階級によってテーブルマナーが異なることは、ゴッフマンやブルデューが、かれらの社会学的研究の成果として、わたしたちに明示してくれたことである。しかし、二つのレベルの区分（領域の区分と行為の区分）が、抽象化の産物であることに注意しよう。実際のところ、それらは相互に独立しているわけではない。参加者がフォーマルに振る舞うことなしに、フォーマルなディナーもない。

文化的コード

わたしたちは、この（領域と行為の）調整作用を、別のかたちで表現することもできる。

文化的に組織された社会と文化的に訓練された各人の行為は、ともに構造化——相手の助けを借りて、それぞれの文脈に「分節化」——されている。個々の社会的文脈は、その場にふさわしいと思われる行為や行動パターンが、弁別的に表示されることを要求する。さらに、それらの「分節」は相互に対応しており、より専門的な用語を使えば、同型 isomorphic である。二つの構造すなわち社会的な現実と文化的に制御された行動の間の「重複」を保証する装置は、**文化的なコード**である。これまでの議論からも推察されるように、このコードは、まずもって対立のシステムである。実際、このシステムでは、複数の**記号**——色彩、衣服、文字を記すこと、話すこと、声の調子、身ぶり、表情、匂いなどの、視覚的・聴覚的・触覚的・嗅覚的な事物や事象——が対立し合っている。一方には、行為者の態度があり、もう一方には、それによって支えられている社会的な形成作用があるが、両者を結びつけるのが、記号である。記号は、いわば、二つの方向を同時に指す。すなわち、一つは、行為者がいかなる意図をもっているか、いま一つは、行為者がいかなる所定の社会的現実の区分において行動するかを指している。その二つは、一方が他方の反映ではなく、どちらが一次的でどちらが二次的というわけでもない。繰り返しを恐れずに言えば、両者は、文化的コードという同一の装置に基づいて分かちがたく結びついている。

事務所のドアに「立ち入り禁止」の貼り紙があるとしよう。このような貼り紙は、通常、ドアの片側にだけあるもので、ドアにはたいてい鍵がかかっていない（そもそもドアが開かないなら、紙を貼る必要はない)。したがって、貼り紙は、ドアの「客観的な状態」に関する情報を提供するものではない。むしろ、それは一つの指示であって、特定の——それなしには実現しえない——状態を創造し、維持することを意図している。「立ち入り禁止」の貼り紙が実際にしていることは、(1)ドアの内と外を、(2)外側からドアに近づこうとする二種類の人々を、(3)それらの人々がすることを期待(ないしは許可)されている二種類の行為を区別することである。貼り紙の内側の空間は、外側からそこに近づく人々には閉ざされているが、内側の人々には、そのような規制は課せられていない。記号は、まさにこの区分を表している。記号が達成するのは、均一な空間、均一な人々の間に区分を設けることである。

上記のことから、わたしたちはこう言うことができる。文化的なコードを知ることは記号の意味を理解することであり、記号の意味を理解するとは、記号が出現する状況においてどう行動すべきか、さらにまた、そのような状況を出現させるために、どう記号を使用すべきかを知っていることを意味する。理解するとは、効果的に行動できることであり、そのために、状況と自分の行為の間の構造調整を継続できることである。記号を理解するとは、「その意味を把握することである」としばしば言われる。しかし、この「意味の把握」は、ある思考がイメージとして自分の心のなかに喚起されることを意味しない。思考は、頭のなかで記号を「音読する」かたちで現れるかもしれない。しかし、実際には、それは、視覚的あるいは聴覚的な記号に付随するものであって、意味の把握にとって必要でも十分でもない。意味を把握することは、どう行動するかを知っているということ以上でも以下でもない。したがって、記号の意味は、いわば、それがあるかないかによって生じる違いのうちにある。言い換えれば、記号の意味は、その記号と他の記号との関係のなかにある。デリダのように、もう一歩踏み込んで「意味は、記号間の関係から生じるものにすぎず、けっして固定的なものではない」と主張する論者もある。わたしたちは、差異différance の概念に基づいて、決定不能状態におかれる。[3] このように、固定的な意味は、つねに、自ずとわたしたちの手元から離れていく。生活のなかで、ひっきりなしに記号の意味を説明したり規定したりしなければならないからである。

冗長性と恣意性

実際には、一つの記号だけで情報が十分に伝わる（その指示内容がはっきりと分かり、適切に行動できる）ということはめったにない。一つの記号だけでは誤解が生じるかもしれず、誤解が生じても手の打ちようがない。たとえば、軍服姿は、目の前の人物が軍人であることをはっきりと教えてくれる。たいていの市民にとって、出会いを「構造化」するのに、それだけの情報があれば十分である。にもかかわらず、軍人にとっては軍服姿というだけでは不十分である。かれらは、権力と義務の分担の複雑なヒエラルキーのなかに身をおいている。それゆえに、一義的で一般的な記号（制服）の上に階級を示す記号が「積み重ねられ」、より詳細な情報を提供する。[4] ある場合には、それは余分な記号であって、新たな情報をほとんど伝えない。たとえば、マーケティング戦術のなかには、ある製品と別の製品の違いを打ち出すのに、すでに他の記号によって伝えられている情報を、たんに複製するだけのものもある。

これは、記号の**冗長性** redundancy と呼ばれるものである。冗長性は、誤解に対する保険であって、誤解によってアンビヴァレンスが生じるのを排除しようとするものである。もし、冗長性がなければ、ただ一つの記号が偶然誤って伝わったり見落とされたりすることで、誤った行動が生じる誘因にもなる。既存の秩序の維持や強化のために提示される記号の対立が重要であればあるほど、それだけ記号の冗長性も高まる。ある意味では、それは、記号の過剰性を通して、誤読のリスクを減らし、誤解が生じないようにするものである。しかし同時に、この過剰性は記号の曖昧さを高め、その記号が別の意味をもちかねない。かくして、相互の活動の調整のために、いくらコミュニケーションの効果を高めようとしても、そのような企てが度を超すと、曖昧さを持ち込み、かえってコミュニケーションを歪めるリスクがある。

繰り返すと、意味があるのは記号間の対立であって、個々ばらばらの記号ではない。そのことが含意するのは、「音読され」、理解される意味は、記号のシステムのなかに——記号と記号の指示対象の間にあると想定される特別な結びつきではなく、総体としての文化的なコードのなかに、文化的なコードが作り出す区別のなかに――あるということである。デリダの議論との関連で述べたように、記号は恣意的 arbitrary である。この**恣意性**こそが、文化的に生産された記号（人為的な意味のシステム全体）と自然界にあるものを区別する。文化的なコードは、まったく自然界にないものである。

自然現象についての知識を得るとき、わたしたちはしばしば「記号」に言及する。記号を通して、自然は、わたしたちに情報を「知らせる inform」。のみならず、自然現象に含まれる情報 information を引き出すには、記号を読み取らなければならない。わたしたちは、窓ガラスを流れ落ちる水滴を見て、「雨が降っている」と言う。あるいは、舗道が濡れているのに気づいて、「少し前まで雨が降っていた」と推論する。このような記号を特徴づけるのは、文化的な記号とは異なり、それらが**決定的**なことである。すなわち、それらは、それぞれの原因の結果である。雨は、水滴を窓ガラスに落とし、道を濡らす。病気は、体温を上げ、頭を熱っぽくする。わたしたちは、そこから、その人物は「熱がある」と推論する。このような因果関係を知っていれば、観察結果から「目に見えない」原因を再構成することができる。混乱を避けるために、このように因果関係を推論するのに決定的な手がかりに言及する場合は、記号ではなく、**指標** index と呼ぶほうがよいかもしれない。

記号の機能

上記の事例においては、問題の現象は、自然的要因によって解釈されている。ここで、二つの論点を指摘しなければならない。一つは、自然科学的世界像に関することである。社会科学は、これまで、いわゆる自然現象に関する〔自然科学的な〕解釈の大半が、実際には、社会的な産物であることを指摘してきた。たとえば、科学者の研究そのものが、社会的な活動であり、そこでは、社会的な意味が大きく物を言う。さらにまた、物理学における推論の多くは、未発見の現象に関わるものであり、観察によって解釈の可能性が制約されているわけではない。いま一つは、文化的な記号の恣意性に関することである。文化的な記号は恣意的であるといっても、それは、文化的な記号に実効性がないことを意味するものではない。文化的な記号は、わたしたちの行動に制限を加える。わたしたちは社会生活のなかでさまざまな可能性と向き合っているが、その可能性が文化的な記号によって制限される。その限りでは、文化的な記号のおかげで、行為が可能になることもあれば困難になることもある。文化的な記号がいかなる効果を発揮するかは、文脈や権力――わたしたちに、どれだけの力があり、その効果を変えることができるか――によって変化する。たとえば「貧困」は、ある文化的範疇を恣意的に指す用語にとどまらない。それは、人々が、物質的に、かれらが身をおく社会の基礎水準に照らして、日々の欲求を満たすのに十分な収入を得られないことを指す。

かくして、記号が恣意的であるからといって、選択の自由があるわけではない。最も制約のない記号は、文化的な識別機能しか果たさず、人間のコミュニケーションの欲求を満たすだけの記号である。そのような記号として真っ先にあげられるのは、言語である。言語は、コミュニケーション機能に特化した記号システムである。言語においては(そして言語においてのみ)、記号の恣意性に制約がない。たとえば、人間は発声能力をもつ。この音声は、所要の対立を作り出すのに十分なだけあるならば、まったく恣意的にいくらでも調整が可能である。同一の対立が、さまざまな言語で、各種の対語をもって——少年と少女、熱いと冷たい、大きいと小さいといったかたちで——組み立てられる。フーコー、ブルデュー、その他の批判的な言語学者[5]が指摘してきたように、言語と権力はまた、語りうることを制限するというかたちで、互いに手を結ぶ。

記号システムは、他の人間の欲求と密接に結びついているがゆえに、他の〔文化的・コミュニケーション的機能以外の〕機能に縛られている。たとえば、衣服は、恣意的な記号性に富んでいるが、同時に、厳しい気候から身体を守り、体温を保ち、皮膚の敏感な部分を補助的に守り、さらには品位の基準を保つものである[6]。同様に、さまざまな食品や食事に、どれほど豊富かつ明確に意味上の差異が刻印されると言っても、どんな材料も、文化的な識別の対象になるわけではない。人間の消化システムの特性からして、どんな材料でも食べられるわけではない。さらに、お茶かディナーか、フォーマルかインフォーマルかによって、食事の特徴は明示されるが、それらが栄養素を提供する機会であることに変わりはない。とどのつまり、それらは、食物の摂取なのである。人間の言語能力は、コミュニケーションのためだけに使われるが、他のコミュニケーションのメディアは、記号論的な（意味伝達の）機能のほかに、他の欲求を満たす機能も備えている。それらのコードは、他の——コミュニケーションが最重要ではない——機能の上に刻まれている。

自然の偽装

これまで繰り返し述べてきたように、行為の可能性を広げる事象は、行為の可能性に制限を設けることで、わたしたちの潜在的な可能性を狭める事象にもなりうる。その限りでは、文化が最も効果的に機能するのは、自然に偽装した場合である。そのとき、人為的なものは、「事物の本質」に根差し、いかなる人間の決定や行為によっても覆すことのできないものになる。男性と女性が別個の地位や待遇を与えられることは、生誕とともに刻み込まれるものであるが、それが真に確固たるものになるのは、両性の関係があらかじめ決められたものであると疑問の余地なく認められるときである。男女の社会的な性別は、実際には文化的に生み出されたものであっても、男女の性器や生殖機能の間の生物的性別と同じく、自然なものと映る。

文化は規範の恣意性を増殖させるが、その恣意性が露呈しない限り、文化は自然を偽装し続ける。文化は、他の慣習を見聞きしない限り、自然のように映り、自然のように振る舞う。しかし、わたしたちは、だれしも多くの異なる生活様式があることを知っている。自分の周囲には、自分とは服装も会話も態度も異なる人々が多数いる。わたしたちは、文化が単一ではなく複数あることを知っている。別の秩序の制約を受けない、一つの普遍的な条件が存在するがごとくに、一つの文化によって、人間の行動を完全に掌握できるということはない。文化が自然を偽装するなかで、わたしたちは、幾度となく〔他の選択の余地はないのかという〕疑問に出くわす。その都度、わたしたちは、現状が「正当」である理由を説明しなければならない。わたしたちは、あるオープンで好奇心に満ちた文化[7]を通じて、このような問いに行き会う。しかしまた、それらの問いは〔反作用的に〕現状が紛れもなく事物の「自然な秩序」であると見なすよう、わたしたちをうながす。

国家と市民権

文化的なヘゲモニー

現状に疑問をもったり、その正当化を行ったりするなかで生じるのは不確実性である。それが快適な状態であることはめったになく、それから脱しようとする試みがしばしばなされる。それゆえに、文化的な訓練によって推進される規範遵守の圧力には、他の文化の規範の信用を落とし、評判を傷つけようとする努力がともなっている。「純粋」と「不純」の修辞（レトリック）の助けを借りて「自然性」が喧伝される一方で、他とは異なる、固有の文化のなかで生活する権利が表明される。たとえ、他の生活様式が、実行可能な文化として、固有の権利において認められるにしても、それは、風変わりで、どことなく危険なものとして描かれる。それは、平凡な人々にとっては十分なものかもしれないが、自分たちにとってはけっしてそうではない。わたしたちは、ここに、さまざまなレベルの**外国人恐怖症** xenophobia あるいは**異性恐怖症** heterophobia を見て取ることができる。それらは、アンビヴァレンスに対して、秩序を守るための方策の一つである。「わたしたち」と「かれら」、「こちら」と「あちら」、「内部」と「外部」、「自国」と「外国」の区分によって、一定の領域が確定する。そこでは、既存のシンプルな文化の名において、完全な支配が主張されるとともに、その領域をすべての競争相手から守ろうとする意思が表明される。他の文化に対する寛容な態度は、通常、その文化が離れている場合にとられるだけである。自分の領域が脅威にさらされるとき、「侵入」や「純潔」の修辞が使われるとは限らない。しばしば、それは、別の修辞の姿を借りるのであって、その修辞はこう宣言する。すべての人々は、望み通りの生活を送る権利をもつが、それは、「自国」においてだけである。

このような活動は、文化的な**ヘゲモニー**の過程と呼ばれてきた。この用語で示されるのは、微妙にして有効な一つの過程であるが、それは、規範や価値を独占して、特定の秩序を構築することを目指している。文化は、布教的な活動である。文化は、働きかける対象に、古い習慣や信仰を捨てさせ、他の習慣や信仰を受け入れさせたり、自らの優位性に基づいて他の文化を批判したりすることで、その改宗を目指す。他方、いくつかの文化的な構想（デザイン）が、影響範囲を区画する明確な境界線もなしに共存する場合、「多文化主義」(8)が実現するかもしれない。そのような状況では、相互の寛容が、建設的にして平和的な共存のために必要な態度となる。相手の価値や相手の立場の正当性を相互に承認し合うことのなかに、それは生まれる。

二つの帰属

このような論点は、「市民権とは何か」という問題と結びついている。市民権は、個人が出生地に基づいて賦与される資格である(9)。さらにまた、それは、ある国への帰化申請の結果として賦与されることもあれば、これまでのつながりやある国への貢献のおかげで――結果的にそれが報われることで――賦与されることもある。ほかにも、迫害によって難民となり、政治的な亡命や一時的な居留を申請する人々もいる。これらの論点を考慮に入れれば、文化、民族、ナショナリズムに関わる信念が、個人に賦与される地位や、申請の承認あるいは拒否をかたちづくることが分かる。申請が承認される場合、個人のアイデンティティと国民の一人として国家に所属することが接合する。

何かの申請をする際に、わたしたちは、日常的に申請書の項目を埋めることを求められるが、その項目を思い起こしてみよう。わたしたちは、自分について、多くのことを記入しなければならないが、そのなかに、国籍に関する質問が含まれている場合がある。それに対する回答は、「アメリカ人」「イギリス人」「ドイツ人」「イタリア人」「フランス人」「ポルトガル人」などである。しかし、「イギリス人 British」と答える場合に、「イングランド人 English」(あるいは「ウェールズ人」「スコットランド人」「ユダヤ系」「ギリシア系」)と答えることもできる。二つの回答は、ともに、国籍に関する質問に対する適切な返答となっているが、言及している内容は異なっている。「イギリス人」と答える場合、その人物は、自分が「英国国民」の一人であること、大英帝国ないしは連合王国と呼ばれる国家の市民であることを述べている。「イングランド人」と答える場合には、自分がイングランド民族に属するという事実を伝えている。国籍に関する質問には二つの回答が可能であり、その二つがともに容認されるが、そのことは、二つの帰属が明確に区別されるものではなく、混同されがちであることを示している。しかし、国家と民族は重複しがちであると言っても、別個の概念であり、それぞれに帰属することは、異なる関係に参画することを意味する。

国家とは何か

まず、**国家** state には、固有の領土があり、その領土は、中央権力によって統治されている。国家権力が及ぶ領域の全住民は、この国家に属する。この場合「属する」ということは、何よりもまず法的な意味をもつ。「国家権力」とは、「国法」を公布し、施行する能力を意味する。「国法」とは（国家そのものが免除しない限り）国家権力の下にあるすべての人々——市民ではないが、たまたま物理的に、その領域に身をおく人々も含む——が遵守しなければならない規則である。もし、法を守らなければ、罪人として罰せられることを覚悟しなければならない。人々は、好むと好まざるとにかかわらず、法に従わなければならない。ヴェーバーの主張を敷衍するならば、国家は、合法的な暴力装置を独占している。国家は、国家だけが強制力を行使する権利（法を守るために武器を使用する権利、拘禁によって法律違反者の自由を奪う権利、究極的には、矯正の見込みがないか法律違反が重大で死をもって罰するほかない場合に、その違反者を処刑する権利）をもつと主張する。国家の命令で処刑が実施される場合、その行為は殺人ではなく、合法的な処罰と見なされる。しかし、この解釈に大いに議論の余地があるのは明らかである。国家が物理的な強制力を独占していることは、裏を返せば、国家によって権威づけられていない力の行使、つまりは国家から権限を付与された代理人以外の者による力の行使は、暴力行為として非難されることを意味する。もちろん、国家の代理人として行動するからといって、不法な暴力行為やテロ行為に手を染めることと無縁であるとは限らない。

国家によって布告され、守護される法は、国民の権利と義務を定める。義務のなかで最も重要なものの一つは、納税である。それは、所得の一部を国家に譲渡することであるが、国家はそれを譲り受けて、さまざまな用途にあてる。他方、権利には、(1)まず、個人的な権利がある。そのなかには——権限を与えられた国家機関によって、別段の取り決めがされない限り——自分自身の身体や財産を守る権利が含まれる。そしてまた、自分自身の意見や信仰を表明する権利も、それに含まれる。(2)次いで、政治的な権利がある。政治的な権利とは、国家機関の組織や政策に影響を及ぼす権利である。たとえば、自分たちの代表者の団体を選出する権利は、その一つであるが、〔議院内閣制の下では〕この団体のなかから国家機関の統治者あるいは行政官が選出される。(3)三番目に、T・H・マーシャル〔イギリスの社会学者〕が説くように、社会的な権利がある。特定の個人がいくら努力しても、基礎的な生活が実現できず、最低限の欲求も充足できない場合、国家がそれを保証するというのが、この権利である。

注意を要するのは、社会権が、財産権に異議を申し立てる権利であるということである。社会権は、アイザイア・バーリン〔イギリスの哲学者〕の有名な自由の二類型を援用すれば、「消極的な自由」と「積極的な自由」の両方に関連している。「消極的な自由」は国家の干渉からの自由を意味する。それは、財産権に基づくもので、各人の土地や財産に対する権利を認めるとともに、各人が自分の財産をどう処分するかについて、国家の関与を最小限しか認めない。これに対して「積極的な自由」は、財産の有無に関係なく、一定の資格を人々に賦与しようとするものである。いかなる星の下に生まれ落ちるかで、豊かな者もいれば、貧しい者もいる。慈善事業(チャリティ)への寄付は、「消極的な自由」と関連している。それを通じて、富裕層の人々は、所得のほんの一部を価値のある目的に提供する。しかし、受け手にとって、それは、市民権の成果としての「権利」ではなく、「贈与」のかたちをとるにすぎない。これらの論点が、この権利の侵害の周辺でしばしば耳にする運動の標語や権利の要求をかたちづくる。たとえば「慈善ではなく権利を」とか「教育は権利であって恩恵ではない」がそれにあたる。

権利と義務

国民は、権利をもち、義務を負っている。国民は、まず、好むと好まざるとにかかわらず、税を、つまりは所得税、地方税、付加価値税〔消費税〕などを支払わなければならない。その一方で、自分の身体や財産が脅かされたときには、当局に不平を言い、助力を請うことができる。国のおかげで、支払い能力がなくとも、義務教育や公共医療サーヴィス(イギリスの国民保健サーヴィスは非凡な制度であって、万民が医療を受けることができ、全般的な経済的・社会的な福祉に向けて、より多くの人々が健康な状態を手にできるようにするために、一九四八年に設けられた）を受けることができる。

権利をもち、義務を負うことで、国民は、国家によって保護されていると同時に抑圧されているという感覚をもつ。わたしたちが享受する生活の平和は相対的なものである。その平和が〔国家権力という〕恐ろしい力のおかげであり、その力はつねにどこかに待機していて、平和の破壊者が現れようものなら、その破壊活動を抑止してくれるとわたしたちは思っている。東西冷戦下では、核兵器をめぐる「相互確証破壊 MAD」によって、この〔恐怖と平和の〕均衡が判断された[10]。国家権力だけが、許されることと許されないことを区別することができ、国家機関による法の行使が、この区分を永続的で安定したものにする唯一の方法である以上、国家が相手を懲らしめる拳を引っ込めたとたん、暴力と混乱が支配するとわたしたちは信じている。わたしたちの安心や平和が国家権力のおかげであり、それなしには安心も平和もないとわたしたちは信じている。しかし、多くの場合、国家が出しゃばって、私生活に干渉してくることにわたしたちは憤慨する。国家の**保護的**機能が、何かをすること――邪魔が入ることなく計画が実行できると信じて行為を計画すること――を可能にしてくれるならば、国家の**抑圧的**機能は、それを不可能にする。それゆえに、わたしたちは、国家を両義的なものとして経験する。すなわち、それを好み、必要とすることもあれば、それを嫌い、不快に思うこともある。

二つの感覚がどういうバランスをとるかは、状況次第である。もし、わたしたちが裕福でお金に不自由していなければ、人並み以上の医療サーヴィスを自力で得られる見込みがある。その場合、政府が税金で国民保健サーヴィスを運営することを腹立たしく思うであろう。それに対して、もし、わたしたちの収入が大きくなく富裕層向けの医療サーヴィスに手が届かなければ、病気の際に自分を守ってくれる装置として国家を喜んで受け入れるであろう。注意すべきことは、一般に、国民国家に関連する課税と給付のシステムが、生活機会にどのような影響を及ぼすかは計りがたいということである。わたしたちの関心は、自分自身に、つまりは自分が周囲からいかなる影響を受けるかにある。もちろん、それは、しごく当然のことである。しかし、イギリスの医療事情では、国民保健サーヴィスが医師や看護師を訓練し、民間部門が必要とする医学的な技能や知識を提供することなしに、各人が民間の医療を受けることはできない。同じく、国の教育部門が雇用市場に知識や技能を備えた人材を供給することなしに、経済が効果的に機能することもない。

そこから分かることは、同じように状況に依拠しつつ、Aは、国家の活動の結果として自由の増大つまりは選択の幅の拡大を経験するのに対して、Bは、そのような活動を選択の幅の制限ないしは縮小ととらえるということである。総じて、だれもが、できるだけ権限が付与され、できるだけ抑圧が少ないことを望んでいる。何が自分に権限を付与し、何が自分を抑圧するかの認識は、人によって異なるかもしれないが、その混合の割合を調整したい、あるいは、少なくともそれに影響を及ぼしたいと願うことは同じである。わたしたちの生活が国家の活動に依存すればするだけ、この願望は広範囲にわたり、強くなる。

市民権

市民であることとは、国家が規定するように、権利と義務の保持者としての国民であることを意味するが、同時にそれは、権利と義務をかたちづくる国政の決定に発言権をもつことを意味する。言い換えれば、**市民権** citizenship は、国家の活動に影響を及ぼし、「法と秩序」の定義と管理に参画できることを意味する。実際に、市民がこのような影響力を行使するには、国家の規制に対して一定の自律性を享受しなければならない。言い換えれば、国民の活動に国家が干渉することについて種々の制限が設けられなければならない。わたしたちは、ここで、国家の活動が権限の付与と抑圧の両面をもつという問題に再度直面する。たとえば、国家の活動が秘密に包まれているとすれば、そしてまた「普通の人々」が為政者の意図や活動を見抜いていなければ、市民権は十分に行使しえない。政府がこの〔情報開示の〕目標をきちんと理解せず、国民が国政に関わる重要な事実に接近するのを拒否するとき、市民権は侵害される。国家の措置によって生じた結果を、国民が評価できないからである。

それゆえに、国家と国民の関係は、しばしば緊張に満ちたものになる。国民は、市民になるために、つまりは、いっそう国民を統制しようとする国家の野望から自らの地位を守るために、国家と闘争しなければならない。この闘争において国民が遭遇する主要な障害は、国家は「保護者」であり「治療者」であるという思想である。前者は、国民を、自分にとって何がよいかを決定できず、自分の利益に適うように行動できない〔未熟な〕存在として扱う傾向を指す。後者は、国家当局が、国民を、医者が患者を扱うのと同じような態度で扱う傾向を指す。この場合、国民は、自分自身では解決できない問題を背負った存在となる。国民は、自分の「体内」に巣くう問題の解決のために、専門家の指導や監督を必要とする。患者が、医者の指示に従って健康の改善に取り組むように、国民は、国家の教育や監督を受けなければならない。

国家の立場からは、国民は、規制の対象と見られがちである。その場合、国民の行為は、恒常的に国家による規制や指示を必要としている。もし、国民が国家の意図しない行動をとるとすれば、国民自身に何か問題があるのであって、かれらがいかなる社会的文脈におかれているかは何ら問われない。このように社会の問題を個人の問題に還元する傾向は、国家と国民の非対称的な関係を背景としている。患者は医者を選ぶことができると言っても、いったん選んだからには、医者の言うことを聞き、それに従うことを要求される。医者は、議論ではなく、規律を要求する。同様に、国家は、自分の指示に従うことが市民の最高の利益になるとほのめかしつつ、その指示に市民が——妥当性の検証抜きに——従うのは当然であると主張する。「司牧権力 pastoral power」の行使と呼ばれるものが、これにあたるが、その目的は、個人を「悪しき傾向から守る」ことにある。

この過程では、市民の利益のために、国家が市民に情報を公開しないことが正当化される。国家は情報を細大漏らさず収集し、保存し、処理するが、それに付きまとうのが、秘密主義の慣行である。もちろん、国家は、政策の立案や実施に役立つように、それらの情報を収集する。しかし、同時に、国家自体の活動に関する資料は「機密」に分類され、その漏洩は、訴追の対象となる。大半の国民は、このような情報へのアクセスを拒まれているので、それが許されている少数の人々は、残りの人々よりも明確に優位に立つ。国家は、情報収集の自由を有しているが、同時に秘密主義の慣行ももっている。その結果、国家と国民の相互関係の非対称性は、ますます深まる。

愛国心

このように国家は指導的地位を熱望するが、潜在力からすれば、市民権は、この国家の地位に対抗する傾向をもっている。それは、二つの相互に関連するが別個の目標に向かう運動となって、わたしたちの眼前に現れる。一つは、**地方分権**の運動である。そこでは、国家権力は、地方自治の敵と見なされる。地方の業務を〔国家の統制から離れて〕自主管理したいという願望は、いかにして正当化されるか。その理由として持ち出されるのは、地方の利益や問題の特殊性である。さらに、地方の首長や議員は、地域住民の近くにあって、地域の関心に敏感に応えることを求められる。二つ目の国家に対抗する運動は、**脱領域化**の運動である〔第7章参照〕。国家権力の領域的な基盤は、つねに内外からの挑戦にさらされている。そこで国家権力は、「国民」が居住地を共有していることにとどまらず、別の特徴を共有していることを宣伝する。民族・宗教・言語などがそれであって、それらの特性を共有することが、人間の生活全般に重要な意味をもつことを指摘する。自治権あるいは分割管理権の要求は、この一元的・領域的な権力の画一化の圧力に抗するものである。

このような傾向のゆえに、最もよい環境の下でも、国家と国民の間には葛藤や不信が残る。したがって、国家は、自らの正当性を確保しなければならない。国家の命令に従わなければならないことにはそれ相当の理由のあることを、国民に納得させなければならない。正当化は、国家権力に由来するものは何にせよ、それに従う価値があると国民に信じさせること、そしてまた、それに従わなければならないと国民を納得させることを意味する。その限りでは、正当化は、国民が国家への無条件的な忠誠心をもつことを目標とする。そこでは、「祖国」に帰属することのうちに安心が生まれ、各人は国の富や力から恩恵を得ることができると主張される。これに付随して、行為の指針となるのが、**愛国心**である。それは、祖国愛にして、自国を強く、豊かにしようとする一般意思と理解される。合意と規律の結合によって、すべての市民はより豊かになり、不和ではなく協調行動は、すべての市民に恩恵をもたらすというのが愛国心の理念である。

もし、愛国的服従が、理性の名において要求されるならば——すべての計算は計算外の結果をもたらすという前提の上で——その主張を、理性的な検証にかけたいと思う人々もいるかもしれない。積極的に抵抗することで得られる利益と不人気な政策に服従することの費用を比較衡量する人々もいるかもしれない。そして、抵抗するほうが服従するよりも相対的に安上がりで損害も少ないことに気づいたり、納得したりする人々もいるかもしれない。市民的不服従を、道を誤った人々のもつ歪んだ願望と見てはならない。国家の活動を正当化しようとして、種々の努力がなされるが、その間隙（かんげき）を縫って、市民的不服従は生じる。この過程は、ほとんど限りなく、いつまでも続くものであって、どの程度の反抗が生じるかが、国家の政策がどれほど抑圧的なものであるかの指標（バロメーター）として機能する。デュルケームが、国家・犯罪・逸脱などについて論じる際に、とくに強調しようとしたのが、この社会学的洞察であった。実際、デュルケームの永遠の遺産は、かれが、こう論じたことにある。すなわち、社会は、人々を道徳的に教化しようとする力であり、その力の行使は、国家の活動や政策のみならず経済的利害によって、推進されることもあれば、妨害されることもある。

民族とナショナリズム

民族とは何か

人々を国家の規律に従わせることには、内的な矛盾がつきまとうが、それと無縁なのが、民族への無条件的な忠誠である。すなわち、理性や計算に訴える必要がないのが、**ナショナリズム**である。ナショナリズムも、服従することでいかなる利得が得られるかという意味で、人々の利益に訴える。しかし、そこでの服従は、通常〔何らかの目的のための手段ではなく〕そのこと自体が一個の価値をもつ服従である。民族のメンバーであることは、個人であることよりも強力な運命として理解され、自由に着脱できない資質となる。個々のメンバーにアイデンティティを付与するのは民族であるというのが、ナショナリズムの含意である。民族は、国家とは異なり、人々の共通の利益の増進のために結成されるアソシエーション〔結社〕ではない。それどころか、民族の団結〔その共通の運命〕は、利益に関するあらゆる考慮に先立つとともに、利益に意味を与える。

国民国家 nation state は、それがどう組織されているか、いかなる状況に直面するかに依存しながらも、利益の計算に言及するのでなく、ナショナリズムの潜在力を利用することで、自らを正当化する。国民国家は、民族の名において語ることで、服従を求める。国家の規律に従うことが、それ自体の追求以外の目的をもたない、一つの価値となる。この状況では、国家に従わないことは、法律違反以上の悪行となる。それは、民族の大義を裏切る行為——その行為者は尊厳を剝奪され、コミュニティの外部に放逐されてしかるべき極悪非道な行為——となる。国家と民族の間に互いに引きつけ合う力が働くのは、それぞれが自らを正当化するため（より一般的には、それぞれがメンバーの行動の調和を確保するため）である。国家は、メンバーに規律の遵守を求めるために民族の権威を引き合いに出す傾向があり、民族は、メンバーに忠誠を求めるのに国家の強制力を使おうとして、自らが国家になる傾向をもつ。しかし、注意を要するのは、すべての国家が〔単一民族からなる〕国民国家ではないし、すべての民族が自分の国家をもつわけではないことである。

民族 nation とは何か。これは名うての難題であって、一つの解答で万人を満足させられるようなものではない。まず、国家が「実在する」のと同じ意味で、民族は「実在する」ものではない。国家は、地図上でも地表上でも、明確に境界線が引かれているという意味で「実在する」ものである。その境界線は、総じて力によって守られており、でたらめにある国から別の国へ移ろうとしても（国の出入りを試みても）、きわめて現実的で具体的な抵抗に出くわすだけである。その抵抗は、行動の制限を通じて、国家が「実在する」ことを実感させる。国家の境界線の内側では、一定の法律が拘束力をもっている。ここでもまた、その法律は「実在する」ものであって、その存在を無視したり、それが存在しないかのように行動したりしようものなら、他の物体の存在を無視する場合と同じく、行為者は「痛い目に遭う」ことを覚悟しなければならない。

同じことは、民族には当てはまらない。民族は「想像のコミュニティ」であって、そのメンバーが、精神的・情緒的に、ある集合体と「自らを同一化 identify」する限り、実体的に存在するにすぎない。なるほど、各民族は、たいてい空間的につながった領域に居住している。各民族がもっともらしく説くように、それによって、各民族には固有の性格が与えられるかもしれない。しかし、民族が一定の領域に居住しているからといって、その領域に十分な——国家が後押しする「国法」の単一性に匹敵しうる——均一性が生まれることはめったにない。民族は、いかなる領域でも、居住を独占しうることはまずない。ほとんどいかなる領域でも、自らを別の民族に属すると規定し、別のナショナリズムから求められる忠誠心を保持する人々が共存している。多くの領域では、どの民族もマジョリティを主張できないし、ましてや、他の民族に対してその領土の「民族的性格」を規定するのに十分なくらい優位に立つ地位を主張できない。

民族が、通常、共通の言語によって区別され、統合されているというのも事実である。しかし、共通かつ固有の言語と称されるものは、概ね、ナショナリズム的に（しばしば異論を退けて）決定されるものである。地域の方言が、語彙や構文や語法において非常に癖があるために、ほとんど相互に理解できない場合があるが、民族的な結束を損なう虞(おそれ)があるという理由で、それらのアイデンティティは否定されたり、積極的に抑圧されたりする。その一方で、さほど大きくもないローカルな差異が強調され、その特徴が誇張されることで、ある方言が別個の言語や別個の民族の弁別的特徴の地位にまで高められる場合もある(ノルウェー語とスウェーデン語、オランダ語とフラマン語、ウクライナ語とロシア語の差異は、同一の民族言語のなかの変種として説明される多くの「内なる」方言の間の差異よりも——それらが差異と認知されるならば——はるかに目立たないであろう)。[11]さらに、同一の言語を使いながらも、別個の民族を名乗る集団も多い(ウェールズ人やスコットランド人が英語を使うこと、旧イギリス帝国〔現イギリス連邦〕下の諸民族が英語を使うこと、オーストリア人やスイス人がドイツ語を使うことなどを想起されたい)。

領域や言語が、民族の「実在性」を創出する決定的要因として不十分であることには、もう一つの理由がある。簡単に言えば、民族には自由に出入りできる。原則として、いかなる民族に忠誠を誓うこともできる。転居して、異なる民族のなかで生活することもできれば、他の民族の言語を習得することもできる。もし、居住地や言語コミュニティが民族の唯一の構成要素であるならば(居住地と言っても、防御された境界線をもつ領域ではないし、言語コミュニティと言っても、権力者によって他の言語の使用が認められていないという事実によって、ある民族言語の使用を強いられている状況ではない)、民族は、すべてのナショナリズムが要求する絶対的・無条件的・排他的な忠誠を要求するにしては、あまりにも「穴が多く」「無規定」である。

ナショナリズムの要求は、民族への帰属が、選択ではなく運命であると理解されるとき、最も説得力をもつ。その際、民族は、過去においてしっかり確立しているので、人間はそれに介入できないと仮定される。民族は、文化の恣意性を超越するものと考えられるので、ナショナリズムは、起源の神話をともなう信念を獲得しようとする。この神話こそが、目的に向けて最も潜在力のある道具として機能する。それが示唆するのは、たとえ文化的に創造されたものであっても、歴史の過程を通じて、民族は真に「自然な」現象となり、人間の制御を超えた何かになるということである。神話が語るところでは、民族の現メンバーは、共通の過去によって結ばれており、それから逃れることはできない。民族精神は、共通かつ固有の財産と見なされる。それは、かれらを結束させるだけでなく、すべての他の民族や、コミュニティへの参加を切望するすべての個人からかれらを区別する。それゆえに、クレイグ・カルホーン〔アメリカの社会学者・歴史家〕が指摘するように、民族の観念は、よく似た人々の範疇として成立すると同時に、「超個体的 supra-individual」な範疇として成立している。

国家と民族の結合

起源の神話、民族は「自然」なものであるという主張、民族のメンバー資格が生得的・

世襲的であることは、ナショナリズムを一つの矛盾に巻き込まずにはいない。一方で、民族は、歴史の審判を経て今日に残るもの、自然現象と同じく客観的にして確固たる現実と見なされる。他方で、それは、不安定なものである。その一体性や凝集性は、他の民族の存在によって、絶えず脅かされている。たとえば、他の民族のメンバーは、いつ何時こちらの隊列に入り込もうとするか分かったものではない。そこで、民族は、他の民族の侵入から自らを守ることで、これに対応する。警戒や努力を怠っていては、存続は覚束ない。ナショナリズムが、権力――強制力を使用する権利――を必要とするのは、このためである。民族の維持や継続を確保するには、権力がなくてはならない。その際、国家権力が動員されるが、(すでに見てきたように)それは、強制的手段の独占を意味する。国家権力だけが、行為に関する一律の規則を強制し、市民が従わなければならない法律を公布することができる。このように、自らの正当化のために国家がナショナリズムを必要とするのと同じだけ、ナショナリズムも自らが実効性をもつために国家を必要とする。国民国家は、この相互の吸引力の産物である。

一度、国家が民族と結びつくと――民族の自治機関と化すと――ナショナリズムが理想を実現する見通しが格段に高まる。いまやナショナリズムは議論の説得力だけを頼みとする必要はなくなる。国家権力のおかげで、官公庁・法廷・議会などで、民族言語を強制的に使用させることが可能になる。好ましい民族文化一般とりわけ民族文学や民族芸術の競争力を高めるために、公的資源が動員される。とりわけ、それは、教育の統制を意味する。教育は、自由に選択できるものであると同時に、義務的なものとなり、だれも排除されないと同時に、その影響から逃れられなくなる。普通教育によって、国土の全住民に、国家を支配する民族の価値を教え込むことが可能になる。成功のレベルはさまざまであるが、これまで理論的に語られてきたことを現実化する試みがなされる。すなわち、民族の「自然性」が実現する。

自民族中心主義

教育、広範囲に拡散し遍在する文化的圧力、国家によって強制される行為の規則が、複合的な効果を発揮して、固有の生活様式への愛着を生み出すが、それは、自分も「民族のメンバーである」という帰属意識と密接に結びついている。この精神的な紐帯は、意識的で明示的な**自民族中心主義**のかたちで現れることもある。この態度を特徴づけるのは、自民族とそれに関わるものは、正しく、道徳的に称賛に値し、美しいという確信である。自民族中心主義はまた、自他の対比を通して構成されるもので、次のような信念は、その典型例にあたる。自民族とそれに関わるものは、他の選択肢として提示されるものよりもはるかに優れており、自民族にとっての善は、他のいかなる人々の利益よりも優先されてしかるべきであるという信念がそれである。

自民族中心主義は、公然と説かれるものではないが、特定の、文化的に形成された環境に生まれ育ち、そこに身をおくことでホッとし、安心できるような人々の間に深く浸透している。それゆえに、そこでは、思想的勝利が約束されている。慣れ親しんだ状況から外れることで、これまでに習得した技能の価値がなくなり、不安、漠然とした不満、さらには、あからさまな敵意までが生じる。敵意は、混乱の元凶と見なされる「外国人」に向けられる。「連中には、態度を改めてもらわなければならない」。こうして、ナショナリズムは、文化的な撲滅運動（クルセード）に手を染めがちであるが、この運動は、外国人にその流儀を変えたり、改めさせたりするとともに、かれらを支配的な民族の文化的権威に従わせようとする。

同化

文化的な撲滅運動の全般的な目的は、**同化**である。同化は生物学に由来する概念で、生体が自らを養うために自分の周囲の要素を同化したり「異物」を自分の身体に変形させたりすることを指す。同化によって、異物は「同類」となり、異なっていたものが似たものになる。たしかに、ナショナリズムが従事する仕事は、つねに同化である。民族には「自然な一体性」があるとナショナリズムは公言するが、その民族を、まず創造しなければならず、しばしば冷淡にして多様な人々を、民族的な特性を示す神話や象徴の周囲に結集することが、その方策となる。同化の取り組みが、一番顕著で、内的な矛盾をさらけ出す場合がある。これまで特定の領域で勝ち誇ったように国家を支配してきたナショナリズムが、その領域の住人として「異質な」集団と遭遇するときがそれである。「異質」な集団とは、(1)別個の民族的アイデンティティを主張したり、(2)すでに文化的な一体化を経た人々によって、自分たちとは別個で、民族的に異質と見なされたりする人々のことである。この場合、同化は、布教活動の様相を呈する。つまりは、異教徒を「本当の」宗教に改宗させることとほとんど大差のないものになる。

逆説的なことに、文化的な改宗の試みは、身の入らないものになる。その改宗がうまく行くと、ナショナリズムに付随する内的な矛盾が露呈する。一方で、ナショナリズムは、自民族の文化や気質の優越性を主張する。それゆえに、そのような優秀な民族が周辺地域の人々にとって魅力をもつことが期待され、国民国家の場合は、国家権力に対する人々の支持の取り付けや、国家が推進する画一性に抵抗する他の権力の基盤の切り崩しが行われる。他方で、異質な要素が民族の内部に流入する場合は——とりわけ、受け入れ側の民族が「両手を広げて」、好意をもって受け入れることで、その流入が容易になる場合は——民族のメンバー資格の「自然性」に疑問が投げかけられ、民族的な団結の基礎そのものが大いに揺らぐ。人々は勝手に居場所を変える。すなわち、眼前で、昨日までの「かれら」が「わたしたち」に姿を変える。この場合、民族性は、たんに選択の問題であるかのように映る。選択は、原則的に、過去の選択と異なっていてもよいし、いつでも取り消し可能である。その結果、同化の取り組みは、有効であるにしても、民族や民族のメンバー資格が不安定で自由な選択の対象であることを浮き彫りにする。それは、まさに、ナショナリズムが隠そうとしてきた事態にほかならない。

文化的な撲滅運動は、異質な人々を引きつけ、悔い改めさせようとするが、かれらを同化しようとすればするだけ、敵意も強まるのが通例である。同化の過程で、異質な人々は、秩序や安定に対する脅威に仕立てられる。かれらは、人為的に創造したり制御したりできないと思われているものに、異議を申し立てるからである。これまで自然の境界と思われてきたものが、実際には人工的なものであり、さらには通過可能であることが明らかになる。それゆえに、同化の活動は、けっして終わることはない。同化を求める側からすれば、同化した人々はいつまた裏切るかもしれない連中である。かれらは姿を偽っているかもしれない。同化が成功すると、当初の意図に反して、次のような信念が広がる。境界線は永続的なものであり、「真の同化」など不可能であるという信念がそれである。

人種

その際、ナショナリズム的傾向をもつ人々にとって、相互の差異を認識したり尊重したりすることは、選択肢とならない。同化が不成功に終わると、かれらは、頑丈にして堅固な人種主義的な防衛線まで後退する。民族とは異なり、**人種**は、公然と、かつ明確に自然の事物と理解されている。人種は、人為的でない、人間の力ではどうにもならない特性を示している。人種には、通常、純粋に生物学的な意味が与えられる。各人の性格・能力・気質などは、目に見える外在的特徴と密接に関係しており、遺伝的に決定されているという観念がそれである。この観念は、いかなる場合でも、遺伝的な特質に言及するので、人種と向き合うとき、教育もなす術がない。自然が決定したものを、人間の教育では変更できない。民族とは異なり、人種は同化しえない。したがって人種的な境界線を引いたり保ったりしようとする人々の間では、「純潔」や「汚染」といった言葉が使われる。〔人種的純粋性が損なわれるという〕おぞましい出来事を回避するには、異なる人種の人々を分離し、隔離しなければならない。一番よいのは、かれらを遠くに移住させて、人種の「混合」が生じないようにすることである。それによって、自分の人種を「汚染」から守ることができる。

ナショナリズムの利用

同化と**人種差別**（レイシズム）は、根本的に対立するように映るが、それらは同一の源泉に端を発している。ナショナリズムに毒された人々が境界設定に走る傾向をもつことがそれである。同化と人種差別は、それぞれ、その内的な矛盾の一方の極を強調しており、状況に応じて、どちらか一方が、ナショナリズム的な目標追求における戦術として用いられる。しかし、両者は、いかなるナショナリズム的な運動にも内在するものであり、相手を締め出すというよりも、互いに相手を支援し補強し合っている。わたしたちは、ここでもまた、ナショナリズムの強さを目にする。その強さは、社会的秩序の増進や存続において、ナショナリズムが接合的な役割を果たすことに由来する。社会的秩序を規定するのは国家であるが、ナショナリズムは、その秩序の実現に協力する。その際、ナショナリズムは、広範囲にわたる異性恐怖症――さきに述べたように、異質なものへの敵意〔本章〕――を「接収し」、国家への忠誠や支持や国家権力に対する規律の確保のために、それを動員する。

それによって、ナショナリズムは、国家権力の実効性を高める。同時に、ナショナリズムは、社会的現実の形成に際して国家権力の資源を活用するが、結果として、新たな異性恐怖症が供給され、新たな資源動員の機会が生じるだけである。強制力の独占を守ろうとする限り、国家は、原則的に、民族集団や人種集団が暴力を用いて私的に問題解決を図ることを禁じる。たいていの場合、国家は、ちょっとした差別に際して、民間団体が主導権を発揮し、実力行使に訴えることを許さないし、それを罰することすらある。国家は、他のすべての資源と同じく、ナショナリズムを媒体として、〔自らが構想する〕唯一の社会的秩序を維持し、強制しようとする。同時に、国家は、自然発生的で、散漫な、したがって潜在的に無秩序な示威行動を迫害する。かくして、ナショナリズムの動員力は、「適正な」国策に利用される。移民制限の立法や〔移民の〕強制送還といった方策は、表向きは人々の異性恐怖症を反映するものでありながら、それを強化するものにほかならないが、これは、ナショナリズムの国策利用の一例である。のみならず、軍事・経済・スポーツなどの各方面における、安っぽい「栄光の勝利」もそれにあたる。

まとめ

わたしたちは、さまざまな種類の境界線について、社会学的な検討を重ねてきた。境界線はどのように引かれるのか、引かれるといかなる影響が及ぶのか、引く際にどのような資源を動員するのかといったことがここでの論点であった。いずれの場合も、どう境界線を引くかによって、わたしたちが社会や自然をどう見るかに具体的な影響が及ぶことを、わたしたちは確認してきた。文化的な境界設定の活動は、人々の間の社会的結合の実現だけでなく、自然環境の制御をも目標としている。自然環境は、洪水や地震や噴火や飢饉を通じて、その威力を人々に思い起こさせる。しかし、文化は、作用だけでなく、反作用をもかたちづくる。わたしたちは目下地球で生活し、その地球の資源は有限である。そのような地球との関係を考えるとき、適切で、持続可能な共同生活の方式はいったいいかなるものか。

このような問題について考えるとき、エネルギーの国別使用に、驚くべき差があることに気がつく。さらにまた、清浄な飲料水のように、かつてはごく当然のものであったのが、いまでは入手が困難になってきているものもある。これらが提起するのは、自然環境に対する文化の影響の問題であり、国家間の資源配分の問題である。それらの問題は、異なる文化の存在を認識しなければならないこと、異なる文化間で公正に資源を配分しなければならないことに人々の注意を向ける。それゆえに、今日、自分をどの程度変えなければならないかが、ホットな論議の対象となってきていることは驚くにはあたらない。これまで、先進諸国は、環境との〔好き勝手な〕関係を享受してきたが、いまや、それらの国々は、環境の持続可能性の問題に直面している。

民族に関して言えば、世界の大半の地域で、歴史を通じて、国家と民族は結合することが常態であった。国家は、社会に対する支配力を補強したり、自らが推進する秩序を強化したりするために、国民感情を利用し続けてきた。それぞれの国家は、国民の団結は「自然のもの」とほのめかすことで、自らが創造してきた秩序を自画自賛するのが常であった。そのような状況では、わざわざ団結を強制することは不要であった。しかし、国家と民族の結合が歴史的に生じたという事実は、〔論理的に〕その必然性を証明するものではないことに注意が必要である。民族的な忠誠心や特定の言語や慣習への愛着には、国家と民族の同盟を通じて政治的機能が付託されてきたが、それらの文化的機能は、政治的機能に還元しえない。国家と民族の結婚は、けっして運命的なものではなく、むしろ打算的なものである。結果的に、その結合が実にもろいものであることは、各種の暴力行為が陰に陽に生じることで判明するが、それは、破滅的な結末をともなっている。国家と民族の関係は、過去において変化してきたように、未来においても変化する可能性をもつ。そして、新たな〔国家と民族の〕編成が有益であるか、それとも有害であるかをめぐる判断が、今後下るであろう。

第8章訳注

(1) 歴史の発展法則を指す。

(2) 携帯電話の導入期には、このような論議がさかんに行われた。携帯電話の進化とともに、そのような論議は今日でも続いている。

(3) 同一者は、他者との差異においてのみ、同一者として構成される以上、根源的に決定不能性をかかえている、とのデリダの主張による。différance は「差延」とも訳される。

(4) 襟章・肩章・袖章などを指す。

(5) 「批判的言語学」は、言語を社会的な文脈のなかで「批判的に」問題化する言語学の立場。

（6）本書の第1版で著者バウマンが説くように、これらの機能も、多分に文化的に規制されている。とくに四番目の機能（品位の基準の保持）は、文化的機能そのものである。

（7）文化的に寛容な態度を指す。本章後述を参照。

（8）原文では「文化的多元主義（cultural pluralism）」という用語が使われているが、近年では「多文化主義（multiculturalism）」という表現が用いられることが多いので、意訳した。

（9）ここでは、市民権（国籍）について、属地主義（出生地主義）の立場が提示されている。市民権について、血統主義の立場をとる国々も多く、日本国もその一つである。

（10）両国が、互いに（相手の先制攻撃にもかかわらず）相手に報復できる核戦力を確保すれば、核戦争は抑止できる、との核抑止理論に基づく記述。

（11）フランドル語とも呼ばれる。フランドル地方（ベルギー北部とオランダ・フランスの一部）で使われる言語。

第9章　テクノロジーとライフスタイル

わたしたちは、各々、日常生活のなかで、自らの能力や個性を発揮する。食事をし、他者とコミュニケーションし、移動し、楽しい時間も悲しい時間も（あるいは、ストレスを感じる時間もリラックスできる時間も）過ごし、さまざまな技能を用いて仕事をし、最後に休息と睡眠をとる。その過程で、わたしたちは、自分の周囲の環境と関わり、入手できる資源を利用して、日々の活動を行う。

日常生活の社会学が明らかにしてきたのは、仕事をこなしたり、他者と交わったりするには、暗黙知が必要であり、それなしに、社会生活は成り立たないということである。わたしたちにとって、このことは、ごく当然のことであり、物事がうまく運んでいるときは気にもならない。物事がうまく行かなくなってはじめて、反省の機会が生まれる。つまりは、自分の生活をかたちづくる条件・希望・心配・願望・欲望について熟考したり、検討したりすることを求められる。このような作業は一時的なものであって、その後、わたしたちは、生活の大半をしめる日常の活動に戻るか、より重大な影響を受けるかのいずれかである。後者の場合、わたしたちは、生活の軌道修正を求められる。結果がどうであろうと、自らの行為について反省するとき、「自分のことは自分で決定できる」と思う。自分は、自律的な存在であって、自らの目標に応じて行為できる能力や才能をもつと思う。このことは、自分の環境を操作できることを前提としている。しかし、もし、環境のほうがわたしたちを操作するとすればどうか。あるいは、わたしたちが自分自身・他者・環境の間の相互作用の産物であるとすればどうか。

テクノロジーと専門知識

ハイテク機器

これは、根本的に重要な問題である。わたしたちが、どのように自分の生活を組織しうるか、何を自分自身や他者に期待できるかに関わる問題である。今日、人々の生活を取り巻く数々のハイテク機器を例にとろう。それらは、あって当然のものと見なされている。わたしたちは、それらの機器を、自分に都合よく利用したり操作したりしているであろうか。いや、それらは、テクノロジーへの依存度を高め、わたしたちの自律性を損なう結果をもたらしているのではなかろうか。ハイテク機器の設計・購入・維持管理について、わたしたちは販売店や発電所や電気事業者に、さらには数々の専門家や設計者に全面的に依存している。PCを購入しても、すぐに旧式になる。CPU〔中央演算処理装置〕の計算速度や〔メモリーやハードディスクの〕記憶容量について、PCは日進月歩の発展を遂げている。人々は、そのような変化を受け入れることができるであろうか。いや、それを受け入れずに生きていくことができるであろうか。

ハイテク機器への依存度は年々高まっている。ハイテク機器もしばしば故障するが、修理を求めても、最新型の購入を勧められるのが関の山である。「旧式の」機器を修理するための部品はもうない。旧型を修理するよりも新型を購入するほうが安くあがると言われることも多い。ここでは、新たな費用の概念が生まれつつある。この計算では、原料の調達や「ゴミ」の廃棄に関する環境への負荷は、費用に含まれない。わたしたちは、各種の製品が自分の生活になくてはならないと思う限り、それらを周期的に購入するサイクルに巻き込まれる。この選択は、巷間言われるように本当にわたしたちの自由を高めることを意図しているのであろうか。それは、大量消費の誘惑や、財やサーヴィスの市場取引をめぐって発展してきた巨大産業と無縁ではない。スーパーマーケットの店内で流されるBGMと消費者の購買パターンの関係について、数々の研究がなされているくらいである。いまや、消費者を突き動かす欲望について、成り行き任せにされているものは何一つない。

ハイテク製品を購入するたびに、わたしたちは、新たな技能の習得を求められる。それによって、わたしたちの全般的な能力は向上するかもしれない。にもかかわらず、携帯電話に、それほど多くの機能が必要であろうか。たとえば、ゲーム機の機能が付いている必要はあるのか。(1) 同様に、ソフトウェアが出るたびに、自分のPC上のソフトウェアを更新（アップデート）しなければならない。新しいハイテク機器の操作法を習得することは、目的のための手段なのか。それとも、それ自体が目的ではないのか。本書の著者二人は、PCで原稿を書いているが、互いに、異なるシステムを使っているので、本書の執筆に際して異なるシステム上の要求に対処しなければならなかった。バウマンは、文書作成用の旧式の機種を使っており、システムの変更を望んでいない。システムを変更すると、新しいソフトウェア・プログラムを習得しなければならないが、そんなことに労力を費やすよりも、さまざまな論題について多くの作品を生み出すことに、かれの関心はある。システムの変更によって、より重要な目的が損なわれることを、かれは恐れている。他方、メイは、最近職場が変わり、新しい情報機器を操作することを要求され、期待されている。それゆえに、メイは、バウマンと同一の責務を負いながらも、二人の仕事や機器の環境はずいぶん異なったものになっている。このような仕事の条件は自由な選択の結果でもなければ、新しい情報機器をこちらが一方的に選択しているのでもない。言い換えれば、わたしたちの行為は、情報機器や職場環境との関係によって、さまざまなかたちで制約を受け、変更を余儀なくされている。

システム環境の変化に応じて、わたしたちは、新しい技能を習得しなければならないが、それによって、わたしたちの生活がどう変化するかは、社会的な状況次第である。理解しておかなければならないのは、わたしたちが、段々と、より複雑な機器を「欲する」ようになることである。それは、わたしたちに、より高度な技能を求める。それらの機器を使用するのは、内部構造を知りたいためではないので、それが、どう作動しているのかも分からないし、故障の場合も自分で修理できない。結果として、修理や維持管理にはより洗練された工具が必要になるため、わたしたちは、ますます他者に依存するようになる。わたしたちはまた、それらの機器の操作法を習得しなければならないため、古い技能はたちまち時代遅れのものとなる。機器の発展に遅れないようにするために、ますます変化の要求に振り回されることになる。新しい技能は、新しい機器に向けられているので、古い技能はたちまち役立たずになる。こうして、わたしたちの技能は、新しい機器の道具の一部となるが、それは、わたしたちの自律性の向上につながるのか。それとも、機器への依存性の増加につながるのか。

専門知識

今日、専門知識は大いに発展を遂げつつある。これまで〔情報技術をめぐる〕期待と現実の間には大きな乖離があったが、専門知識の発展は、その乖離を埋め、情報時代に付随する約束の実現に寄与している。日常生活を送るための基本的な技能は、かつては、だれもがもっている（少なくとも時間をかければ、だれでも手の届く）ものと考えられていた。いまでは、それは、綿密な科学的研究の対象となっている。日々の仕事は、要素に分割され、各々が細かく検討され、〔その仕事を果たすのに何が必要かという〕固有の必要条件をもつ問題として提示される。いまでは、どの問題についても、時間をかけ、効果的な計画を立て、他の解決策との十分な比較検討を行うならば、最善の解決策が見つかると専門家は説く。新製品は、専門家の努力の賜物である。専門家は、最高の商品の製造に携わっている。車には、今日、運転者や同乗者の快適性をできるだけ高めようと、ちょっとした装置 gadgets が満載されているが、(2)同時に、それは、特定の生活様式を提示し、増進するための手段として売り出されている。

しかし、車の整備ということになると、エンジンがコンピューター制御になるにつれて修理費用の増加は言うに及ばず、より複雑な診断装置が必要になってきている。かつては整備士が故障を診断し、それに応じて修理を行ったが、いまでは、部品の組立工が、整備士に取って代わっている。組立工は、故障した部品を、まるごと交換するが、それは、部品の修理ができないからである。部品は、それぞれ複雑な機能をもち、「密閉ユニット」と化している。

先進産業社会において、人々の生活は、このような変化を遂げている。日々の活動の多くの領域において——たとえば、床を掃く、芝を刈る、垣根を剪定する、食事を作る、皿を洗うといった活動にも――変化が生じている。これらの仕事について、かつては、だれもが一定の技能を有していたが、いまでは、専門知識がそれに取って代わっている。専門知識は、かつての技能に磨きをかけたもので、テクノロジーを駆使した道具や装置に封じ込められている。わたしたちは、今日、専門知識やテクノロジーなしに、手元の仕事を果たすこともできない。古い、時代遅れの、忘れ去られた技能に代わる、新しい技能もまた必要である。にもかかわらず、今日使われているテクノロジーが、これまで別のかたちで行われていた仕事をそのまま引き継いでいるとは限らない。テレビ、PC、携帯電話を例にとろう。それらの導入によって、新たな可能性が開けた。その可能性は、かつては存在していなかったものである。夜の一時（ひととき）をホームコメディや連続ドラマで過ごすことなど思いもよらなかったし、そのことを人々が望んでいたわけでもない。いま、もしPCや携帯電話が故障したら、人々は「手足をもがれた」ような感じがするであろう。何もなかったところに一つの欲求が生み出されている。この場合、テクノロジーが人々の欲求を生み出している。ハイテク機器が〔ローテクに基づく〕旧来の方式の後を継いだわけではなく、人々はこれまでしなかったことをするように誘導されている。

専門知識やテクノロジーは、わたしたちの欲求に応じて出現するわけではない。そのような知識や技能に基づく製品を販売する人々は、まずもって、わたしたちが実際にそれらの商品を欲していると、わたしたちを納得させなければならない。しっかり根づいた欲求に向けて新たな製品が提示される場合でさえも、製品に面白い工夫があって、わたしたちが魅了されるのでなければ、新たな消費の欲求が生まれることはない。新たなハイテク製品は、たんに人々の欲求に対応するものではない。その出現はけっして人々の需要に規定されてはいない。むしろ人々の需要のほうが新しいテクノロジーの利用可能性に規定されている。前もって欲求があろうとなかろうと、新製品が導入されると、それに対する需要が生まれる。こうして、需要が供給を生み出すという前提が覆される。いまや、供給者が、マーケティング戦略を通して、能動的に需要を生み出すのである。

消費と広告

欲望の創出

それでは、新たな、より深く、より重点的・専門的な知識やより洗練された技術的な装置を生み出すのは、いったい何か。専門知識やテクノロジーの発展は、自己推進的・自己増強的な過程であって、それが主たる要因であるというのが、もっともらしい解答である。専門家の一団が調査機関や研究施設で日々研究に励んでいることを思えば、そこから新たな製品や提案が生み出されることに不思議はない。それらの製品や提案は、特定の組織の論理に支配されている。この論理を特徴づけるのは、他者に優りたい（競争相手に対する優越性を示したい）という欲求であり、職務の遂行をめぐる人間的な、あまりにも人間的な興味や興奮である。製品は、使用が確定する前に、科学的・技術的に実現可能になる。「このような技術があるが、それを何に使おうか」ということが問われる。一定の技術がある限り、それを活用しないことは許されない。

そこでは、解決策は問題よりも前にあると考えられており、解決策自体が解決しうる問題を探す。言い換えれば、専門家の助言や技術的な製品が「自らが解決策である」と名乗り出てはじめて、生活の一側面が問題として（解決を求めるものとして）認識される。その場合、当該製品が使用価値をもつことを購買者に納得してもらうための種々の計画が実行される。製品に価値があると購買者が納得しない限り、かれらが気前よく金を払うこともない。この過程では、購買者に向けて数々の説得の方策がとられるが、「無利息」のローン、まことしやかな内容で特定の集団に向けられた広告、ライフスタイルの「選択」への言及、モノで他者との差別化を図る戦略、「試用期間」を含む財やサーヴィスの販売は、その一例にすぎない。

わたしたちは、そのような方法を介して、専門知識の消費者となる。専門知識は、言葉で提示されることもあれば、ハイテク機器のなかに組み込まれていることもある。専門知識の大半は、招かれもしないのに（許しを求めることもなく）、わたしたちの生活に入り込んできている。そのような状況においては、専門家でさえも、自分の狭い専門領域の外に一歩踏み出すと、他分野の専門家に太刀打ちできない状態にある。今日、日常的な監視活動のために、ますます洗練されたハイテク機器が使われるようになっている。あるレベルでは、それは、監視装置が存在することで〔善良な〕人々の行動の自由が拡大することにおいて正当化される。しかしまたそれは、「望ましくない」人々を権力的に排除し、かれらの行動の自由を制限することを意味する。極端な場合、だれかの恣意的な判断のせいで、わたしたち自身が無力な犠牲者になってしまうこともありうる。にもかかわらず、日常生活で使われるハイテク機器の大半は、選択の範囲を広げこそすれ狭めることはないと想定されている。それは、生活を制御することで自由を提供するという触れ込みで販売されている。新しいハイテク機器の売り出しは、総じて歓迎されるが、それによって、わたしたちが自由になるとともに、生活は豊かになり、物事をこれまでよりも速くかつ楽に行うことが可能になると喧伝される。それが発明されることで、これまでできなかったことができるようになり、手に入らなかったものが入るようになる。

専門家は、ハイテク機器にこのような潜在力があることについて、わたしたちを納得させる必要がある。多くの専門家が、数多の戦略と莫大な資金をもって、「〔広告で〕見聞きすることは信用に足る」とわたしたちを信用させるために、日常的に活動している。新製品が有用かどうかを知る手立ては、ほかにはない。新製品が人々の欲求を生み出し、それを満足させることには、マーケティングが介在している。マーケティングによって、人々の欲求 need は、欲望 desire に姿を変える。もし、欲望が満たされなければ、潜在的な消費者は自分の願望が実現していないと思うようになる[3]。わたしたちは、販売中の新製品がいかなる欲求を満たそうとしているのかを知らない。たとえば、何らかのものを脅威と思っているが、それを感覚的に把握できない場合がある。「普通の」石鹸で身体を洗っても「肌の奥の汚れ」は落とせないが、特別な洗浄液(ローション)を使えば、それを落とすことができる。歯には、目に見えないバクテリアがたまるが、通常の歯磨きでは除去できず、特別な液剤(リキッド)で毎日うがいをする必要がある。自分のカメラがひどく旧式で、「普通の」要求にも応えられない代物であることを痛感することは、かつてはなかった。いまでは、撮影の結果、写真の出来映えに失望させられることもしばしばである。この場合、わたしたちは、「マニュアル・カメラに代えて」フルオート・カメラを入手すればよい。それによって、わたしたちは、腕のよい撮影者になって、重要な、記念すべき一瞬をとらえることができる[4]。

モノとの関係

いったんそれらのモノの情報が耳に入れば、わたしたちは自分の欲求を満たすためにそれを手に入れたいと思う。そしてよいモノであることが分かれば、それを手に入れない手はないと思う。購入の機会を見送ることは義務を怠ることであり、それによって自尊心ばかりか他者からの尊敬も失うように感じられる。それらのモノは、わたしたちの現在の姿を示すとともに、未来の姿についても何かを表す。一本のものさしを使って、この〔モノとわたしたちの〕関係について考えてみよう。一方において、わたしたちは、自分の目的のために使用するものとして、製品をとらえる。ものさしの中間では、この関係が変化する。わたしたちは、そこで、モノと相互に作用し合うが、結果として、モノはわたしたちのアイデンティティを形成するとともに、わたしたちの技能や特性を変化させる。ものさしのもう一方の端では、モノはまったく別の様相を呈する。このモノの様相を卓抜な表現でとらえたのが、マーシャル・マクルーハン〔カナダの英文学者にして、電子メディアとコミュニケーションの発展をめぐる指導的な分析者・解説者〕であった。マクルーハンは、社会から脱出でもしない限り、新しいテクノロジーから脱出することはできないと喝破した上で、こう書いた。「ハイテク製品を絶えず受け入れることで、わたしたちはサーボ機構[5]のように自分自身と製品を関係づけることを余儀なくされている」。

たいていの場合、何かを入手することは、それを購入することを意味する。何かすばらしい、見事な、性能のよいものがあるならば、たいていは市場で販売され、対価をもって購入する商品として現れる。利益を上げるためにそれを売りたい人々もいる。それを実現するには、金を支払うだけの価値があることを、わたしたちに納得させる必要がある。そのためには、当該商品が、交換価値に見合う使用価値をもっていなければならない。**使用価値**が、商品がいかなる有用性をもって人間の欲求を満足させるかに関わる概念であるのに対して、**交換価値**は、その商品の他の財やサーヴィスとの交換可能性に関わる概念である。製品を販売したい人々は、古い製品は、時代遅れで、旧式で、劣っていると思わせることで、自分の製品の差別化を図らなければならない。これは、すでに提示した過程である。つまりは、製品への欲望が作り出される必要がある。それによって、商品の購入にともないかなる犠牲も取り除かれる。商品を所有したいという願望が先に立つからである。

説得の技法

この過程の中心に位置するのは、**広告**である。広告は、二つの効果を上げることを目標としている。まずは、自分の欲求やそれを満たす技能について、自分が一番よく知っていると思うことが疑わしい、そう思い込むことは適切でない、と相手に思わせなければならない。結果として、わたしたちは、自分が本当に何を欲しているか、この問題に取り組むために何をすべきかについて、自分に適切な判断ができるわけではないと思うようになる。次いで、この問題の解決のための方策がある、つまりは自分の無知や判断力の欠如に対処するための信用に足る手段がある、と相手に思わせなければならない。二つの目標において、情報の流布と説得の技法の間には、微妙な一線がある。数々の説得が、特定の消費者集団を標的として日常的に繰り出されている。たとえばCMでは、「旧式の」方法で日々の生活を送る人々は嘲り(あざけ)の対象となり、新発売の製品が夢を実現する手段として描かれる。

広告ではしばしば権威のある人々が使われる。かれらが信頼に足る人物であるように、発売中の製品もまた信頼に足るものであることを証明するためである。権威のある人々は、さまざまなかたちで具現化される。品質評価に従事するが、謝礼を〔企業側から〕受け取っても、それによって評価に手心を加えることはない公平無私な科学者。レーシングドライバー出身の、信頼できる自動車技術の専門家。銀行や保険の包括契約がごく普通の「一般人」に奇跡をもたらすと証言する、善意と慈愛に満ちた人物。その製品は信用できると太鼓判を押す、思いやりのある、経験豊富な母親。その製品を自分の仕事で現に使用している、よく知られた、熟練の専門家。視聴者のみならず、何百万もの人々が知っている有名人。そして、人々の注意を引くための差別化の試みとして、これまで〔古い慣習で〕抑圧されてきた人々もその製品によって解放されるということを示すための「司教と尼僧が車を飛ばす」といったような意外な組み合わせ。これらは、広告者が、説得の専門家として「その製品が欲しい」と視聴者を駆り立てるための多種多様な技法のほんの一部にすぎない。そして、この努力のために、膨大な時間と資金が費やされている。

広告のコピーやCMは、わたしたちに働きかけて、特定の製品を買わせようとする。それらは手を携えて、さまざまな商品や市場〔百貨店やショッピング・モールなど〕について、わたしたちの関心を高める。市場では、商品のみならず、商品を所有したいという人々の欲望が蠢(うごめ)いているが、何かそこに面白いものがあるのではないかとわたしたちは思う。消費への関心が十分に確立していて、ショッピングが日常化しているのでなければ、たった一つの広告で、わたしたちの行為が影響を受けることはまずない。言い換えれば、広告代理店の「説得の努力」は、すでに確立した**消費者態度**に働きかけ、それを強めるのである。

消費者態度

このような態度を承認することは、一連の解決可能な——事前に明確に規定され、定義されているために、選択や対応が可能な——問題として、日常生活をとらえることを意味する。言い換えれば、そこでは、管理できないものは何もなく、生活の管理が問題化しても、さまざまな方法で、それを改善したり、修正したりすることができる。このことは、現実的・潜在的な問題を処理することは各人の義務であり、それを怠れば罪や恥の意識を免れないという責任感を呼び起こす。それゆえに、あらゆる問題には、個々の消費者の用途に応じて解決策が用意されており、各消費者は、その解決策を手に入れるために、ショッピングに出かけ、手元の資金と各種の財やサーヴィスを交換するだけでよい。いま資金に余裕がなくても、収入に合わせた各種のプランでローンを組むことができる。見つけたものを所有する力だけでなく、そのようなモノや、モノを入手する方策を見つける技能が生活の中心的な技法と見なされる。消費者態度において、(1) アイデンティティ、(2) ショッピング術、(3) 購買力の三者は固く結びついている。たとえば、広告を通じて、

（1）母親のアイデンティティは、（2）最良の粉末洗剤や洗濯機を見つけて、家族――自分の喜びの源泉――の欲求に応える能力や、（3）そのような欲求を満たすために、それらの財を手に入れる能力と結びつけられる。他の承認の欲求や形式は、アイデンティティ、欲求、製品、購入による充足感や満足感の結びつきを消費者に納得させる過程において除外される。

消費者態度においては、生活と市場が切っても切れない関係におかれる。いったい自分はいかなる道具や知識が購入できるか。消費者態度は、その探索へと各人の願望や努力を方向づける。広範囲にわたる生活環境を制御することは、わたしたちの多くにとって実現困難な課題であるが、この課題が、多くの小さな購買行為に組み込まれる。それらの購買行為は、原則として多くの消費者の手の届くものである。かくして、問題は、社会的に共有されているという意味で、公的なものではなく、私的にして個別的なものと見なされる。自分自身や自分の生活を改善したり、欠点を克服したりすることが、各人の義務となる。目的のための手段は万人に与えられており、目的の追求において他者との関係や自分の生活環境は本質的な重要性をもたない。耐えがたい交通騒音は二重ガラスの設置の問題に置き換えられ、大気汚染問題も点眼剤やマスクの購入によって対処される。家事や仕事に追われて慢性的な過労状態にある女性の苦境を緩和するのは、市販の鎮痛剤であったり医師から処方された抗うつ薬であったりする。公共交通機関の衰退に対処するために皆が自動車を購入すると、それによって騒音、大気汚染、交通混雑、ストレスなどの問題が悪化する。しかし、それらの問題への対応は、つねに「選択の自由」の名の下に行われる。この理念こそが消費者主権を支えている。

ライフスタイルの実現

流行

かくして、わたしたちの生活は個人的な事柄となり、それ以外の要因に注意を払うことは自らの状況への責任を放棄することと見なされる。消費者行動によってわたしたちは個人化するが、わたしたちが何かを生産したり製造したりするのは、ほとんどつねに他者とともにいる状況下においてである。たとえば、再生産[6]は、社会的に最も重要な出来事である。再生産なくして、未来の世代は存在せず、経済もまた存続しえない。にもかかわらず、〔市場〕経済が拡大すると、親であることについて、いかなる認識が生じるか。親業は、いまでは、消費者態度に姿を変えている。つまりは、最新のベビー用品を購入することが、親の責務と成り果てている。今日、わたしたちは、自らが購入し、所有するものから構成されている。「何を買うか」「なぜそれを買うか」「どの店で買い物をするか」を聞けば、その人が「いかなる人か」「何になりたいか」が分かる。問題の処理がますます**私化**

privatizedするのと同じく、アイデンティティの形成もますます私化する。自己主張、自己評価、自己形成は、他者と無縁のものとなる。わたしたちは自分が意図すること、自分が勤勉であること、自分が粘り強いことを自ら示さなければならず、自分が生み出したものについて自ら説明しなければならない。

この仕事には手助けがある。すでに多くのモデルが用意されていて、そこから気に入るものを選び出すことができるし、さらに多くのモデルが明日には店頭に並ぶであろう。モデルには、アイデンティティの形成に必要な部品がすべて揃っている。それらは正真正銘の手作り用「アイデンティティ・キット」[7]である。説得の専門家〔広告業者〕が、入念に作られた広告を通じて、表向きは単一の特定の欲求に向けた単一の特定の製品を提供する場合でさえ、その製品は概して特定のライフスタイルを背景として提示される。そこでは、製品が本来いかなるライフスタイルに合うものであるかがはっきり描き出される。特定の銘柄のビールを飲ませるための広告に登場する人々の服装・言葉・娯楽・体型と、洗練されたブランドの香水・高級車・ペットフードを売りつけるCMに登場する人々の服装その他の特徴を比較するだけでよい[8]。売られているのは、製品の価値にとどまらず、その製品の——特定のライフスタイルの構成要素としての——象徴的な意味である。

このモデルは流行によって変化する。満足感は生産と消費の敵であり、生産と消費のサイクルを順調に回し続けるには、消費者の欲望の追求に途切れがあってはならない。もし製品に表向きの用途しかないとしたら、市場活動はたちまち停止に陥るであろう。それを防いでいるのが流行現象である。モノが捨てられたり、取り替えられたりするのは、有用性を失ったからではなく、流行から外れたためである。旧製品は、外見から、流行遅れのモノ――明らかに時代遅れの消費者が選び、手に入れたモノ――と見なされ、その所有者は、尊敬に値し、責任ある消費者であるかどうかを疑われる。「立派な」消費者であり続けるには、絶えず市場に投入される新製品を追い続けなければならず、それらの商品を手に入れることで、社会的な立場が強化される。しかし、それも、大方の消費者が新製品を手に入れるまでの話である。流行の品目(アイテム)は、本来は差異をもたらすものであるが、皆の手に渡ったとたん、「ありふれた」「ごく普通の」ものになる。もはや流行遅れとなり、急いで別のものに取り替えなければならない。

アイデンティティのモデルが、特定のサークル内でどの程度の人気を博するか、その所有者にどの程度の尊敬をもたらすかは、さまざまである。それゆえに、モデルがどれだけの魅力をもつかは、消費者の社会的地位によって異なる。特定のモデルを選び、「それを演ずるのに」必要な装具をすべて整え、真面目にそれを演ずることで、わたしたちは、集団のメンバーとなる。集団は、そのようなモデルを是認するとともに、それを集団のトレードマークとして採用する。それは、集団のメンバーであることを一目瞭然に表示する記号となる。集団のメンバーになることは、この適正な記号を身に付けたり、手にしたりすることである。メンバーにふさわしい服装をし、適切な音楽を聴き、一般に認められたテレビ番組や映画を見て、それを話題にすることは、その一例である。寝室の壁を集団に特有の装飾品で飾ったり、集団に特有の場所で夜を過ごし、特定の行動や会話のパターンを示したりするのも、それと同じである。

新しい種族

わたしたちがアイデンティティの探求のなかで加わる「種族 tribe」は、探検家が「遠い国々」で発見すると言われる種族とはまったく別物である。シンボルを購入することで参画する〔今日の〕種族と旧来の種族の間に表面的な共通性があるとすれば、両者がともに、自他の集団を区別し、自らのアイデンティティを強調して混同を避けようとすることである。両者はともに、そのメンバーにアイデンティティを提供する（当人に成り代わり、アイデンティティを規定する）。しかし、共通するのはここまでで、両者の間には決定的な違いがある。消費者志向の**新種族** neo-tribe には、長老会も、役員会も、入会審査委員会もない。つまりは、入会資格の有無を決定する会議体はここにはない。新種族には、門番も国境警備隊もない。権力機構もなければ、メンバーの行動の妥当性について判断を下す最高裁判所もない。要するに、新種族は、メンバーの統制の方式が〔旧種族と〕異なっており、集団的なレベルで同調性の程度を監視しようとはしない。服装を替えたり、自室を改装したり、自由時間をさまざまな場所で過ごしたりすることで、新種族の間を気ままに移動することもできる。

二つの種族の違いは、ちょっと見ただけでも明らかである。新種族は、組織的に入口を警戒しようとしないが、それと同等の機能を果たしているのが市場である。新種族は、本質的にはライフスタイルであり、同時にそれは、消費スタイルに関連している。今日、何かを消費するには、市場を通して各種の商品を購入しなければならない。購入することなしに消費できるものはほとんどなく、購入された商品は、しばしば目に見えるライフスタイルの構成要素として使われる。そのなかには特定のライフスタイルを提示することで、周囲から見下され、魅力や威信を奪われ、軽蔑され、魅力や品位がないと見なされるものもある。実際、「おかしな」トレーニングシューズを履いているという理由で、学校でいじめを受ける生徒もいる。選択の自由は、万人に開かれているようで、それを行使できない人々もいる。かれらは選り好みをする余裕とてなく、その消費活動は制限されている。消費者志向の社会において貧困状態にある人々の周囲には、深い沈黙がある。

新種族は、今日、それぞれが異なるライフスタイルを誇示しつつ、その範囲を拡大している。一見、それは、大いに有用なものであるが、実際には、わたしたちの生活に強力にして両義的な影響を及ぼしている。一面において、それは、すべての自由の制限が撤廃される経験にあたる。わたしたちは、人格を自由に変えてなりたいものになることができる。

わたしたちを引き留めるものはなく、いかなる夢も――それが、現在あるいは未来の社会的地位と食い違うからといって――不適切ということはない。このことは束縛からの解放と感じられる。それは、気分の浮き立つ経験であって、原則としてあらゆるものが手の届く範囲にあり、いかなる生存の条件も変更不能ということはない。にもかかわらず、新たな到達地点は、いずれも、一時的なものであれ永続的なものであれ、自分が過去においてどのように自由を行使したかの結果として出現する。かくして、自分の立場について責められるべきは、あるいは――自分の所有するものを媒介として他者の承認から得られる満足感に応じて――褒められるべきは、自分だけである。

自己修養

わたしたちは皆「自力で成功した self-made」人間であり、たとえいまはそうでなくても、自分が熱望する存在になる潜在力をもっている。わたしたちは、自分の野心を捨てることを正当化するものは何もないこと、自分を制約するものがあるとすれば(他者から独立した)個人としての自分のなかにある制約だけであることを、繰り返し思い知らされる。こうして、さまざまな課題に取り組むとき、それが解決できるかどうかは、各人の態度次第ということになる。各々の**ライフスタイル**をどう実現するかは、一つの課題である。自分以外のライフスタイルに魅力を感じるとき、それが自分のライフスタイルよりも評価が高く、愉快にして品位のあるものと褒めそやされるとき、わたしたちは「〔大事なものを〕奪われている deprived」という感覚をもつ。わたしたちはそれに誘惑され、引き寄せられ、それを保持する集団に加わるために全力を尽くそうという気になる。目下のライフスタイルは色褪せ始め、満足感をもたらさなくなる。

このように人々を現状に満足させないための熱狂的な活動が功を奏して、生産と消費のサイクルが円滑に回り出すと、自分にふさわしいライフスタイルを探すための活動が際限なく続けられる。どこまで行っても「さあ着いた。すべて成し遂げた。だから気楽に構えて、のんびりしよう」という話にはならない。まさにそう口にしたくなるとき、新たに興味を引くものが顔を出し、現状に甘んじることは許されないという気になる。このように手の届かないものを追求して選択の自由を行使し続けた末に、わたしたちを待ち受けているのは何か。それは、永遠に「奪われた状況」におかれるという運命である。かつてない新たな「魅惑の品々」が入手できそうだというだけで、いかなる目標の達成も価値を失う。可能性が無限の状況では、いかなる目標もわたしたちを満足させるものではない。人前で誇示されるライフスタイルは、無数にあって多様であるのみならず、異なる価値をもつものとして――実行者にいかなる差異をもたらすかによって――表示される。自分を磨くなかで最善でない自分に甘んじるとき、わたしたちはこう思う。自分の社会的地位が立派でないのは、自己修養に熱心でなかった当然の結果である、と。

見えない門番

この自己修養の物語は、「魅惑の品々」が不可視的であることではなく、〈魅力的な自己に接近しようと思えば接近できるという〉潜在的な接近可能性において、際限がない。他のライフスタイルは、心引かれるほどに身近で手の届くもののように感じられる。それは、秘密のヴェールに包まれているどころか、誘惑するがごとくに開かれている。新種族は、堅固な壁で守られた要塞のなかで暮らしているのではなく、その気さえあれば、だれでもそれに近づき、加わることができる。とはいえ、見かけに反して、自由にそこに出入りできるわけではない。見えない門番がいるからである。「**市場原理**」は、今日、日常語の一部と見なされているが、それは門番のように制服を着ておらず、当事者の「冒険」の最終的な成否について、まったく責任を負わない。グローバルな市場原理は、事態の〈理論的な〉説明にとどまらず、その〈現実的な〉効果をこうアピールする。「市場原理によって、結果にだれも責任を負わない、もしくは、結果に個人や組織が各々変化をもって対処しなければならない状況が出現する」。その一方で、人々の欲求や満足に関する国家の規制は、目に見えるものにとどまらざるをえず、人々の抗議を受けやすいと同時に、集団的な改革を目標とする運動の標的になりやすい。

もちろん、さまざまな国でグローバル化の影響に対する抗議運動が行われていることからも明らかなように、例外はある。しかし、集団的な抗議運動が効果的に展開されないことで、人生に躓(つまず)いた人々はこう思うほかはない。自分が望みを実現できなかったのは、まったくもって自分の過失である。個人にとっても社会にとっても、〔世間を渡る上での〕賭け金は大きい。というのも、人々は、自分自身への——自分の性格・知性・才能・意欲・根気への——自信を失うリスクを負っているからである。自責の念は、自己反省を通じて生じるが、もし費用を払う余裕があれば、不完全な自分を修復するために専門家のサーヴィスを求めることもできる。この過程から生じるものは何か。

専門家との相談(コンサルテーション)の間に、疑念はますます深まる。個人の行動の指針となるものを超えて〔自分の逆境に関する〕何らかの原因を割り出すことは、「甘え」と考えられる。それは、個人がどうこうできる力の範囲を超えているからである。専門家は、相談者の内的な欠陥を明らかにする。欠陥は、人生の敗者の不完全な自己のなかに隠されているものであり、相談者が好機を利用するのを妨げているものである。好機は、疑いもなく、最初からそこにある、と専門家は説く。挫折から生じた怒りが溢れて、外界に向けられることはない。見えない門番〔市場〕は、人々の行く手を遮っているが、相変わらず見えないままで、以前にも増して安泰である。したがって、この門番が気をそそるように描く夢の国も、結果として信用を失うことはない。失敗者は、過去を振り返り、かれらが採用できなかったライフスタイルの価値を引き下げるという、心をそそられる慰めの機会も与えられない。

優れていると同時に、大いに満足がいくと宣伝される目標に到達できないことは、憤りをもたらすが、その憤りは、目標自体に向けられるだけでなく、それを達成したと自慢したり、その達成の象徴と見なされたりする人々にも向けられる。しかし、この憤りも――個人が社会的状況から抽出され、自らの行為の責任を問われる際に――個人の反応として生まれるものである。その際、社会的な文脈において自分の行為を理解しようとすることは、自分の失敗に対する弁解（エクスキューズ）としか見なされない。それは、このような問題に対する長期的な解決策を見つけようとする建設的な試みの対極にあるものと見なされる。

平等性と不平等性

手の込んだ、魅力に富んだライフスタイルでさえも、市場で成功を収めるには、だれでも利用できるという触れ込みで提示される必要がある。だれにでも利用できるということが、人を引きつけるための必要条件となる。それによって、消費者のショッピングへの意欲や関心が高まる。潜在的な購買者の目に、自分が求めているモデルが入手可能と映るからである。さらに、それらのモデルは――たんにうやうやしく見つめられているだけでなく、実際の行為の対象であるためには――人々の憧れの対象でなければならない。このような表現形式を、市場は、その権利において放棄することができないが、それは、自由に自分の社会的地位を決定する能力について、消費者が平等であることを含意している。このような**平等性**を前提とすれば、他の人々がもっている商品を手にできないことで、不満や憤りが生じるのも当然である。

そのような事態は、ほとんど避けがたく生じる。自分以外のライフスタイルが実際にどの程度利用できるかは、利用予定者の支払い能力で決まる。まさに、ある人々は別の人々よりも金をもっており、それによってより大きな選択の自由をもっている。とくに、巨万の富をもつ人々は、すばらしい市場へのパスポートを有しているが、かれらこそが、最も賞賛され、切望されるがゆえに、最も名高く、評判のよいライフスタイルを購入する余裕がある。しかし、これは、同語反復（トートロジー）——ある事柄を定義しているが、何の説明にもなっていない命題——である。少数の巨万の富をもつ人々だけが手に入れられるライフスタイルは、同様に最も輝かしく、驚嘆に値するものと見なされる。賞賛されるのは、その稀少性であり、それがすばらしいのは、手に入りにくいからである。それゆえに、いったん手に入ると、排他的にして例外的な社会的地位を表す記号として、誇らしげに着用される。それは「最良のライフスタイル」をもつ「最良の人々」の証（あかし）である。商品も、それを使用する——主要な用途は、それを見せびらかすことである——人々も、この「結婚」から高い評価を引き出し、それを享受する。

すべての商品には値札が付いている。値札は購買層の選別のためにある。値札によって購入者、非購入者、潜在的な購入者の間に境界線が引かれ、消費者はその境界線を簡単に越えることはできない。市場は、表向きは消費者の平等をさかんに謳っているが、その裏には実質的な**不平等**がある。消費者によって、選択の自由の幅に大きな違いがあるからである。この不平等は、抑圧であると同時に刺激として感じられる。一方で、それは、苦痛に満ちた剝奪の経験をもたらす。さきに概観したように、それは、自尊心のすべての病的な傾向をともなっている。他方で、不平等は、消費者能力を高める熱心な努力を誘発する。その努力は、市場が提供するものに対する衰えることのない需要を保証する。

それゆえに、市場は、平等性を擁護するにもかかわらず、消費者社会において不平等を生み出し、強める。一般に市場が誘導したり供給したりする不平等は、価格メカニズムを通じて維持されるとともに、絶えず再生産される。ライフスタイルは市場で取引されることで期待通りに人々を差別化する。値札が、あまり裕福でない消費者を近づけないからである。他方、この差別化の機能がライフスタイルの魅力を増し、それに高値を付ける。結果的には、消費者には選択の自由があると言っても、市場で取引されるライフスタイルは、公平に配分されているわけでもないし、無作為的に配分されているわけでもないことが明らかになる。それは、社会の特定の部分に集中する傾向があり、社会的地位の記号として機能するようになる。それゆえに、ライフスタイルは階級を明示するものになりがちである。魅力的なライフスタイルは、すべて店で購入できる品目からなっているからと言って、だれでも平等にそれに接近できるわけではない。そのことは、相対的に貧しく、恵まれない人々にとって――所有の不平等が、すでに確定し、しばしば世襲的で変更不能な社会的身分と公然と結びつけられていた時代よりも――耐えがたく、我慢のならないものになる。だれでも成果は上げられるという宣伝文句とは裏腹に、いかなる階級に属するかという現実がある。その階級を決めるのは、支払い能力の不平等な配分である。その意味で、承認のための闘争は、つねに再配分の要求をともなっている。

抵抗の時代

市場は所得や富の不平等の上に栄えるが、階級の存在に気づいてもいないかのようである。市場においては、値札以外の不平等性の媒体は存在しない。商品は、代価を支払いさえすれば、だれでも入手できるものでなければならない。購買力こそが、市場の認める唯一の資格である。市場優位の消費者社会においては、他のすべての生得的な不平等に対する抵抗が前例のないほど大きくなるのは、このためである。特定の民族集団や女性の入会を認めない排他的なクラブ、「肌の色が違う」客の利用を拒むレストランやホテル、同様の理由で不動産物件を売ろうとしない開発業者(デベロッパー)などは、すべて攻撃にさらされる。市場が支持する社会的な差別化の基準〔資金力の有無〕の圧倒的な力を前に、それ以外の基準は無効であるかのようである。まさしく、金で買えないものがあってはならない。市場は、特定の価値や偏見を具現化したものではなく、普遍的にして没価値的な原理であって、すべての理性的な人々はそれを受け入れるべきであると考えられる。

見かけによらず、市場に根差す剝奪と民族に基づく剝奪は、相互に重複する。「属性的ascriptive」な制約によって劣位にある人々は、通常は低賃金の職に就くので、かれらの労働から恩恵を得る〔優位にある〕人々向けのライフスタイルを購入する余裕をもたない。この場合、剝奪が属性的な性格をもつことは隠されたままである。目に見える不平等は、恵まれない人々の才能・努力・手腕の不足の結果として説明される。生来の欠点がなければ、皆と同じように成功できる。あるいはまた、かれらがうらやみ、真似たいと思う人々のようになりたければ、自分の望みに従って行動しさえすればよい。市場が頼りにする不平等は、市場への参入を制限することで実現する。それは、恵まれない人々が日常的に出くわす障壁でもあるが、そこでは、不平等は次のように説明される。不平等が生じるのは、恵まれない人々のおかれた状況やかれらが出くわす偏見のせいではなく、かれらに特有の性格のせいである。

市場では華々しい成功を収めながら、別の方面では恵まれない人々にとっても、特定の生活様式の門戸は固く閉ざされている。かれらは、高額なクラブの会費やホテルの料金を支払う財力を持ち合わせているが、「入場」を禁じられている。したがって、かれらは、（1）権利の剝奪が生得的な性格をもつことは、だれの目にも明らかであるが、かれらは、約束に反して、お金で何でも買えるわけではないこと、（2）人間の社会的な位置づけ、人間の幸福や尊厳には、金稼ぎに精を出し、稼いだ金をパーッと使うこと以外の側面があることを思い知らされる。人によってチケットを買う能力に違いはある。しかし、〔市場原理の下では〕チケットを買う能力はあるのに、それを拒まれることは許されない。

財やサーヴィスは、それを購入する能力をもつ人々皆に開かれているというのが、市場社会の宣伝文句である。そうである限り、属性的な機会の差別は正当化できない。それゆえに、「購買力」以外のものに基づく差別に対しては、被差別集団のなかで比較的裕福で成功を収めたメンバーが反旗を翻しがちである。「自力で成功を収めた人々」の時代、ライフスタイルで結びつく「新種族」の増殖の時代、消費のスタイルによる差別化の時代は、人種・民族・宗教・性別による差別に対する抵抗の時代である。そこでは、人権のための闘争――個人としての人間の努力によって克服できる制約以外のいかなる制約も取り除こうという闘争――が果てしもなく展開されている。

まとめ

わたしたちのアイデンティティは、今日、新しいテクノロジーの導入や日常生活での市場の役割の拡大を通じて、さまざまなかたちで変化しつつある。ハイテク機器を次々と購入する余裕のある人々にとっては、絶えず技能を更新する必要がある。にもかかわらず、ここには一つの問題がある。わたしたちは、自分の目的のために、そのような手段を使っているのかどうか。つまりは、手段がそれ自体目的と化していないかという問題がそれである。未来に目を向けるとき、種々のSF作品が描くように、人間と機械との間の境界線はますます曖昧なものになっていきそうである。人間の身体への人工弁の植え付けや義肢の取り付けは、本来の機能の回復にとどまらず、人間機械系システムの性能の向上に資する潜在力を秘めている。テクノロジーの進化によって、多くのものを制御することが可能になるが、その帰結はいかなるものか。そしてまた、それは、だれのためのものか。この問いに答えるのは、テクノロジーがもたらす合理化にしか目を向けない思考過程の外に出ることが必要である。

そのような問いは、重大な倫理的問題を提起する。さらに、消費のためには資源を引き出すことが必要であるが、消費主義の論理で動いている社会において、その資源はどこにあるのか。一見、そこで評価されるのは、支払い能力だけのように映るが、それは仮定の平等であって、実際には、社会のなかに残存する〔人種・宗教・性別などをめぐる〕偏見もいまだに物を言うということを、本章でわたしたちは見てきた。機会の平等と結果の平等は別物であり、人々はそれぞれ異なる選択の能力をもって市場に参入するだけでなく、どの程度社会の秩序に受け入れられるかによって報酬の大きさも異なる。このような〔非公式の〕協定から恩恵を受けるには、金があるだけでは十分ではないため、〔社会的な〕不平等に対する抗議の声が、随所で湧き上がるとまでは言わないまでも、珍しいものではなくなる。その間、わたしたちは、けっして手に入らないもの――満足が君臨する完璧なライフスタイル――を求めて、せっせと消費に励むよう〔広告業者から〕勧められる。

第9章訳注

(1) ここでの著者たちの主張は、けっして若い年代の読者の支持を得ないであろう。

(2) gadget は、今日の消費社会を特徴づけるモノの類型として、ボードリヤールが提起した概念。潜在的な無用性をもつことに特徴がある。

(3) 著者たちの用語法において、欲求(need)が生理的・感覚的なものであるのに対して、欲望(desire)は精神的・思想的なものとして使用されている。

(4) ここでの著者たちの主張そのものが、ひどく旧式のものとなってしまっている。

(5) サーボ機構(servomechanism)とは、物体の位置・方位・姿勢などを目標値に追従させるための制御系。サーボの語源は「奴隷」である。

(6) ここでは、世代の更新つまりは親が子を産み、育て、社会に送り出すという意味合いで使われている。

（7）原語の直訳は「アイデンティキット」。「アイデンティティ・キット」という意訳の意味合いは、第5章訳注（5）参照。

（8）本来、ビールは大衆向けの酒であるということに基づく記述。

第10章　社会学的思考

わたしたちの生活は、種々の問題によって取り巻かれ、かたちづくられている。そして、それらの問題は、絶えず変化している。わたしたちは、本書を通じて、そのような観点から、日常的経験の世界をともに旅してきた。この旅のガイドを務めたのが社会学であった。社会学に与えられたのは、わたしたちが見たり、したりすることについて論評を加える仕事であった。どんなガイド付きツアーでも、ガイドに期待されるのは、大事なものを見落とさず、ツアー客の注意を喚起することである。ガイドがいなければ、ツアー客は、それらを見過してしまうかもしれない。ガイドはまた、ツアー客が表面的にしか知らないことを説明し、思いもよらない視点を提供することを求められる。ツアーの終わったとき、客が期待するのは、より多くのことを知り、理解が深まっていることである。

二つの理解

理解は、社会生活の中心に位置している。チャールズ・テイラー〔カナダの哲学者〕によれば、「理解」には二通りの意味がある。一つには、それは、「意味の秩序のどこに位置づけられるか」という観点から物事を理解することである。それによって、当初は不可解にして脅威にも感じられた物事が、自分の生活の諸相と関わりがあり、自分にとって身近なものとして理解できる。本書でも見てきたように、自分にとって異質で、脅威にも感じられる出来事や慣習は少なくない。その限りでは、それらを説明しようとすることが、既存のものの見方への挑戦になるのは当然である。既存のものの見方は、二つ目の理解の意味と関わりをもつ。それは、ある環境についての知識をかたちづくり、そのなかで生活し、活動することを可能にしてくれる。それは、暗黙知であって、わたしたちは行為に際して日常的にそれを利用している。それなしには、日々の課題をこなすことも、将来の方針を決めることもできない。

二つの「理解」の間には、緊張関係がある。両者は、ともに、人間の条件がきわめて複雑であり、豊富であることを示している。しかし、前者は——日々の生活のなかで当然と思われているものを問題にする可能性において――後者の批評（クリティーク）として出現するものである。[1]それは、**関係主義** relationalism を媒介とする理解の形態である。関係主義とは、AとBの生活がどのように結びついているかという観点から、Aを位置づける立場を指す。その過程で、自分の生活がどのように実現しているか、さらには、それが日常的な理解の範疇に属さない出来事や過程とどう関係しているかが明らかになる。

本書の議論の中心をかたちづくってきたのが、このような理解の二つの側面であった。（1）どのように他者と暮らしていくか、（2）そのことが、人間としてのわたしたちと、さらには社会的な条件や関係全般がわたしたちの生活のなかで演じる役割とどのように関係するかが分かれば、日常生活のなかで直面する問題をより適切に処理することができる。それによって、問題を解決しようとする試みが自動的に成功を収めるとまでは言わないが、より永続的な解決策を提供するかたちで問題を組み立てることができる。社会学的思考は、そこで中心的な役割を果たす。その仕事が成功を収めるかどうかは、学問的な領域外の要因にかかっている。そこでは問題を組み立て、その要求に応じて行動したり、適切な解決策を見つけたりすることが継続的な課題となる。その実現には、話を聞いて行動に移す意欲だけでなく、変化を起こす能力が必要である。学問的な思考法としての社会学の役割は、この過程を作り上げることである。その限りでは、社会学は社会生活全般にとって本質的なものを提供しうる。それは、理解や説明を通じて経験を解釈することである。この仕事のために、社会学はこれまで立派に役割を果たしてきた。

社会学的な理解

社会学を、社会生活をめぐる一つの注釈と見なそう。社会学は、わたしたちの経験について説明的な注釈を加えながら、わたしたちがどう生活を送るかに影響を及ぼす。社会学は、わたしたちが所有し、日常生活において使用する知識に磨きをかけるための手段として機能するが、その際、社会学は、わたしたちの業績〔努力によって達成したもの〕だけでなく――自分の行為を自分の地位や条件に結びつける際に、わたしたちが直面する――社会的な制約と可能性にも焦点を合わせる。社会学は、訓練された目であって[2]、わたしたちが日々の生活をどう送っているかを検討するとともに、それが「地図」のなかでどこにあるかを提示する。その「地図」は、そこでの直接の経験を超えて広がっている。こうして、わたしたちは、自分が居住する領域が、自分自身は探検する機会もないが自分の生活を形成し構築する世界と、どのように調和し関係しているかを知ることができる。

社会学を習得する前のものの見方は誤りで、習得した後のものの見方が正しいというほど話は単純ではない。社会学は、わたしたちの印象を正し、意見に異議を申し立てるだけでなく、さまざまな場面で、わたしたちがどう行動するかを描写し、説明する。それは、まさに、わたしたちの社会生活の様相そのものである。つまりは、さまざまな文脈に身をおくことで――たとえば、仕事をする、家にいる、ショッピングをする、友人とパーティーをするといったことで――わたしたちの社会生活は成り立っている。あらゆる場面を一つの単純な理論で説明しようとすることは、不正確であるのみならず、多様性に富んだ現在や可能性に満ちた未来に含まれる多くの差異を排除するものである。人々はしばしば予想に反した行動をとる。それは自由の行使の一部であり、社会学的に、その理由は種々説明できるが、研究方法も多いがゆえに、そのことが人々の行為を理解しようとする継続的な探究の一つの誘因となる。このような探究は果てしがない。絶対的な真理が宿る安住の地など存在しない。むしろ、いかなる科学的な活動においても見られることであるが、わたしたちの知識は、より適切に物事が説明できるように進歩し続ける。つまりは、かつては、まったく（もしくはほとんど）理解できなかったことが、次第に理解できるようになる。

二つの理解に話を戻せば、社会学は、わたしたちの生活方法を解明するだけでなく、想像力を刺激する研究成果の産出を通じて、そのような生活方法が妥当であるかどうかを問題にする。それは、よく知っている事物を、思いもよらない、馴染みのない視点から検討することにおいて、一つの困難な作業である。「わたしたちは、さまざまな種類の知識をもち、それらの知識に各々期待しうることがある」という信念からすれば、戸惑いも生じるであろう。わたしたちが知識に期待することは、（1）既存の発想（アイデア）を正当化することであり、(2)新たな知見の提供によって、理解を妨げることではなく、それを大いに深めることである。もちろん、社会学的知識は、このような期待を満たしてくれる。しかしまた(これまで見てきたように)社会学的知識は、わたしたちの生活のなかの無限定的あるいはアンビヴァレントな要因に目を閉ざさないことで、既存の着想や理解に疑問を突きつける。社会学は、通常は考慮されない生活の諸側面も考慮に入れて、別の思考の可能性を提起する。それゆえに、社会学は、実用的な学問である。この「実用的」という言葉は、自らの社会観を心地のよい現実——「不純」なものを排除することで「純化」された現実——に仕立て上げようとする人々によって、しばしば持ち出されるのとは別の意味合いをもつ。

社会学への期待

科学主義

このような〔反省的な〕理解の形式と科学的知識への〔一般的〕期待の間の緊張関係は、社会学的思考への期待において明瞭である。まずは、社会学的思考が「科学」の範疇に属すること。実際の科学的活動が「科学」の基準に合致しないことは、これまでも繰り返されてきた事態であるが、この基準は、しばしば、次のような形態をとる。科学は、知識の諸形態に対して、明確かつ自明の優越性を主張する（もしくは主張しなければならない）活動の集積であるがゆえに、唯一の真理の名において、信頼に足る、妥当な情報を生産できるというのがそれである。これを判断基準として用いるならば、社会学者も、他分野の専門家と同列におかれる。専門家は、わたしたちに、問題が何であるのか、その解決のために何をすべきかを教えることを期待されている。

この期待は、「科学主義 scientism」の信奉から生まれるものであるが、「科学主義」とは、ハーバーマスが説くように「知識の一つの形態として科学を理解することができず、科学と知識を同一視せずにはすまない信念」を指す。「科学主義」の下では、社会学は、〔習得すれば〕自分でできる状況説明の一種と見なされる。その教科書には——いかに欲するものを手に入れ、いかに障害物を跳び越えたり避けたりするかという観点から——人生でいかに成功を収めるか、その成否はどこで評価されるかについて、絶対確実な情報が掲載されている。このような社会学観は、「自由は、状況を制御し、それを自分の意図の下におく能力から生まれる」という信念によってかたちづくられている。知識が約束することは何か。それは、わたしたちに何が起こるかを教えることができ、それによって人間が特定の目標の追求において外的な制約なしに合理的に行動しうることであると理解される。このような知識を手に入れれば、「望ましい結果をもたらす」と保証されているアクションをとればよいだけの話である。

他者の制御

状況を制御するには、誘惑・強制その他の方法を通じて、他者――つねに社会的な条件の重要な部分をなす――に行動をうながす、すなわち、自分の欲するものを入手するのを助けるようなかたちで、かれらに行動させることが必要である。原則として、状況の制御は、他者の制御を意味する以外のものではない。このような〔状況の制御に関する〕期待は、「生活術の要諦は人を動かす技法にある」[3]という信念に姿を変える。理解と期待をめぐる二つの目的が緊張関係にあるにもかかわらず、社会学は、秩序を創造し、社会的状況から混乱を除去しようとする活動に従事することを求められる。これまで述べてきたように、これは、近代社会の顕著な特徴である〔第7章〕。人間の行為をかたちづくる希望・願望・欲望・意欲などを探究することで、社会学者は、事態をどう調整すれば、人々から望ましい態度を引き出すことができるかについて、情報を提供することを期待される。このことは、不適切な（設計された秩序のモデルが不適当とする）行為の排除をともなう。コールセンターや工場の経営者は、従業員からより高い生産性を引き出すために、社会学者の協力を得るかもしれない。軍の司令官は、兵士の間にいっそうの規律をもたらしたり、敵目標に関する情報を明らかにしたりする調査や観察を行うよう、社会学者に頼むかもしれない。警察は、いかにして群衆を分散させ、監視活動を効果的に実施するかについての提案を委託するかもしれない。スーパーマーケットは、警備員を、万引き対策のための講座に派遣するかもしれない。会社は、自分の製品を顧客に買わせるための助言を求めるかもしれない。広報担当者は、雇い主である政治家が、「庶民派」として人気を得て、選挙に受かるようにするために、いかなる方策を講じるべきかを知りたいかもしれない。

すべての要求は、同じことに帰着する。社会学者は、特定の集団によってあらかじめ「問題」とされている事態といかに戦うかについて、一義的なかたちで——別個の説明や方策は黙殺するか「不適当」と判定するかたちで——助言を求められているということがそれである。一つの結論は、Bの自由を減らすこと、すなわち、その研究を委託したAの要望に応じて、Bの選択を制限し、その行動を制御することである。この場合知識に求められるのは、人々を行為の主体から介入ないしは操作の客体に変えるための技法である。人々が周囲の環境といかなる関係にあるかという観点から問題を〔全体的に〕認識することよりも、そもそも特定の状況の制御を求める人々の願望やイメージが優先される。そのような期待に沿えない結果が生じるとき、社会学者に求められるのは、いっそうの状況の制御であって、その制御の試みそれ自体を疑うことではない。実際、そのような試みを疑うことは「甘え」であり、それぞれの状況において必要なものに目もくれない「奢(おご)り」と見なされる。

このような期待は、最終的に、次のような要求に行き着く。社会学的思考は、人間の相互作用を制御するための方策（レシピ）を生み出すべきであるという要求がそれである。ここに見られるのは、研究対象を支配したいという欲望である。文化と自然の相互作用との関連で見たように〔第8章〕、この欲望の歴史は長く、それによって、自然は文化的な介入の対象となった。自然は、自分の欲求の満足のために資源を利用しようとする人々の意思や意図に従属するものとなった。その結果、一つの言語が出現したが、それは、意味を取り除かれ、専門的事項にしか興味がなく、感情とはほど遠いものであった。介入の対象は、アクションの受け手であって、アクションを起こすことも、異議を申し立てることもなかった。介入の対象は、全体的なバランスのなかで相互に関係づけられることはなく、区画化されていることで、特定の目的を満たすための操作を受けやすかった。このように自然界は、一個の無規制状態、つまりは、耕されて、人間の居住にふさわしい、意図的に設計された区画になるのを待っている処女地として理解された。ようやく、近年「自然界が枯渇に近づいており、自然への介入が全生物や生息地の消滅の危機につながる」との認識が生じてきたが、それまでは生態系のバランスの問題が提起されることはなかった。その間、代替エネルギーや代替策――採用は可能であったが、特定の目的の追求のために顧みられなかった――が、日の目を見ることはなかった。

社会は、このような〔人間による自然の支配という〕意図をもって探究される。その目的は、特定の人々が自らの望むかたちを社会に与えることであり、同時に、知的生産を通じて、この過程を説明するにとどまらず、正当化することである。現実は、そこで、人間の意図的な活動に抵抗するものととらえられる。そして、抵抗を打ち破るために、さらに知識が活用され、形成される。一方、この過程に疑問を呈することは、人間による自然の征服――束縛からの人間の解放にして、集団的な自由の増進と見られるもの――に異議を申し立てることになる。もちろん、活動の領域によっては、そのような結果も生じるが、この知的生産のモデルは、中立性を装いながらも、重要な論点を欠いている。いかにすれば、人間の生活は、目的があり意味のあるものになるかという論点、すなわち、わたしたちの実存の倫理的・道徳的な側面がそれである。

社会学の三つの戦略

社会学の創設

いかなる学問でも、このような〔実用的な〕文脈で正当化を図ろうとするならば、この〔主客二分的な〕知的生産のモデルを先取りしなければならない。いかなる知識も、学界の一翼を占め、公共の資源として認知されたいと願うならば、他の学問と同様に有用なモデルを供給できることを証明しなければならない。初期の社会学者たちは、社会的秩序の設計者や建造者を自任してはおらず(自任していた者もいるにはいたが)、かれらの唯一の願望は人間の条件を十分に理解することであったが、かれらが社会学を創設しようとする際に、当時「よい知識」として知られていた支配的な概念の影響は避けがたかった。したがって、人間の生活や活動が同一の条件下で研究できるという理論が、いつか構築され、提示される必要があった。初期の社会学者たちが「社会学も、既存の文脈において、正当な活動と社会的に認知される地位に上がらなければならない」と考えていたとしても、驚くにはあたらない。

さまざまな研究機関のなかで、学問的な認知を得るための闘争が繰り広げられ、社会学的言説は、固有の形態をとるようになった。その闘争は、社会学を科学主義の言説に従わせようとするもので、それが参加者の関心の最上位をしめる課題となった。そこには、いくつかの戦略が認められるが、それは、この新しい要求をどう解釈し、それにどう対応するかをめぐるものであった。それが、今日売りに出されている社会学的なパースペクティヴの多様性を網羅したものであるなどと言うつもりはない。しかし、以下の三つの要素が収斂して、社会学のダイナミズムをかたちづくった。そして、このダイナミズムこそが、今日の社会学の特質であり、人々が社会学に期待するものである。

第一の戦略

最初の戦略は、科学的営為の複製に関心をおいているが、それは、この一般的な期待〔社会学が一つの科学として確立し、実用的な知識を提供することへの期待〕と結びついている。このような立場から社会学を主導（リード）した思想家の一人に、デュルケームがいる。かれは、その関心の広さや深さのみならず、かれの作品とかれが生きていた〔十九世紀末から二十世紀初めのアノミー化の様相を呈する〕社会との関係においても、その知的遺産がいまも息づいている社会学者である。デュルケームは、社会諸科学の統合のうちに社会学の基礎を求めようとしたが、かれにとって、社会学は、社会の結合のための合理的・体系的・経験的な基礎を提供するための学問であった。この過程で、デュルケームは、科学的なモデルを追求したが、それは、何よりもまず、研究の主体と客体の厳格な区別によって特徴づけられた。主体にとって、客体は、「外部」に位置するものであり、中立的・客観的な言語によって観察し、記述しうるものであった。この点からすれば、諸科学は、方法的に異なるのではなく、いかなる領域に関心をもつかで異なるにすぎない。世界は、多数の区画に分かれており、各々の区画が、諸科学の研究対象となる。諸科学は、自らが関心をもつ対象の周囲に、境界線を引く。研究者たちは、同じ道具や技法を使って、同じ規則や基準に従う活動に従事する。科学のまなざしは、研究活動から区別される対象に注がれる。それらの対象は、研究者によって観察され、記述され、説明されるのを待っている。諸科学の境界を定めるのは、研究領域の区分にすぎず、それぞれが、固有の「事物の集合」を担当している。

このモデルに従えば、社会学は、海洋探検家のごとき存在である。つまりは、社会学は、だれも領有権を主張していない土地を探し続けている。デュルケームは、この社会学に固有の領土を、**社会的事実**のなかに見いだした。社会的事実とは、いかなる個人にも還元できない**集合表象**を指す。人々によって共有されている信念や行動のパターンとしての集合表象は、客観的に研究可能な事物と見なされる。各人にとって、それは、頑強にして、揺るぎなく、自分の意思から独立した現実である。それは、各人が、承認できるとは限らず、願いだけで消え去るものでもない。その限りでは、それは、テーブルや椅子が部屋の中央にどっしりと陣取るがごとく、物理的世界の特性を再現している。その存在を無視することは、重力の存在を無視するようなものである。社会的な規範を破って制裁を受けるたびに、〔個人の自由な意思で〕変えることができないものを破ってはならないと思うのは、その一例である。

社会現象は、人間なしに存在しないことは明らかではあっても、個人の内部ではなく外部にある。自然や神聖不可侵な自然法則とともに、社会現象は、人々の客体的環境の重要な一部を構成している。人々が社会現象の影響を受けているとして、かれらに問いかけることで、社会現象について何かを知ろうとしても無駄である。かれらから情報が得られたとしても、それは、不明確で、不完全で、誤解を招くものでしかない。問われるべきことは、環境に対して、かれらがどう反応するかということである。それによって、状況の変化が人々の行動にいかに影響を及ぼすか、あるいはまた、環境そのものに内在する力の何であるかが分かる。

デュルケームも認めているが、ある重要な一点で、社会現象と自然現象は異なる。自然法則を破ることとそれにともなう被害の間の結びつきは必然的である。[4] その結びつきは人間が設計したものではない（だれが設計したものでもない）。これに対して、社会規範を侵犯することと侵犯者を待ち受ける苦難の間の結びつきは、「人為的」なものである。一定の行為が処罰の対象になるのは、社会がそれを咎めるからであって、行為それ自体が、その行為者に〔直接的に〕危害をもたらすわけではない（盗みそれ自体は泥棒に、損害ではなく利益をもたらす。泥棒が、盗みの結果、損害をこうむるとすれば、社会感情がそれに作用するからである）。この自然現象と社会現象の違いは、社会規範の「物のような」性格を損なうものではなく、それによって、社会現象の客観的研究が実現不能になるわけでもない。社会的事実は、人々の精神状態や感情（それらは心理学者によって熱心に研究されている）とは異なり、物のような性格をもっており、人間の行為をリアルに説明してくれる。人間の行動を正確に記述し、説明したいがゆえに、社会学では、本人しか知り得ない内的なもの――個人の精神・意思・私的な意味づけなど――を無視し、代わりに社会現象の研究に専念することが認められている（そうするよう勧められる）。社会現象は、外部から観察でき、観察する者がだれであっても、同じように映るはずである。

第二の戦略

これとは、まったく異なる戦略もある。それは、既存の科学的活動を複製することなしに、科学としての地位を追求しようとするものである。この戦略は、〔科学主義の〕反省と修正の戦略と呼びうる。社会学は自己主張なしに物理学を模倣すべきであるという理念は、主としてヴェーバーの業績との関連において、今日、否定されている。その代わりに提案されている立場は何か。社会学の研究対象が自然科学の研究対象と異なるように、社会学は――科学的知識に期待される厳密性を失ってはならないが――自然科学とは異なってしかるべきであるという立場がそれである。社会学を学問的に駆動するのは、「人間的現実の何であるか」という問いであり、学問としての社会学は、社会全体で生じる変化に敏感でなければならない。

人間的現実は、自然的世界とは異なる。人間の行為には**意味**があるからである。人々には行為の動機がある。かれらは自らが設定した目標に到達するために行為するのであって、目標がそこでの行為を説明する。そのために、人間の行為は、身体の空間的運動とは異なり、説明というよりも理解される必要がある。より正確に言えば、人間の行為を説明するには、「行為者が行為に込めた意味を把握する」という意味において、行為を理解しなければならない。人間の行為に意味があるということが、**解釈学**の基礎をなす。解釈学とは、「意味の回復」のための理論と実践であり、理解されるべき意味は、文学作品、絵画その他の人間の創造的精神の産物のなかに埋め込まれている。その意味を理解するためにテキストの解釈者がなすべきことは、作者の「立場」に身をおくことである。すなわち、解釈者は、作者の目を通してテキストを読み、作者の思考の跡をたどらなければならない。その際、作者の行為は、かれらの身をおく歴史的な状況と結びつけて解釈される必要がある。

作品は、それ自体個別的なものであるが、作者は、それを、歴史的文脈の全体性のなかで生み出す。この部分と全体の解釈においては、いわゆる解釈学的循環[5]が避けがたいが、その解釈には、統一的な方法が用意されているわけではない。つまりは、それを適用すれば、だれでも的確に解釈できるといった方法があるわけではない。むしろ、それは、個々の解釈者の能力次第である。もし、明らかに異なる解釈をもって、複数の解釈者が目の前に現れるならば、競合する提案のどれを選んでもよい。それぞれの提案が、内容の濃さ、分析の鋭さ、美学的な好ましさその他の理由で、人々を満足させようとしている。はっきりしているのは、それが、確実性の感覚をもたらす知識ではないことである。確実性の感覚は、一義的な規定を要求する権力の名において秩序を創造したいという願望に付随するものである。ヴェーバーが構想する社会学は、先行する自然科学を模倣しようとするものではまるでなかった。にもかかわらず、かれは、社会学は「科学的」な基礎をもちうると主張した。

必ずしもすべての人間の行為が、意味をもつものとして解釈できるわけではない。これまで見てきたように〔第4章〕、わたしたちの活動の多くは、習慣や情緒に導かれるという意味において、伝統的ないしは感情的なものである。どちらの場合も、行為は、**非反省的**な性格をもつ。たとえば、怒って行動するとき、もしくは、慣例に従うとき、わたしたちは、自分の行為を考慮しないし、特定の目標も追求してはいない。伝統的行為や感情的行為は、わたしたちの直接的な統制下にない要因によって規定されており、その原因が指摘されてはじめて、それらの何であるかが理解される。原因の説明よりも意味の理解を必要とするのは、**合理的**な行為である。それらの行為は、考慮され、統制され、意図的な目標に方向づけられた行為（「何かのための」行為）である。伝統が多種多様であり、感情が各人各様であるのに対して、目標の実現のためにいかなる手段を選択するかを検討するための**理性**は、万人に共通である。わたしたちは、行為を観察して、それから意味を導き出すが、それは、行為者の頭のなかで起こってきたことを推測する作業ではなく、行為に見合う動機を探す作業である。その動機は、道理に適ったものでなければならない。それがゆえに、行為は理解可能なものになる。

このように、ヴェーバーは、合理的な精神は相互に理解し合えると主張した。合理的な行為を研究対象とする限り、十分に検討され、目標を志向するという意味において、それらの行為は、合理的に理解できる。原因ではなく、意味を仮定することで、それは理解可能であるとかれは説く。このような社会学的知識は、単純に科学を模倣するだけの社会学よりも、明らかに優れている。前者は、対象を記述するだけでなく、理解しようとするからである。科学的に記述される世界は、どれほど徹底的に探究されても、意味を欠いているが、社会学は、その探究の過程において、意味のある世界を奪還する。

第三の戦略

科学の複製（第一の戦略）でもなく、反省と修正（第二の戦略）でもなく、第三の戦略があるが、それは、効果による証明 demonstration by effect を特徴としている。この戦略の目標は、社会学が、直接的かつ実際的な有用性をもつことを示すことである。この目標を追求しようとしたのが、アメリカ社会学の開拓者たちであった。アメリカは、元々、プラグマティックな思考において、すなわち、実際的な成功を価値や真理の究極の基準としてとらえることにおいて傑出した国である。プラグマティズムの哲学者ウィリアム・ジェイムズはこう説く。「わたしたちが真理を認識する責務を負うにしても、それは、無条件的ではなく、大いに条件づけられていることは明白である」。そのような主張を念頭におくとき、社会学的研究が提供する知識は、特定の目的の追求において、いかなる成果を生んだかで評価される。こうして、社会学的知識はさまざまな欲求や意図に沿うかたちで、現実を操作したり変革したりするために使用される。それらの欲求や意図が何であるか、そしてまた、それらがいかに規定され、選択されるかは大きな問題ではない。

この戦略の下では、社会学は、当初から社会的診断という任務に実践的な優位性をおく。実際、社会学的洞察力は、さまざまな社会問題——犯罪の増加、青少年の非行やギャング活動、アルコール中毒、売春、家族の絆の弱体化など——を認識し、研究するなかで磨かれた。社会学は、「社会的な過程の統制に役立つ」という約束によって、社会的な認知を得ようとした。そこでは、社会学は「社会的秩序の構築や維持に貢献する学問」を自負し、社会の管理者——人間の行動をどう管理するかを課題とする——と関心を共有すると見なされる。社会学者は、工場や鉱山の従業員の敵意を抑え、紛争を防ぐために研究を行うかもしれない。あるいは、戦争で疲弊した軍隊の若い兵士たちの環境への順応性を高めるために、新製品の販売を促進するために、犯罪者を更正させるために、社会福祉の効率を上げるために貢献するかもしれない。

この戦略は、フランシス・ベーコンの公式「自然は服従することによってしか征服されない」に酷似している。そこでは、真実性と有用性、情報と統制、知識と権力が渾然一体となっている。社会的秩序の管理のために実際に有用であるかどうかによって、社会学的知識が評価される。わたしたちは、またしても、次のような観念に遭遇する。社会学は、秩序の専門家が発見し、提示する問題に対する解決策を提供しなければならないという観念がそれである。その際、社会は、操作の対象として上から〔管理する側から〕眺められるが、この操作の対象は、簡単に操作できない「抵抗材料」を〔管理者の前に〕吐き出す。それを、もっと柔軟で融通のきくものにするには、その内的な性質をもっとよく知らなければならない。

社会学的知識への期待の間で生じる緊張関係は、社会学に「社会学とは何か」と問いかける。このことは驚くべきことでも何でもない。社会学と経営学の融合は、人間関係を目的のための手段ととらえる人々にとって、中心的な関心であり続けている。そのような知識は、きわめて限定された関心に応えて、社会学を〔現実に〕適用するという条件下で正当化される。しかし、アメリカ社会学の開拓者たちが批判されてきたのと同じく、ある学問が権力者の要求に応えることを「成功」と規定することは、最初から、その他の価値を無視することであるのみならず、研究を狭い範囲に押し縮めることである。その際、締め出されるのは、社会関係がいかなる別の可能性をもつかのヴィジョンであり、現下の社会編成のなかに内包されている変化の可能性である。

第三の戦略の批判者たちは、この戦略の追求が、どちらか一方の肩をもつこと、現実の権力の非対称性を積極的に支持することにつながると指摘してきた。管理者の立場から構築される知識を、だれもが使用できるわけではない。その知識を利用するには資源が必要であり、管理者だけが、その資源を利用できるからである。こうして、社会学は、すでに支配権を握る人々の支配力を高め、すでに優位にある人々に有利なように〔ゲームの〕賭け金を変える。それによって、不平等、誤解、社会的不正の原因が供給される。それゆえに、社会学は、論争を呼び起こす。社会学は、社会を二つに引き裂く立場の格好の標的となり、その活動は、調停しがたい圧力にさらされる。一方が社会学に期待するものを、他方は忌まわしいものと見なし、抵抗を心に誓っている。方法論がどれほど厳密であろうと、方法がどれほど多彩であろうと、理論的思考がどれほど洗練されていようとも、相反する期待が、社会学的な活動をかたちづくっている。こうして、社会学は、現実の社会的紛争――社会全体の緊張関係、アンビヴァレンス、矛盾の重要な一部である――の犠牲となる。社会学は、体系的な研究を通じて社会的な問題を取り上げるなかで、便利な標的として使われ、それによって真剣な議論や行為が置き去りにされる。さて、このような〔緊張関係やアンビヴァレンスや矛盾に満ちた〕状況を理解すべく、そろそろ、話題を社会学から社会そのものに転じよう。

アンビヴァレントな世界

合理化の圧力

社会学が、社会的紛争の犠牲になるのは、近代社会に内在する**合理化**のプロジェクトの結果として生じるものである。合理性は、両刃の剣となって、人々の前に現れる。一方で、それが、人々の行為の制御を手助けすることは明らかである。これまで見てきたように、合理的な計算は、選択された目的に沿って行為をかたちづくり、選択された基準に従って、その行為の実効性を高める。総じて、合理的な個人は、自分の行為を計画したり計算したり監視したりしない人々に比して、目的を実現できる可能性が高い。個人の行動に役立つとき、合理性は各人の自由の範囲を広げる。しかし、合理性には別の面もある。個人の行動を取り巻く環境に――社会全体の組織化に――適用されるとき、合理的な分析は、個人の選択の幅を狭めたり、個人が目的の追求のために用いる手段の数を減らしたりする。したがって、合理性は、個人の自由を制限することもある。社会学は、この緊張関係を考察することで、合理化の影響を十分に理解し、合理化が近代社会において引き起こす問題に効果的に対処するための方策を提供する。かつて、マクルーハンが、新しい科学技術について書いたように、もし、わたしたちが、自らの生活がどう変化しつつあるかを理解すれば、「わたしたちは、その変化を予想したり、制御したりできるが、もし、自らを無意識的な催眠状態におき、そこにとどまるならば、奴隷のままであろう」。

このような合理化の圧力を前提として、明らかに方法的な厳格性を保ちながら、ヴェーバーとデュルケームは、ともに自由への関心を示した。デュルケームは、功利主義――計算によってかたちづくられ、個々の行為者の取り分を最大化することを目標とする立場──に批判的であった。かれはこう問う。功利主義は、人々に幸福や満足をもたらす社会的基盤たりうるであろうか。ヴェーバーもまた、個人の幸福や満足の追求が人間の条件の中核をなすものではあっても、ますます目的合理的な計算に従うようになっていることに懸念をもっていた。ロバート・パーク〔シカゴ学派の社会学者。アメリカ社会学の開拓者の一人〕は、新たな方式のコミュニケーションが、いかにして新たな結合を生み出すかについて書いたが、それは、人々の間の競争を強化するだけでなく、かれらに〔事物や他者に関する〕理解を深める可能性をもたらすものであった。

今日においても、社会学者の間で、これと同様の関心が表明されている。信頼は、人間関係において基本的なものであると言われるが、それは、グローバル・ビジネスの打算によって、徐々に失われつつある。グローバル・ビジネスは、数カ国に匹敵する富を運用し力を行使しているが、政治的には何ら責任を負わないままである。コミュニティには固有の価値があり、それは社会的連帯の創出のためになくてはならないと言われるが、本書で見てきたように、コミュニティを尊重する態度は、しばしば「他者」に対する自己防衛的な態度に姿を変える。セネットが説くように、コミュニティ建設の最も重要な特徴は、「敵対する経済秩序への防壁」を築くことである。結果的に、ヴィリリオ〔第7章参照〕の主張を敷衍するならば、政治は〔各人の〕恐怖からの解放につながり、社会保障は〔各人の」消費する権利と結びつく。

差異のシステム

そこに見られるのは、特定の目標の実現に応じた資源の利用であり、同時に、社会的条件への反応としての境界策定的活動である。それらの活動は、知識によってかたちづくられるが、知識は、世界に関する解釈を含むヴィジョンである。この意味で、知識は、一般に誤解されているように、それ自体として、たんに事物を反映しているのではない。むしろ、それは、事物を範疇・種類・類型ごとに選別し、整理し、分類する。知識をもてばもつだけ、事物のことがよく分かり、世界のなかの、より多くの事物が識別できる。たとえば、絵画の技法を勉強すれば、たんに「赤い」と思っていたものが、さまざまな異なる赤色からなることが分かる。トルコ赤、炎色、クリスマスローズ・レッド、インド赤、日本赤、洋紅色、深紅色、ルビー色、緋色、鮮紅色、血紅色、朱色、淡紅色、ナポリ赤、ポンペイ赤、ペルシア赤などがそれである。訓練を受けた者とそうでない者の違いは、秩序立ったかたちで事物を識別し、探究する能力があるかないかである。

いかなる領域でも、知識を獲得することは、事物を識別する方法を習得することからなる。その過程で、均一なものが分けられ、差異がより具体化され、分類がより精密なものとなり、経験の解釈がより豊かで詳細なものになる。教養の有無が、事物を識別したり描写したりする際にどれだけ豊富に語彙が使用できるかで測られることも多い。さまざまな事物が「よい nice」と表現されるが、それらは、楽しいか、いい香りがするか、親切か、適切か、上品か、「正しいことをしている」か詳述することが可能である。言語は、経験や出来事を報告するために、「外部」から生活のなかに入ってくるのではない。言語は、最初から生活のなかにあり、生活を映し出している。ブルデューが説くように「言葉遣いが社会的に価値をもつのは、それが差異のシステムとして編成されているという事実による」のであり、言葉遣いは「社会的な差異のシステム」を再生産する。

このことから、言語は、**生活様式**であり、あらゆる言葉——英語、中国語、ポルトガル語、労働者階級や中産階級の言葉、「しゃれた」言葉、裏の社会の隠語、若者言葉、評論家・船乗り・原子物理学者・外科医・鉱山労働者などの言葉——もまたそうである。各々の言葉が、世界の地図と行動の基準をともなっている。各々の生活様式のなかで、この地図と基準は相互にからみ合っている。それらを別個に考えることはできるが、実際に切り離すことはできない。事物の名称の間に設けられる区分は、それらが質的にどう異なるかについての認識を反映している。同時に、それらの質的な差異に関する認識は、事物に対する行為や行為に先立つ期待の区別を反映している。さきに観察したことを思い起こそう〔第8章〕。理解するとは、どう行動するかが分かることであり、〔逆もまた真で〕もしどう行動するかが分かっているならば、すでに理解している。まさしく、この両者——行動の方法と認識の方法——の間に重複や調和があればこそ、差異は、事物そのもののなかにあるとわたしたちは思う。

生活様式の諸相

そこには、安心と確信があるが、それは、日々の理解のために日常的に行使される区別に付随するものである。すでに述べたように〔第9章〕、日常的な理解の形式には豊かさがあり、多くの社会学者が非凡な洞察力をもってそれを探究してきた。その過程でこれまで隠れていたものが明らかになってきている。人々は、自らの日常的な活動が、通常、どの程度の実現可能性をもつかについて無関心である。そうでなく、四六時中自分の行為や自分の行為と自分がおかれた条件との関係について頭を悩まさなければならないとしたら、どうであろう。そこには、無為と不安しか生まれないであろう。このように、人々は、自らの日常的な活動にさほど関心をもっていないが、人々の生活様式は、互いにかけ離れてもいない。社会学的理解は、たんに、わたしたちがどう生活を送っているかをめぐるものではない。同時に、それは——通常は、そうであるように見えないが——わたしたちの生活が他者の生活とどういう関係にあるかをめぐるものである。行為は、ローカルな情報に基づくものであるが、移動やコミュニケーションを通じて〔ローカルな集団の〕境界線を越える潜在力をもっている。

これは、まさに、消費の名において市場で財やサーヴィスを売り込む人々がしていることである。複数の生活様式の間の境界線はさまざまなイメージや可能性に支配されるが、そのようなイメージや可能性は異なるメディアに由来し、本書で見てきたように〔第9章〕さまざまな効果を発揮する。〔広告などを通じて〕結果的に得られる理解の形式は、ローカルな集団において各人が一定の生活様式の下で生きていくのに要する知識を貯えていくといった意味で、集団の「内部」に由来するものではない。それは、（1）新たな知識は「現在の生活に支障なく組み込めること」を証明するにとどまらず、（2）その知識が「最初から自分のものであった」と認知するようわたしたちに要求する。このように〔わたしたちが他者との複雑な相互作用のなかにあることを〕社会学的に理解すれば、わたしたちの個性が、けっして唯一無二のものではないことが分かる。わたしたちは通り抜けできない壁で相互に隔てられているのではなく、壁の内側で、どんな人物が、どんな生活をしているのかは簡単に調べがつく。

この状態に対する一つの反応は、（これまで見てきたように）境界線を強化することであり、それは、壁の内部が外部の影響から遮断されるように多くの手段を行使することをともなっている。しかし——複数の生活様式が各々秩序立っていて、行為のパターンを分け合っていたとしても——それらが、相互に重なり合い、生活経験全体の選択領域を奪い合うことも多い。個々の生活様式は、いわば選択や編成が異なるにすぎず、その部分や項目に違いはない（部分は全体世界の一部をなし、項目は共用のプールから引き出される）。一日を通じて、わたしたちは、多くの生活様式の間を移動するが、どこへ行こうとも、別の生活様式の一部を身に付けている。生活のなかで通過するいかなる生活様式においても、わたしたちは、さまざまな人々と知識や行動の基準を共有しており、それらの人々も各々自分が関与する複数の生活様式の組み合わせを有している。

それゆえに、いかなる生活様式も「純粋」ではなく、歴史がたびたび証明してきたように、純粋化の試みは破滅的な結果を招く。別の生活様式に参入することは、自分のアイデンティティや技能を厳格な規則に沿うようにねじ曲げたり型に入れたりするという意味で、受動的な過程ではない。わたしたちは社会生活における共著者や共演者であって、新しい生活様式に参入するとき、わたしたちは、別の生活様式を持ち込むことで、新しい生活様式を利用するとともに、それを変化させる。一方、旧来の生活様式は、わたしたちの行為を方向づけ、わたしたちの判断や決定の基礎をかたちづくるが、それが、新しい環境に適したものであるとは限らない。かくして、新しい環境への参入は、創造的にして変革的な活動になる。それは、いかなるレベルで、どの程度まで、いかなる理由で創造的・変革的なのか、いかなる資源が使われ、いかなる結果が生じるのかといった問題に社会学は目を向ける。

それゆえに、つねに、理解の問題が生じる。それはまた、混乱、脅威、「コミュニケーションが断絶するかもしれない」という感覚をともなっているが、それらは、人間の条件の重要な一部をなしている。社会的秩序の確保を名目にそれらの要因を無視することは、理解の過程の中心的な側面を無視することである。そこでは、意味が、微妙ではあるが着実な、そして避けがたい変化を経験している。コミュニケーション――合意の達成を目ざす行為――の過程では、いかなる生活様式も変化をこうむらざるをえない。水の流れの渦について考えてみよう。渦は安定した形状を保ち、長時間同じ場所にとどまっているかのように見える。しかし、一瞬たりとも微量の水を保つこともできず、その材料は絶えず流れのなかにある。念のために付け加えるならば、それは渦の弱さであって、渦の「存続」のためには、流れが止まったほうがよいと考えたくもなるが、流れが止まった途端、渦は「死」を迎えることを思い起こそう。絶えず新たな水が流れ入り流れ出ることなしに、渦は、独立した永続的なアイデンティティとして、その形状ないしは形態を保つことはできない。のみならず、水そのものも異なる構成要素を絶えず運んでいる。

生活様式は渦と同じく生き続けている。それは、まさに、生活様式が柔軟で、絶えず流れのなかにあり、新たなものを吸収しては、用済みと思われるものを放出することができるからである。しかし、このことは、いったん生活様式が閉ざされ、動きを止め、変化を受け入れなくなるとき、それが、死を迎えることを意味する。生活様式を最終的に体系化することはできないし、それに厳密性を要求して体系化の試みをうながすことも無理である。言い換えれば、言語や知識一般は、生き残り、結合力を保ち、有用であるには、アンビヴァレントでなければならない。にもかかわらず、「ごたごたした」現実を整理することに関心をもつ権力は、このアンビヴァレンスを、自己の目的実現への障害と見なさずにはいない。権力は、渦を固定化し、自らが制御する知識のなかに不純な情報が紛れ込まないようにし、自らの生活様式を密封して、それに対する独占的な支配権を確保しようとする。

限定的な社会観に裏打ちされた秩序への関心は、一義的な知識の探究につながる。その知識は、網羅的・最終的なものであって、それに続く行為を正当化することが期待されている。その知識の中立性に言及することで、それを使用する人々は判断の重荷から解き放たれるが、それが理想とほど遠いものであることは、だれの目にも明らかである。状況を完全に制御することを願うならば、一枚の明確な言語地図――そこでは、曖昧さの除去によって意味が純化され、すべての〔言葉と言葉の指示内容の〕結びつきに、その生活様式を構成するすべての人々が拘束されている――を得ようとしなければならない。所定の領域では、物事の秩序〔の維持〕に精力が傾注されるのに応じて、さまざまな戦略が顔を出す。一方では、種々の行動が依然として問題にされないおかげで、わたしたちは、その領域に受け入れてもらえるかもしれない。そこでは日常生活において行為をかたちづくる自由裁量権が認められる。他方、その領域に固有の思考様式があるとして、それに不慣れな人々が別の思考様式を携えて入ってくるとき、かれらは、当初からその固有の思考様式に異議を申し立て、それを混乱させる存在として見られるかもしれない。かれらは、自問自答を求められるが、同時に、かれらの行為は、その固有の思考様式を変える影響力をもっている。

それに続くのは、従来の思考様式の正統性を維持し、異端的なものを防止し、排除するための活動であるが、それは、思考様式をめぐる解釈の支配を目標としている。権力は、いかなる解釈が「真実の解釈」として拘束力をもつべきかを排他的に決定しうる権利の獲得を目指している。権力による解釈権の独占の追求は、他の提案者を反対者の地位に追いやることで発揮されるが、それは、不寛容をともなっており、反対者に対する迫害となって表現されることもある。この点からすれば、状況の制御のための知識の生産とは異なるものを追求する学問(6)は、いかなるものであっても、所定の秩序の維持に努力を傾注する人々によって攻撃の標的とされるであろう。

まとめ

社会学は、〔他者との相互〕理解の感覚を生み出すが、わたしたちは、それを解釈に基づく関係性と呼ぶこともできよう。社会学は、ある事象を別の事象と切り離した状態で見ることに満足できない。それは、社会の実情と異なるからである。外界の影響から遮断されているわけでもなく、そうできるわけでもないものを「密閉」するようにとの要求は、社会学には不向きである。社会学は、人々が社会関係のなかで経験することを広範な文脈のなかで論評したり、それらの経験を他者や人々がおかれた社会的条件との関係において解釈したりする活動である。間違いなく、社会学は、他者を通して、他者とともに自分自身を理解することを手助けすることで、それらの経験を豊かにするが、社会学が、それらの経験に関する知恵を独占しているわけではない。それどころか、社会学的思考は、理解の範囲を広げる。一つの解釈で事足りるとはけっして考えないからである。それはまた、一義的な解釈で押し切ろうとすることがいかに高くつくかを強調する。

これは、社会学が「実用的」でないという指摘とは、大きく隔たっている。理解の範囲を広げることで、社会学は、通常は見過ごされがちな物事にピントを合わせることができる。それらの物事には、多元的な経験、生活様式、理解の形式（各人がどう物事を理解するか）が含まれている。その一つ一つが自己充足的・自己完結的な構成単位ではない。まさしく、わたしたちは皆、さまざまなかたちで、相互に結びついている。この相互依存関係の解明が、社会学的思考の課題である。社会学的思考は、さまざまな経験の流入や交換を阻止するのではなく、促進する思考である。

ある人々にとって、これは、社会学によってかえって〔世界の〕アンビヴァレンスが増すことを意味する。社会学は、特定の目的の追求において「流れ」を凍結しようとする人々には与しない。この点において、社会学は、問題の解決策ではなく、問題の一部として見られる場合もある。しかし、この思考様式があればこそ、わたしたちはよりよく未来と対峙できるのであり、もし社会が真剣に〔社会をどう運営するかを〕学習したいのであれば、それを奨励するはずである。社会学が、人間の生活や共同生活に大いに貢献する用意があるとすれば、人々が自由を共有するための主要な条件としての相互理解や寛容を増進することである。その固有の思考様式のゆえに、社会学は、理解を通して寛容を生み出すとともに、寛容を通して理解を生み出す。本書を通じて示してきたように、「どのように問題を見るか」は「何を適切な解決策と見るか」に影響を及ぼす。未来への期待と過去や現在の経験の間には余白があるが、社会学的思考は、その余白に光を当てる。わたしたちは、そこから、自分自身、他者、自分の願望・行為・社会的条件（自らが創造し生活する環境）の間の関係についてよりよく知ることができる。社会学は、自分のことをよりよく理解しようとする試みの中心をしめている。

第10章訳注

（1）テイラーは、人間を「自己解釈的な存在」としてとらえる。この「自己解釈」は、暗黙的・背景的な知識を、絶えず明示化・顕在化していくという、アンビヴァレントな性格をもつ。

（2）原語は、disciplined eye で、「学問的な目」とも訳しうる。

（3）原語は、how we can both win friends and control people で、「友を得て、人を動かす技法」が原義。デール・カーネギーの著書 *How to Win Friends and Influence People* に基づく表現で、同書の邦題『人を動かす』が人口に膾炙（かいしゃ）しているため、ここでは「人を動かす技法」と意訳した。

（4）たとえば、テーブルからティーカップを落として割ってしまうこと。

（5）全体の理解は部分の理解に依存し、部分の理解は全体の理解に依存することを指す。

（6）社会学に代表される。

訳者あとがき

日の目を見る

本書の原著（*Thinking Sociologically*）の第1版がジグムント・バウマンの単著として世に出たのは、一九九〇年である。第2版の「序文」（本書の巻頭に訳出）で共著者ティム・メイが説くように、この第1版は数カ国語に訳され、多くの読者を引きつけた。日本語版は一九九三年、HBJ出版局から刊行された（邦題『社会学の考え方』）。上記の序文の訳注でも触れたように、その訳者はわたし（奥井）である。この訳書も数年間で、何度か版を重ねた。いくつかの大学で社会学の授業の教科書や参考書に指定されている、といった話も耳にした。しかし残念なことに、この日本語版は短命に終わってしまった。版元が親会社（アメリカの大手出版社 Harcourt Brace）の経営方針で、出版活動を停止してしまったからである。日本語版が新本で入手できなくなって以降、そのことを惜しむ声はわたしの耳にも届いていた。実際第1版の日本語版は、いまでも古本市場で結構な高値をつけている。

その後日本語版の復刊の話が、まったくなかったわけではない。十年ほど前にB社との間で、そういう話が一度持ち上がった。もし原著が第1版のままであれば、それは復刊されていたのではないかと思う。ところが当時、原著はすでに第2版に切り替わっていた。残念ながら諸般の事情で、この第1版の復刊（実際には第2版の新訳）の話は実を結ばなかった。こうして本書の日本語版は、一度は世に出たものの長く日の目を見ることがなかった。この間バウマンの名は、わが国の社会学界に次第に浸透していった。バウマンの著作がわが国で翻訳されたのは、本書の第1版が最初である。たとえば故山口昌男氏の『文化と両義性』（一九七五年）には、すでにバウマンの名が見えている。その意味ではバウマンは、とうの昔から「知る人ぞ知る」存在であったのかもしれない。しかし（わたしの知る限り）本書の第1版の翻訳が世に出るまで、バウマンの名を耳にする機会はほとんどなかった。

その後一九九〇年代と二〇〇〇年代を通じて、かれの著作がポツポツと翻訳されるようになった。そして二〇〇〇年代の後半には、「翻訳ラッシュ」になった。その背景にはバウマン自身が、著作を量産してきたという事情がある。と同時にかれの理論が、ようやく時代と符合（フィット）してきたという事情も見過ごすわけにはいかない。この間わたし自身も、別のバウマンの作品を翻訳している（『コミュニティ』筑摩書房刊）。その担当編集者であった町田さおりさんは、本書の第1版の読者であった。本書の第2版の翻訳を最初にお声がけ下さったのは、町田さんである。したがって本書の第1版と第2版は、見えない細い糸で結ばれている。ともあれ今回、四半世紀ぶりに『社会学の考え方』を世に出すことができた。

いつものことながらバウマンの著作の翻訳は、そう簡単な仕事ではない。わたしを終始後押ししてくれたのは、第1版の絶版を惜しむ読者の声であったことをここに明記しておきたい。

第1版がバウマンの単著であったのに対して、第2版には共著者がいる。共著者メイの著作は唯一、*Social Research* (3rd ed., Open University Press, 2001) が邦訳されている(『社会調査の考え方』世界思想社刊)。バウマンが世界的に著名な社会学者であるのに対して、メイにはそこまでの名声はない。メイはバウマンよりも、二世代ほど年齢が若い。のみならず経歴も、バウマンとは対照的である。バウマンが波瀾万丈の生涯を送ってきたのに対して(前掲『コミュニティ』の訳者あとがき、奥井智之『社会学の歴史』などを参照)、メイはイギリス国内でごく平凡な学究生活を送ってきたように映る。訳者(おそらく本書の読者の大半も同じであろう)はバウマンよりも、メイに年齢が近い。そして経歴から言っても、よほどメイに近い。その意味で訳者は、メイに親近感をもつ。しかしまたかれが本書の執筆者に加わったことのプラスとマイナスについても、訳者として率直な感想をもつ。

まず第2版では、新しい題材が追加されている。たとえば健康、時間と空間、リスク、グローバル化、ニュー・テクノロジーなどの題材は、第1版には元々なかったか、あっても大きな扱いを受けていなかったものである。さきの「序文」でメイ自身も言っているように、この題材の追加にメイは大いに貢献しているらしい。これによって本書は、社会学の入門書であると同時に社会学の最前線の議論を取り扱う著作となった。その一方で第1版にはあって、第2版では影が薄くなったものもある。たとえば碩学が、初学者を相手に諄々と説き聞かせるような調子がそれである。とはいえ第2版は、バウマンが旧著の改訂を若手に「丸投げ」したといった作品ではない。紛れもなく本書は、二人の共同作品である。そして読者は、本書の随所でバウマンらしい議論の展開に遭遇されるはずである。一言で言えば本書は、「日常的な世界がどう構成されているか」について徹底的（インテンシヴ）に思索した作品である。

バウマンの世界像

本来訳書は、訳文がすべてである。したがってここで、屋上屋を架すように本書の内容を要約したり、解説したりするつもりはない。しかし訳者として、最低限読者に断っておきたいこともある。そのことを糸口にここでは、訳者がバウマンの世界像をどうとらえているかを簡潔に述べさせていただきたい。訳書である限り本書も、原著にできるだけ忠実であろうと努めている。しかし英文の原著と日本語版の間に、多少の異同があることも事実である。読者の便宜のために訳者が、原文をあえて改訳した箇所があるからである（本書巻頭の凡例参照）。そのなかで最も議論の対象になりそうなのが、章題の改訳である。ここではまず、それに関する訳者の見解を申し述べたい。第2版のなかで第1版の原文が生かされているのは、おおよそ一割五分である。その意味では第2版は、ほとんど新著と言ってよい性格をもつ。にもかかわらず第1版の主題の多くは、そのまま第2版に引き継がれている。

ところで第1版は、序章を含めて十三章の構成である。そして章題の多くが、（AとBというかたちで）二項対立的な構成をとっている。それによって一つの主題を探究しようというのが、そこでの意図であったと推察される。これに対して第2版は、序章を含めて十一章の構成である。そして章題の多くは、（AとBとCというかたちで）多項並列的な構成をとっている。いったいこれは、なぜそうなっているのか。第2版では第1版の章立てが崩され、一つの章で複数の主題が扱われているからである。たとえば第4章では「権力と選択」「自己保存と道徳的義務」が、第7章では「時間と空間」「秩序と混乱」が、第8章では「自然と文化」「国家と民族」が、一緒くたに論じられている。結果的に直訳すれば、第4章は「行為の選択――権力、選択、道徳的義務」、第7章は「時間、空間、（無）秩序」、第8章は「境界線を引く――文化、民族、国家、領域」がそれぞれ章題になっている。

これは読者にとって、けっして親切とは言えない章立てである。というのも章題を見ただけでは、何がそこでの中心的な主題であるのかが判然としないからである。どういう経緯で第2版の章立てがそうなったのかについての説明は、本文にはない。それをもって著者たちは、さまざまな主題が相互に複雑にからみ合う現実を描き出そうとしているのであろうか。本書のキーワードの一つである「境界線」を借りて、簡明直截に言わせてもらおう。残念ながら第2版では、各主題が境界線によって截然と区別されていない。わたしが第2版の章題に第1版の流儀を持ち込んだのは、それが読者の便に資すると考えたからにほかならない。訳者にとって一つの責務は、原文に忠実に従うことであろう。しかしまた原著の内容を明快に読者に伝えることも、訳者の一つの責務であろう。わたしが第1版の章題のほうを高く買うのは、それが本書の理論的立場をより鮮明に映し出していると思うからである。

「境界線」と並んで本書のもう一つのキーワードは、「アンビヴァレンス」である。本来それが、フロイトの精神分析に由来し、「両面価値性」などとも訳される用語であることは本書の訳注でも触れた。フロイトは同一の対象に対して、相互に対立する感情をもつことをアンビヴァレンスと呼んだ。たとえば愛憎相半ばする感情をもつことが、それにあたる。もっとも「アンビヴァレンス」について、フロイトの用法とバウマンの用法は大いに異なる。すなわちフロイトの用法が心理学的であるのに対して、バウマンの用法は社会学的である。バウマンはこう言う。現実を「境界線」によって二つに区分することには、原理的な困難がある。「境界線」の両側にはつねに、どちらに属するのか判然としない領域が残る。こういう現実の両義的・両面的な性格のことをかれは、アンビヴァレンスと言う。

のみならず現実は、本来「アンビヴァレンス」に満ちているというのがバウマンの世界像である。

たとえば本書の第9章では、モノが実用性と象徴性の両面をもつことが論じられている。この場合「実用性」と「象徴性」は、一対の極限概念である。実際にはモノは、その両面の価値を具有している。しかしそれは、世界を二つに区分しないことには把握しえない。その意味では世界をリアルに認識するには、まずもって「境界線」を引かなければならない。それによってはじめて、世界のアンビヴァレントな構造が明らかになる。それがまさに、バウマンの社会学である。わたしがここで二項対立的な章題に拘泥したのは、そのためである。もっとも複数の主題が盛り込まれている諸章に、シンプルな章題を付けることはけっして容易ではない。たとえば第6章では「健康とフィットネス」が、第7章では「時間と空間」が、第8章では「国家と民族」が、それぞれ重要な主題となっている。ここではそれらを、新たな章題の下に強引に押し込んでいることを読者に断っておかなければならない。

徹底的に思索する

もう一つここで触れておきたいのは、第2版で新たに加わった主題についてである。二十世紀末ごろから社会は、グローバル化の様相を呈している。そしてそれは、情報技術の進化と連動している。第2版は後半の諸章で、そういうグローバル化社会の実相を描き出している。本書の第1版（一九九〇年）は時代的な制約のために、このことを十分に主題化できずにいた。それに対して第2版（二〇〇一年）は、グローバル化の真っ只中で著された作品である。そして今日の社会も、その延長線上に位置している。したがって本書は、一つの「現代社会の理論」として読むことができる。もっともここでの議論の多くは、バウマンの他著（前掲『コミュニティ』など）での議論と結構重なっている。それらの作品にすでに親しんでおられる読者にとっては、本書の議論はそう新鮮なものではないかもしれない。しかしそうではない読者にとっては、バウマンの「現代社会の理論」を知る好機となろう。

　本書はバウマンの他著とは異なり、社会学の教科書・入門書である。したがってバウマンの世界像が、曲がりなりにも体系的・組織的に提示されていることに本書の特徴がある。バウマンが自身の世界像を、「固体的な近代（ソリッド・モダニティ）」から「液状的な近代（リキッド・モダニティ）」への移行という図式をもって提示していることはよく知られている。そしてまたグローバル化が、「個人化（individualization）」と軌を一にしているというのもかれの基本的な図式である。興味深いことに本書のなかには、「固体的な近代」や「液状的な近代」という用語は出てこない。そしてまた「個人化」ではなく、「私化（privatization）」という用語がここでは使われている。そういう細かなことを除けばここでの議論が、他著での議論とそう隔たっているわけではない。しかしそれが、あくまでも社会学の概説的な講義として展開されていることに本書の特徴がある。逆に言えば本書は、凡百の社会学の概説書のなかでは異彩を放っている。

わたしは本書から、ジンメルの『社会学』を連想する。後者は社会学の概説書というよりも、ジンメル自身の社会学の体系を提示した書物である。のみならずジンメルは、そこで横道の議論を悠々と展開している。特段どこかに、普遍的に妥当する（いつでもどこでも通用する）社会学の理論が存在するわけではない。行き着くところ社会学は、個々の社会学者自身の理論でしかないことをジンメルの『社会学』や本書は改めて教えてくれる。おそらく読者は、本書のなかに興味深い記述を多数見つけられるであろう。ここでガイドとして、見どころについて「ツアー客」の注意を喚起しておきたい（三五九頁参照）。（1）本書の序章で、著者たちは「社会学は力のない者の力になる」と簡単には言えないと説く。すなわち社会学は、「自分に力がないこと」を当然と思わない人々の手に渡るときにはじめて効力をもつ（それを当然と思う人々の手に渡っても効力はない）というのが本書の主張である。

わたしはそこに、本書の姿勢が端的に表現されていると思う。すなわち物事を徹底的に思索する姿勢がそれである。（2）本書の第9章にはハイテク製品との関わりについて、著者たちの共同作業が実例として使われている。これを読んでわたしは、大変懐かしく感じた。第1版では社会学の概念の説明に、著者のバウマンの周辺の実例が多数使われていたからである。わたしは自著『社会学』（東京大学出版会刊）の執筆に際して、この手法を大いに活用させてもらった。（3）本書の第10章で著者たちは、生活様式を「渦」に喩えている。渦が形状を保っているのは、水の流れが絶えないためである。それと同じく生活様式も、絶えず変化しているというのが著者たちの主張である。それはまさに、バウマンの世界像を明快に表現するものである。一面ではバウマンは、液状化社会の徹底的な批判者である。しかしまたかれが、それを賛美する（かのような）場面にしばしば遭遇することも事実である。

わたしはこれで、バウマンの作品を三度翻訳したことになる。最初に翻訳したときには、これほど深い付き合いになるとは思いもよらなかった。そしていまでは、自分の学問がかれの学問の影響下にあることを実感する。先人たちの学問の上に自分の学問を積み重ねることを、「巨人の肩の上に立つ（stand on the shoulders of giants）」と言う。本書の翻訳を通じてバウマンが、自分にとって「巨人」であることを実感したのは一つの収穫であった。わたしは翻訳のたびに、それが「労多くして功少ない」仕事であると公言してきた。それはそうであると、いまでも半分は思う。しかしいまでは、それが「労多くして功多い」仕事であると半分は思う。たとえばわが国の社会学書で、本書以上に徹底的に思索した著作が一冊でもあるのかどうか。その意味では本書の日本語版の復活は、わが国の社会学界に多少は資するものかもしれない。いまは訳者として、「本書に幸あれ！」と祈るばかりである。

本書の用語を借りれば本書も、広範な形成作用の産物である。すなわち本書が世に出ることには、多数の人々が関与している。そのなかで「(訳者が)とくにお世話になった方々」という線を引いて、三名の方々のお名前をあげさせていただく。四半世紀前に本書の第1版の日本語版の企画を立て、編集の労をお取り下さった(とりわけ本書のタイトルをお考えになった)のは、HBJ出版局(当時)の小宮隆さんである。数年前に本書の第2版の日本語版の企画をご提案下さったのは、筑摩書房の町田さおりさんである。その後町田さんは、本書の編集作業を継続することができなくなってしまった。個人的にはそれは、本書の刊行に際しての最大の痛恨事である。町田さんの仕事を引き継ぎ、第2版の編集の労をお取り下さったのは、筑摩書房の北村善洋さんである。これらの編集者の皆さんの創意や情熱なしに、本書が世に出ることはなかった。そのことを明記して、本書の門出を見送りたい。

平成二十八年初夏　鎌倉にて

奥井智之

Williams, M. (2000) *Science and Social Science: An Introduction* (London and New York Routledge).

Young, J. (1999) *The Exclusive Society: Social Exclusion, Crime and Difference in Late Modernity* (Thousand Oaks, Calif.: Sage). 青木秀男ほか訳『排除型社会』洛北出版，2007 年.

は』晶文社，1985 年．原著は，1981 年初版．

第8章

Calhoun, C. (1997) *Nationalism* (Buckingham and Minneapolis, Minn.: Open University Press and Minnesota Press).

Delanty, G. (2000) *Citizenship in a Global Age* (Buckingham: Open University Press). 佐藤康行訳『グローバル時代のシティズンシップ』日本経済評論社，2004 年．

Gilroy, P. (2000) *Between Camps: Nations, Cultures and the Allure of Race* (London: Allen Lane, The Penguin Press). 別著の訳：上野俊哉ほか訳『ブラック・アトランティック』月曜社，2006 年．

Segal, L. (1999) *Why Feminism? Gender, Psychology, Politics* (Cambridge: Polity). 別著の訳：織田元子訳『未来は女のものか』勁草書房，1989 年．

第9章

Featherstone, M. (1991) *Consumer Culture and Postmodernism* (London: Sage). 川崎賢一ほか訳『消費文化とポストモダニズム』恒星社厚生閣，1999 年．

Klein, N. (2000) *No Logo* (London: Flamingo). 松島聖子訳『ブランドなんか，いらない』大月書店，2009 年．

MacKenzie, D. and Wajcman, J. (eds.) (1999) *The Social Shaping of Technology*, second ed. (Buckingham: Open University Press).

Slevin, J. (2000) *The Internet and Society* (Cambridge, Mass.: Polity).

第10章

Fraser, N. (1997) *Justice Interruptus: Critical Reflections on the 'Postsocialist' Condition* (London: Routledge). 仲正昌樹監訳『中断された正義』御茶の水書房，2003 年．

May, T. (1996) *Situating Social Theory* (Buckingham: Open University Press).

Hochschild, A. R. (1983) *The Managed Heart: Commercialization of Human Feeling* (Berkeley, Calif.: University of California Press). 石川准・室伏亜希訳『管理される心』世界思想社，2000 年.

Jamieson, L. (1998) *Intimacy: Personal Relationships in Modern Societies* (Cambridge: Polity).

Luhmann, N. (1998) *Love as Passion: The Codification of Intimacy* (Stanford, Calif.: Stanford University Press). 佐藤勉・村中知子訳『情熱としての愛』木鐸社，2005 年.

第 6 章

Burkitt, I. (1999) *Bodies of Thought: Embodiment, Identity and Modernity* (Thousand Oaks, Calif.: Sage).

Delphy, C. and Leonard, D. (1992) *Familiar Exploitation: A New Analysis of Marriage in Contemporary Western Societies* (Cambridge, Mass.: Polity). デルフィの別著の訳：井上たか子ほか訳『なにが女性の主要な敵なのか』勁草書房，1996 年.

Foucault, M. (1979) *The History of Sexuality, Volume 1: An Introduction*, translated by R. Hurley, (Harmondsworth: Penguin). 渡辺守章訳『性の歴史Ⅰ　知への意志』新潮社，1986 年.『性の歴史』Ⅱ・Ⅲも，新潮社刊.

Nettleton, S. (1995) *The Sociology of Health and Illness* (Cambridge, Mass.: Polity).

第 7 章

Adam, B. (1995) *Timewatch: The Social Analysis of Time* (Cambridge: Polity). 別著の訳：伊藤誓・磯山甚一訳『時間と社会理論』法政大学出版局，1997 年.

Bauman, Z. (2000) *Liquid Modernity* (Cambridge, Mass.: Polity). 森田典正訳『リキッド・モダニティ』大月書店，2001 年.

Waters, M. (1995) *Globalization* (London and New York: Routledge).

Williams, R. (1989) *Culture* (London: Fontana). 小池民男訳『文化と

Sociology (London: Routledge and Kegan Paul). ヴェーバーの社会学論集（英訳）．収録論文は，個別に原語（ドイツ語）から邦訳されている．官僚制論については，以下を参照．世良晃志郎訳『支配の社会学』I・II，創文社，1960-62年；濱嶋朗訳『権力と支配』講談社学術文庫，2012年．

Jenkins, R. (1996) *Social Identity* (London: Routledge).

Lyon, D. (2001) *Surveillance Society: Monitoring Everyday Life* (Buckingham: Open University Press). 河村一郎訳『監視社会』青土社，2002年．

第4章

Bauman, Z. (1989) *Modernity and the Holocaust* (Cambridge, Mass.: Polity). 森田典正訳『近代とホロコースト』大月書店，2006年．

de Beauvoir, S. (1994) *The Ethics of Ambiguity* (New York: Citadel; originally published in 1948). 松浪信三郎・富永厚訳「両義性のモラル」『ボーヴォワール著作集』第2巻所収，人文書院，1968年．

Bellah, R. N., Madsen, R., Sullivan, W. M., Swidler, A. and Tipton, S. M. (1996) *Habits of the Heart: Individualism and Commitment in American Life* (updated edition; Berkeley, Calif.: University of California Press). 島薗進・中村圭志訳『心の習慣』みすず書房，1991年．

Sennett, R. (1998) *The Corrosion of Character: The Personal Consequences of Work in the New Capitalism* (London: W. W. Norton). 斎藤秀正訳『それでも新資本主義についていくか』ダイヤモンド社，1999年．原題は「人格の腐食」．

第5章

Beck, U. (1992) *Risk Society: Towards a New Modernity* (Thousand Oaks, Calif.: Sage). 東廉・伊藤美登里訳『危険社会』法政大学出版局，1998年．本訳書の訳語と異なり，risk society は，「リスク社会」と訳すことが，一般化している．

A. J. Reck (Chicago: University of Chicago Press). ミードは，生前，1冊の著書も刊行しなかった．本書は，ミード自身が生前公刊した論文を，1冊に編んだもの．これらの論文は，個別に翻訳されている．抄訳：加藤一己・宝月誠編訳『G. H. ミード プラグマティズムの展開』（ミネルヴァ書房，2003年）など．しかし初学者は，以下の著名な作品（ミードの没後に，弟子によって編纂されたもの）から出発するのが適切であろう．『精神・自我・社会』稲葉三千男ほか訳，青木書店，1973年；河村望訳，人間の科学社，1995年．

Skeggs, B. (1997) *Formations of Class and Gender: Becoming Respectable* (London: Sage).

第2章

Bourdieu, P. et al. (1999) *The Weight of the World: Social Suffering in Contemporary Society*, translated by P. P. Ferguson, et al. (Cambridge: Polity). 本編著は未邦訳．ブルデューの他著は，多数邦訳されている．

Frisby, D. and Featherstone, M. (eds.) (1997) *Simmel on Culture: Selected Writings* (Thousand Oaks, Calif.: Sage). ジンメルの文化論集（英訳）．収録論文の多くは，個別に原語（ドイツ語）から邦訳されている．たとえば，以下の論集は有用．北川東子ほか訳『ジンメル・コレクション』ちくま学芸文庫，1999年．

Goffman, E. (1984) *The Presentation of Self in Everyday Life* (Harmondsworth: Penguin; originally published in 1959). 石黒毅訳『行為と演技』誠信書房，1974年．

Miller, T. and McHoul, A. (1998) *Popular Culture and Everyday Life* (London: Sage).

第3章

du Gay, P. (2000) *In Praise of Bureaucracy: Weber – Organization – Ethics* (London: Sage).

Gerth, H. H. and Mills, C. W. (eds.) (1970) *From Max Weber: Essays in*

推薦図書

原著では，各章ごとに，簡略な解説付きで，4冊の推薦図書（すべて英書）が提示されている．本書では，その書誌事項だけを転載するとともに，邦訳書のあるものについては，邦訳書の書誌事項も併載した．邦訳書のない場合も，原著に関連する邦訳書のある場合は，その紹介を行っている．

序章

Berger, P. L. and Kellner, H.（1982）*Sociology Reinterpreted: An Essay on Method and Vocation*（Harmondsworth: Penguin）．森下伸也訳『社会学再考』新曜社，1987年．バーガーの下記の著作も参照のこと．水野節夫・村山研一訳『社会学への招待』ちくま学芸文庫，2017年．

Giddens, A.（2001）*Sociology*, fourth ed.（Cambridge: Polity）．原著の最新版は，第7版．第5版の訳：松尾精文ほか訳『社会学』第5版，而立書房，2009年．

May, T.（2001）*Social Research: Issues, Methods and Process*, third ed.（Buckingham: Open University Press）．中野正大監訳『社会調査の考え方』世界思想社，2005年．

Mills, C. W.（1970）*The Sociological Imagination*（Harmondsworth: Penguin; originally published in 1959）．伊奈正人・中村好孝訳『社会学的想像力』ちくま学芸文庫，2017年．

第1章

Bauman, Z.（1988）*Freedom*（Milton Keynes: Open University Press）．関連書の訳：奥井智之訳『コミュニティ』筑摩書房，2008年．

Griffiths, M.（1995）*Feminisms and the Self: The Web of Identity*（London: Routledge）．

Mead, G. H.（1964）*Selected Writings: George Herbert Mead*, edited by

や行

ら行

わ行

な行

は行

ま行

た行

さ行

索引

人名はゴシックで表記した。

本書は「ちくま学芸文庫」のために新たに訳出したものである。

〈ひと〉の現象学　鷲田清一

知覚、理性、道徳等。ひとをめぐる出来事は、哲学の主題と常に伴走する。ヘーゲル的綜合を目指すのでなく、問いに向きあいゆるやかにトレースする。

階級とは何か　スティーヴン・エジェル　橋本健二訳

マルクスとウェーバーから、現代における展開まで。階級理論の基礎を、社会移動・経済的不平等・政治にも目配りしつつ総覧する、類書のない入門書。

モダニティと自己アイデンティティ　アンソニー・ギデンズ　秋吉美都／安藤太郎／筒井淳也訳

常に新たな情報に開かれ、継続的変化が前提となる後期近代で、自己はどのような可能性と苦難を抱えるか。独自の理論的枠組を作り上げた近代的自己論。

ありえないことが現実になるとき　ジャン＝ピエール・デュピュイ　桑田光平／本田貴久訳

なぜ最悪の事態を想定せず、大惨事は繰り返すのか。経済か予防かの不毛な対立はいかに退けられるか。認識の根源を問い、抜本的転換を迫る警世の書。

〈ほんもの〉という倫理　チャールズ・テイラー　田中智彦訳

個人主義や道具的理性がもたらす不安に抗するには「〈ほんもの〉という倫理」の回復こそが必要だ。現代を代表する政治哲学者の名講義。（宇野重規）

政治宣伝　ジャン＝マリー・ドムナック　小出峻訳

レーニン、ヒトラーの時代を経て、宣伝は今どのような役割を果たすか。五つの定則を示し、デモクラシーに対するその功罪を見据える。（川口茂雄）

空間の詩学　ガストン・バシュラール　岩村行雄訳

家、宇宙、貝殻など、さまざまな空間が喚起する詩的イメージ。新たなる想像力の現象学を提唱し、人間の夢想に迫るバシュラール詩学の頂点。

リキッド・モダニティを読みとく　ジグムント・バウマン　酒井邦秀訳

変わらぬ確かなものなどもはや何一つない現代世界。社会学の泰斗が身近な出来事や世相から〈液状化〉の具体相に迫る真摯で痛切な論考。文庫オリジナル。

社会学の考え方〔第2版〕　ジグムント・バウマン／ティム・メイ　奥井智之訳

日常世界はどのように構成されているのか。日々変化する現代社会をどう読み解くべきか。読者を〈社会学的思考〉の実践へと導く最高の入門書。新訳。

コミュニティ
ジグムント・バウマン
奥井智之訳
グローバル化し個別化する世界のなかで、コミュニティはいかなる様相を呈しているか。安全をとるか、自由をとるか。代表的社会学者が根源から問う。

近代とホロコースト〔完全版〕
ジグムント・バウマン
森田典正訳
近代文明はホロコーストの必要条件であった――。社会学の視点から、ホロコーストを現代社会の本質に深く根ざしたものとして捉えたバウマンの主著。

フーコー文学講義
ミシェル・フーコー
柵瀬宏平訳
シェイクスピア、サド、アルトー、レリス……。フーコーが文学と取り結んでいた複雑で、批判的で、戦略的な関係とは何か。未発表の記録、本邦初訳。

ウンコな議論
ハリー・G・フランクファート
山形浩生訳／解説
ごまかし、でまかせ、いいのがれ。なぜ世の中、こんなものがみちるのか。道徳哲学の泰斗がその正体とカラクリを解く。爆笑必至の訳者解説を付す。

21世紀を生きるための
社会学の教科書
ケン・プラマー
赤川学監訳
パンデミック、経済格差、気候変動など現代世界が直面する諸課題を視野に収めつつ社会学の新しい知見を解説。社会学の可能性を論じた最良の入門書。

世界リスク社会論
ウルリッヒ・ベック
島村賢一訳
迫りくるリスクは我々から何を奪い、何をもたらすのか。『危険社会』の著者が、近代社会の根本原理をくつがえすリスクの本質と可能性に迫る。

読み書き能力の効用
リチャード・ホガート
香内三郎訳
労働者階級が新聞雑誌・通俗小説を読むことで文化に何が起こったか。規格化された娯楽商品に浸食される社会を描く大衆文化論の古典。（佐藤卓己）

民主主義の革命
エルネスト・ラクラウ／シャンタル・ムフ
西永亮／千葉眞訳
グラムシ、デリダらの思想を摂取し、根源的で複数的なデモクラシーへ向けて、新たなヘゲモニー概念を提示した、ポスト・マルクス主義の代表作。

鏡の背面
コンラート・ローレンツ
谷口茂訳
人間の認識システムはどのように進化してきたのか、そしてその特徴とは。ノーベル賞受賞の動物行動学者が試みた抱括的知識による壮大な総合人間哲学。

ミメーシス（上）
E・アウエルバッハ
篠田一士／川村二郎訳

西洋文学史より具体的なテクストを選び、文体美学を分析・批評しながら、現実描写を追求する。全20章の前半のホメーロスよりラ・サールまで。

ミメーシス（下）
E・アウエルバッハ
篠田一士／川村二郎訳

ヨーロッパ文学における現実描写の流れをすばらしい切れ味の文体分析により追求した画期的文学論。全20章の後半、ラブレーよりV・ウルフまで。

人間の条件
ハンナ・アレント
志水速雄訳

人間の活動的生活を《労働》《仕事》《活動》の三側面から考察し、《労働》優位の近代世界を思想史的に批判したアレントの主著。（阿部齊）

革命について
ハンナ・アレント
志水速雄訳

《自由の創設》をキイ概念としてアメリカとヨーロッパの二つの革命を比較・考察し、その最良の精神を二〇世紀の惨状から救い出す。（川崎修）

暗い時代の人々
ハンナ・アレント
阿部齊訳

自由が著しく損なわれた時代を自らの意思に従い行動し、生きた人々。政治・芸術・哲学への鋭い示唆を含み描かれる普遍的人間論。（村井洋）

責任と判断
ハンナ・アレント
ジェローム・コーン編
中山元訳

思想家ハンナ・アレント後期の未刊行論文集。人間の責任の意味と判断の能力を考察し、考える能力の喪失により生まれる〈凡庸な悪〉を明らかにする。

政治の約束
ハンナ・アレント
ジェローム・コーン編
高橋勇夫訳

われわれにとって「自由」とは何であるのか――。政治思想の起源から到達点までを描き、政治的経験の意味に根底から迫った、アレント思想の精髄。

プリズメン
Th・W・アドルノ
渡辺祐邦／三原弟平訳

「アウシュヴィッツ以後、詩を書くことは野蛮である」。果てしなく進行する大衆の従順化と、絶対的物象化の時代における文化批判のあり方を問う。

スタンツェ
ジョルジョ・アガンベン
岡田温司訳

西洋文化の豊饒なイメージの宝庫を自在に横切り、愛・言葉そして喪失の想像力が表象に与えた役割をたどる。21世紀を牽引する哲学者の博覧強記。

事物のしるし
ジョルジョ・アガンベン
岡田温司／岡本源太訳

パラダイム・しるし・哲学的考古学の鍵概念のもと、「しるし」の起源や特権的領域を探求する。私たちを西洋思想史の彼方に誘うユニークかつ重要な一冊。

アタリ文明論講義
ジャック・アタリ
林昌宏訳

歴史を動かすのは先を読む力だ。混迷を深める現代文明の行く末を見通し対処するにはどうすればよいのか。「欧州の知性」が危難の時代を読み解く。

時間の歴史
ジャック・アタリ
蔵持不三也訳

日時計、ゼンマイ、クオーツ等。計時具から見えてくる人間社会の変遷とは？　J・アタリが「時間と暴力」「暦と権力」の共謀関係を大柄に描く大著。

風水
エルネスト・アイテル
中野美代子／中島健訳

中国の伝統的思惟では自然はどのように捉えられているのか。陰陽五行論・理気二元論から説き起こし、風水の世界を整理し体系づける。（三浦國雄）

コンヴィヴィアリティのための道具
イヴァン・イリイチ
渡辺京二／渡辺梨佐訳

破滅に向かう現代文明の大転換はまだ可能だ！　人間本来の自由と創造性が最大限活かされる社会をどう作るか。イリイチが遺した不朽のマニフェスト。

メディアの文明史
ハロルド・アダムズ・イニス
久保秀幹訳

粘土板から出版・ラジオまで。メディアの深奥部に潜むバイアス＝傾向性が、社会の特性を生み出す。大柄な文明史観を提示する必読古典。（水越伸）

重力と恩寵
シモーヌ・ヴェイユ
田辺保訳

「重力」に似たものから、どのようにして免れればよいのか……ただ「恩寵」によって。苛烈な自己無化への意志に貫れた、独自の思索の断想集。ティボン編。

工場日記
シモーヌ・ヴェイユ
田辺保訳

人間のありのままの姿を知り、愛し、そこで生きたい——女工となった哲学者が、極限の状況で自己犠牲と献身について考え抜き、克明に綴った、魂の記録。

青色本
L・ウィトゲンシュタイン
大森荘蔵訳

「語の意味とは何か」。端的な問いかけで始まるこのコンパクトな書は、初めて読むウィトゲンシュタインとして最適な一冊。（野矢茂樹）

法の概念〔第3版〕
H・L・A・ハート
長谷部恭男訳

法とは何か。ルールの秩序という観念でこの難問に立ち向かい、法哲学の新たな地平を拓いた名著。批判に応える「後記」を含め、平明な新訳でおくる。

生き方について哲学は何が言えるか
バーナド・ウィリアムズ
森際康友／下川潔訳

倫理学の中心的な諸問題を深い学識と鋭い眼差しで再検討した現代における古典的名著。倫理学はいかに変貌すべきか、新たな方向づけを試みる。

思考の技法
グレアム・ウォーラス
松本剛史訳

知的創造を四段階に分け、危機の時代を打破する真の思考のあり方を究明する。『アイデアのつくり方』の源となった先駆的名著、本邦初訳。（平石耕）

ポパーとウィトゲンシュタインとのあいだで交わされた世上名高い10分間の大激論の謎
デヴィッド・エドモンズ／ジョン・エーディナウ
二木麻里訳

このすれ違いは避けられない運命だった？　二人の思想の歩み、そして大激論の真相に、ウィーン学団の人間模様やヨーロッパの歴史的背景から迫る。

言語・真理・論理
A・J・エイヤー
吉田夏彦訳

無意味な形而上学を追放し、〈分析的命題〉か〈経験的仮説〉のみを哲学的に有意義な命題として扱おう。初期論理実証主義の代表作。（青山拓央）

大衆の反逆
オルテガ・イ・ガセット
神吉敬三訳

二〇世紀の初頭、《大衆》という現象の出現とその功罪を論じながら、自ら進んで困難に立ち向かう《真の貴族》という概念を対置した警世の書。

啓蒙主義の哲学（上）
エルンスト・カッシーラー
中野好之訳

理性と科学を「人間の最高の力」とみなし近代を準備した啓蒙主義。「浅薄な過去の思想」との従来評価を覆し、再評価を打ち立てた古典的名著。

啓蒙主義の哲学（下）
エルンスト・カッシーラー
中野好之訳

啓蒙主義を貫く思想原理とは何か。自然観、人間観から宗教、国家、芸術まで、その統一的結びつきを鋭い批判的洞察で解明する。（鷲見洋一）

近代世界の公共宗教
ホセ・カサノヴァ
津城寛文訳

一九八〇年代に顕著となった宗教の〈脱私事化〉。五つの事例をもとに近代における宗教の役割と世俗化の意味を再考する。宗教社会学の一大成果。

死にいたる病
S・キルケゴール
桝田啓三郎訳
死にいたる病とは絶望であり、絶望を深く自覚し神の前に自己をすてる。実存的な思索の深まりをデンマーク語原著から訳出し、詳細な注を付す。

世界制作の方法
ネルソン・グッドマン
菅野盾樹訳
世界は「ある」のではなく、「制作」されるのだ。芸術・科学・日常経験・知覚など、幅広い分野で徹底した思索を行ったアメリカ現代哲学の重要著作。

新編 現代の君主
アントニオ・グラムシ
上村忠男編訳
労働運動を組織しイタリア共産党を指導したグラムシ。獄中で綴られたそのテキストから、いま読み直されるべき重要な29篇を選りすぐり注解する。

孤島
ジャン・グルニエ
井上究一郎訳
「島」とは孤独な人間の謂。透徹した精神のもと、話者の綴る思念と経験が啓示を放つ。カミュが本書との出会いを回想した序文を付す。（松浦寿輝）

ウィトゲンシュタインのパラドックス
ソール・A・クリプキ
黒崎宏訳
規則は行為の仕方を決定できない――このパラドックスの懐疑的解決こそ、『哲学探究』の核心である。異能の哲学者によるウィトゲンシュタイン解釈。

ハイデッガー『存在と時間』註解
マイケル・ゲルヴェン
長谷川西涯訳
難解をもって知られる『存在と時間』全八三節の思考を、初学者にも一歩一歩追体験させ、高度な内容を読者に確信させ納得させる唯一の註解書。

色彩論
ゲーテ
木村直司訳
数学的・機械論的近代自然科学と一線を画し、自然の中に「精神」を読みとろうとする特異で巨大な自然観を示した思想家・ゲーテの不朽の業績。

倫理問題101問
マーティン・コーエン
榑沼範久訳
何が正しいことなのか。医療・法律・環境問題等、私たちの周りに溢れる倫理的なジレンマから101の題材を取り上げて、ユーモアも交えて考える。

哲学101問
マーティン・コーエン
矢橋明郎訳
全てのカラスが黒いことを証明するには？ コンピュータと人間の違いは？ 哲学者たちが頭を捻った101問を、譬話で考える楽しい哲学読み物。

日常生活における自己呈示
アーヴィング・ゴフマン
中河伸俊／小島奈名子訳

私たちの何気ない行為にはどんな意味が含まれているか。その内幕を独自の分析手法によって赤裸々なまでに明るみに出したゴフマンの代表作。新訳。

解放されたゴーレム
ハリー・コリンズ／トレヴァー・ピンチ
村上陽一郎／平川秀幸訳

科学技術は強力だが不確実性に満ちた「ゴーレム」である。チェルノブイリ原発事故、エイズなど7つの事例をもとに、その本質を科学社会的に繙く。

存在と無（全3巻）
ジャン＝ポール・サルトル
松浪信三郎訳

人間の意識の在り方（実存）をきわめて詳細に分析し、存在と無の弁証法を問い究め、実存主義を確立した不朽の名著。現代思想の原点。

存在と無 I
ジャン＝ポール・サルトル
松浪信三郎訳

I巻は、「即自」と「対自」が峻別される緒論「存在の探求」から、「対自」としての意識の基本的在り方が論じられる第二部「対自存在」まで収録。

存在と無 II
ジャン＝ポール・サルトル
松浪信三郎訳

II巻は、第三部「対他存在」を収録。私と他者との相剋関係を論じた「まなざし」論をはじめ、愛、憎悪、マゾヒズム、サディズムなど具体的な他者論を展開。

存在と無 III
ジャン＝ポール・サルトル
松浪信三郎訳

III巻は、第四部「持つ」「為す」「ある」を収録。この三つの基本的カテゴリーとの関連で人間の行動を分析し、絶対的自由を提唱。（北村晋）

公共哲学
マイケル・サンデル
鬼澤忍訳

経済格差、安楽死の幇助、市場の役割など、私達が現代の問題を考えるのに必要な思想とは？ ハーバード大講義で話題のサンデル教授の主著、初邦訳。

パルチザンの理論
カール・シュミット
新田邦夫訳

二〇世紀の戦争を特徴づける「絶対的な敵」殲滅の思想の端緒を、レーニン・毛沢東らの《パルチザン》戦争という形態のなかに見出した画期的論考。

政治思想論集
カール・シュミット
服部平治／宮本盛太郎訳

現代新たな角度で脚光をあびる政治哲学の巨人が、その思想の核を明かしたテクストを精選して収録。権力の源泉や限界といった基礎もわかる名論文集。

生活世界の構造
アルフレッド・シュッツ／トーマス・ルックマン　那須壽監訳
「事象そのものへ」という現象学の理念を社会学研究で実践し、日常を生きる「普通の人びと」の視点から日常生活世界の「自明性」を究明した名著。

死と後世
サミュエル・シェフラー　森村進訳
われわれの死後も人類が存続するであろうこと、それは想像以上に人の生を支えている。二つのシナリオをもとに倫理の根源に迫った講義。本邦初訳。

哲学ファンタジー
レイモンド・スマリヤン　高橋昌一郎訳
論理学の鬼才が、軽妙な語り口ながら、切れ味抜群の思考法で哲学から倫理学まで広く論じた対話篇。哲学することの魅力を堪能しつつ、思考を鍛える！

ハーバート・スペンサーコレクション
ハーバート・スペンサー　森村進編訳
自由はどこまで守られるべきか。リバタリアニズムの源流となった思想家の理論の核が凝縮された論考を精選し、平明な訳で送る。文庫オリジナル編訳。

ナショナリズムとは何か
アントニー・D・スミス　庄司信訳
ナショナリズムは創られたものか、それとも自然なものか。この矛盾に満ちた心性の正体を、世界的権威が徹底的に解説する。最良の入門書、本邦初訳。

日常的実践のポイエティーク
ミシェル・ド・セルトー　山田登世子訳
読書、歩行、声。それらは分類し解析する近代的知が見落とす、無名の者の戦術である。領域を横断し、秩序に抗う技芸を描く。（渡辺優）

反解釈
スーザン・ソンタグ　高橋康也他訳
《解釈》を偏重する在来の批評に対し、《形式》を感受する官能美学の必要性をとき、理性や合理主義に対する感性の復権を唱えたマニフェスト。

ウォールデン
ヘンリー・D・ソロー　酒本雅之訳
たったひとりでの森の生活。そこでの観察と思索の記録は、いま、ラディカルな物質文明批判となり、精神の主権を回復する。名著の新訳決定版。

聖トマス・アクィナス
G・K・チェスタトン　生地竹郎訳
トマス・アクィナスは何を成し遂げたのか。一流の機知とともに描かれる人物像と思想の核心。専門家からも賞賛を得たトマス入門の古典。（山本芳久）

論語　土田健次郎訳注

至上の徳である仁を追求した孔子の言行録『論語』。原文に、新たな書き下し文と明快な現代語訳、解釈史を踏まえた注と補説を付した決定版訳注書。

声と現象　ジャック・デリダ　林好雄訳

フッサール『論理学研究』の綿密な読解を通して、「脱構築」「痕跡」「差延」「代補」「エクリチュール」など、デリダ思想の中心的〝操作子〟を生み出す。

歓待について　ジャック・デリダ　アンヌ・デュフールマンテル序論　廣瀬浩司訳

異邦人＝他者を迎え入れることはどこまで可能か？ギリシャ悲劇、クロソウスキーなどを経由し、この喫緊の問いにひそむ歓待の（不）可能性に挑む。

動物を追う、ゆえに私は(動物で)ある　ジャック・デリダ　マリ＝ルイーズ・マレ編　鵜飼哲訳

動物の諸問題を扱った伝説的な講演を編集したデリダ晩年の到達点。聖書や西洋哲学における動物観を分析し、人間の「固有性」を脱構築する。（福山知佐子）

省察　ルネ・デカルト　山田弘明訳

徹底した懐疑の積み重ねから、確実な知識を探り世界を証明づける。哲学入門者が最初に読むべき、近代哲学の源泉たる一冊。詳細な解説付新訳。

哲学原理　ルネ・デカルト　山田弘明／吉田健太郎／久保田進一／岩佐宣明訳・注解

『省察』刊行後、その知のすべてが記された本書は、デカルト形而上学の最終形態といえる。第一部の新訳と解題・詳細な解説を付す決定版。

方法序説　ルネ・デカルト　山田弘明訳

「私は考える、ゆえに私はある」。近代以降すべての哲学は、この言葉で始まった。世界中で最も読まれている哲学書の完訳。平明な徹底解説付。

社会分業論　エミール・デュルケーム　田原音和訳

人類はなぜ社会を必要としたか。社会はいかにして発展するか。近代社会学の嚆矢をなすデュルケーム畢生の大著を定評ある名訳で送る。（菊谷和宏）

公衆とその諸問題　ジョン・デューイ　阿部齊訳

大衆社会の到来とともに公共性の成立基盤は衰退した。民主主義は再建可能か？プラグマティズムの代表的思想家がこの難問を考究する。（宇野重規）

旧体制と大革命　A・ド・トクヴィル　小山勉訳

中央集権の確立、パリ一極集中、そして平等を自由に優先させる精神構造——フランス革命の成果は、実は旧体制の時代にすでに用意されていた。

ニーチェ　ジル・ドゥルーズ　湯浅博雄訳

〈力〉とは差異にこそその本質を有している——ニーチェのテキストを再解釈し、尖鋭なポスト構造主義的イメージを提出した、入門的な小論考。

カントの批判哲学　ジル・ドゥルーズ　國分功一郎訳

近代哲学を再構築してきたドゥルーズが、三批判書を追いつつカントの読み直しを図る。ドゥルーズ哲学が形成される契機となった一冊。新訳。

基礎づけるとは何か　ジル・ドゥルーズ　國分功一郎／長門裕介／西川耕平編訳

より幅広い問題に取り組んでいた、初期の未邦訳論考集。思想家ドゥルーズの「企画の種子」群を紹介し、彼の思想の全体像をいま一度描きなおす。

スペクタクルの社会　ギー・ドゥボール　木下誠訳

状況主義——「五月革命」の起爆剤のひとつとなった芸術＝思想運動——の理論的支柱で、最も急進的かつトータルな現代消費社会批判の書。

ニーチェの手紙　茂木健一郎編・解説　塚越敏／眞田収一郎訳

哲学の全歴史を一新させた偉人が、思いを寄せる女性に綴った真情溢れる言葉から、手紙に残した名句まで——書簡から哲学者の真の人間像と思想に迫る。

生のなかの螺旋　ロバート・ノージック　井上章子訳

吟味された人生を生きることは自らの肖像画をつくること。幸福、死、性、知恵など、多様な問題をめぐって行われた一級の哲学的省察。（吉良貴之）

存在と時間（上）　M・ハイデッガー　細谷貞雄訳

哲学の根本課題、存在の問題を、現存在としての人間の時間性の視界から解明した大著。刊行時すでに哲学の古典と称された20世紀の記念碑的著作。

存在と時間（下）　M・ハイデッガー　細谷貞雄訳

第一編で「現存在の準備的な基礎分析」をおえたハイデッガーは、この第二編では「現存在と時間性」として死の問題を問い直す。（細谷貞雄）

「ヒューマニズム」について　M・ハイデッガー　渡邊二郎訳
『存在と時間』から二〇年、沈黙を破った哲学者の後期の思想の精髄。「人間」ではなく「存在の真理」の思索を促す、書簡体による存在論入門。

ドストエフスキーの詩学　ミハイル・バフチン　望月哲男／鈴木淳一訳
ドストエフスキーの画期性とは何か？《ポリフォニー論》と《カーニバル論》という、魅力にみちた二視点を提起した先駆的著作。（望月哲男）

表徴の帝国　ロラン・バルト　宗左近訳
「日本」の風物・慣習に感嘆しつつもそれらを〈零度〉に解体し、詩的素材としてエクリチュールとシーニュについての思想を展開させたエッセイ集。

エッフェル塔　ロラン・バルト　宗左近／諸田和治訳　伊藤俊治図版監修
塔によって触発される表徴を次々に展開させることで、その創造力を自在に操る、バルト独自の構造主義的思考の原形。解説・貴重図版多数併載。

エクリチュールの零度　ロラン・バルト　森本和夫／林好雄訳註
哲学・文学・言語学など、現代思想の幅広い分野に怖るべき影響を与え続けているバルトの理論的主著。詳註を付した新訳決定版。（林好雄）

映像の修辞学　ロラン・バルト　蓮實重彥／杉本紀子訳
イメージは意味の極限である。広告写真や報道写真、そして映画におけるメッセージの記号を読み解き、意味を探り、自在に語る魅惑の映像論集。

ロラン・バルト　モード論集　ロラン・バルト　山田登世子編訳
エスプリの弾けるエッセイから、初期の金字塔『モードの体系』に至る記号学的モード研究まで。初期のバルトの才気が光るモード論考集。オリジナル編集・新訳。

呪われた部分　ジョルジュ・バタイユ　酒井健訳
「蕩尽」こそが人間の生の本来的目的である！　思想界を震撼させ続けたバタイユの主著、45年ぶりの待望の新訳。沸騰する生と意識の覚醒へ！

エロティシズム　ジョルジュ・バタイユ　酒井健訳
人間存在の根源的な謎を、鋭角で明晰な論理で解き明かす、バタイユ思想の核心。禁忌とは、侵犯とは何か？　待望久しかった新訳決定版。

宗教の理論
ジョルジュ・バタイユ
湯浅博雄 訳
聖なるものの誕生から衰滅までをつきつめ、宗教の根源的核心に迫る。文学、芸術、哲学、そして人間にとって宗教の〈理論〉とは何なのか。

純然たる幸福
ジョルジュ・バタイユ
酒井健 編訳
著者の思想の核心をなす重要論考20篇を収録。文庫化にあたり「クレー」「ヘーゲル弁証法の基底への批判」「シャプサルによるインタビュー」を増補。

エロティシズムの歴史
ジョルジュ・バタイユ
湯浅博雄／中地義和 訳
三部作として構想された『呪われた部分』の第二部。荒々しい力〈性〉の禁忌に迫り、エロティシズムの本質を暴く、バタイユの真骨頂たる一冊。（吉本隆明）

エロスの涙
ジョルジュ・バタイユ
森本和夫 訳
エロティシズムは禁忌と侵犯の中にこそあり、それは死と切り離すことができない。二百数十点の図版で構成されたバタイユの遺著。（林好雄）

呪われた部分 有用性の限界
ジョルジュ・バタイユ
中山元 訳
『呪われた部分』草稿、アフォリズム、ノートなど15年にわたり書き残した断片。バタイユの思想体系の全体像と精髄を浮き彫りにする待望の新訳。

入門経済思想史 世俗の思想家たち
R・L・ハイルブローナー
八木甫ほか 訳
何が経済を動かしているのか。スミスからマルクス、ケインズ、シュンペーターまで、経済思想の巨人たちのヴィジョンを追う名著の最新版訳。

分析哲学を知るための 哲学の小さな学校
ジョン・パスモア
大島保彦／高橋久一郎 訳
数々の名テキストで哲学ファンを魅了してきた分析哲学界の重鎮が、現代哲学を総ざらい！ 思考や議論の技を磨きつつ、哲学史を学べる便利な一冊。

表現と介入
イアン・ハッキング
渡辺博 訳
科学にとって「在る」とは何か？ 科学は真理を捉えられるのか？ 現代哲学の鬼才が20世紀を揺るがした問いの数々に鋭く切り込む！ （戸田山和久）

社会学への招待
ピーター・L・バーガー
水野節夫／村山研一 訳
社会学とは、「当たり前」とされてきた物事をあえて疑い、その背後に隠された謎を探求しようとする営みである。長年親しまれてきた大定番の入門書。

ちくま学芸文庫

社会学の考え方〔第2版〕

二〇一六年八月 十 日 第一刷発行
二〇二五年四月二十日 第七刷発行

著　者　ジグムント・バウマン
　　　　ティム・メイ
訳　者　奥井智之（おくい・ともゆき）

発行者　増田健史
発行所　株式会社　筑摩書房
東京都台東区蔵前二―五―三　〒一一一―八七五五
電話番号　〇三―五六八七―二六〇一（代表）
装幀者　安野光雅
印刷所　株式会社精興社
製本所　株式会社積信堂

ISBN978-4-480-09746-0 C0136